《教师教育课程标准（试行）》教材大系
教师教育国家级精品资源共享课立项课程配套教材

小学课程设计与评价

Xiaoxue Kecheng Sheji yu Pingjia

主　编　季银泉
编写者　丁兆雄　杭　斌　王志刚
　　　　李建军　樊　健　盛　斌
　　　　祝　禧　汤卫红　施延霞

高等教育出版社·北京

内容提要

本书是教师教育国家级精品资源共享课立项课程配套教材，依据《教师教育课程标准（试行）》编写。

本书围绕课程基础知识、课程目标设计、课程内容设计、课程实施方法设计、课程实施过程设计、课程评价的基本要求与基本步骤，进行了阐述。本书特别之处：一是从在职小学教师日常工作的需要出发，突出课程设计能力与课程评价能力培养；二是分别阐述了小学语文、数学、英语等学科课程，以及校本课程的设计与评价；三是配套建设了数字课程资源，包括课程介绍、教学大纲、教学日历、学习指南、教学录像及配套演示文稿、微课录像、重点与难点、作业与答案等。

本书可用于高师院校小学教师职前培养，也可用于在职小学教师职后培训。

图书在版编目（CIP）数据

小学课程设计与评价 / 季银泉主编. — 北京：高等教育出版社，2015.1（2020.6重印）

ISBN 978-7-04-041276-5

Ⅰ.①小… Ⅱ.①季… Ⅲ.①课程设计-教学研究-小学 ②课程评估-小学 Ⅳ.① G622.3

中国版本图书馆CIP数据核字(2014)第240141号

策划编辑	肖冬民	王雅君	责任编辑	肖冬民	王雅君	书籍设计	张申申	插图绘制	郝 林
责任校对	刘娟娟	责任印制	毛斯璐						

出版发行	高等教育出版社	社址	北京市西城区德外大街4号	邮政编码 100120
购书热线	010-58581118	咨询电话	400-810-0598	
网址	http://www.hep.edu.cn		http://www.hep.com.cn	
网上订购	http://www.landraco.com		http://www.landraco.com.cn	

三河市骏杰印刷有限公司	开本	787mm×1092mm 1/16	印张	17.75	
字数 330千字	版次	2015年1月第1版	印次	2020年6月第3次印刷	定价 30.00元

本书如有缺页、倒页、脱页等质量问题，请到所购图书销售部门联系调换
版权所有 侵权必究
物料号 41276-00

前　言

"小学课程设计与评价"课程是教育部颁布的《教师教育课程标准（试行）》中建议设置的小学教师培养课程模块之一。2013年，江苏教育学院如皋分院（如皋高等师范学校）申报的"小学课程设计与评价"课程获教育部"教师教育国家级精品资源共享课"立项。本教材即为该课程建设的成果之一。

本教材的基本宗旨，是持"大课程观"，从小学教师日常教学需要出发，研究和阐述课程设计与评价的理论与实践。换句话说，本教材从普通教师的课程运筹[①]角度讨论"怎样上课""如何评课"两大问题。"怎样上课"有两层含义：一是怎样设计课程；二是怎样实施课程。由于课程名称的限制，本教材的阐述以前者为重点。"如何评课"也有两层含义：一是如何从教师的课程设计与实施角度衡量课程的成败；二是如何从学生的学习过程与学习成果角度衡量课程的成败。本教材从上述两个方面展开阐述。

本教材由三部分组成：一是课程基础知识与小学课程改革概览（第一章），二是小学课程设计与评价的基本原理（第二章至第四章），三是小学各科课程的设计与评价（第五章至第十章）。欲了解各部分的基本内容，请参见本教材的目录。

本教材的主要特征是具有较强实践性。本教材用了大部分的篇幅，重点阐述了小学各科课程的设计实践与评价实践。

过去，在按照传统的思路与做法讲授教育学、课程与教学论、教育研究方法等教育专业课程时，我们常问自己：我们的学生学

[①] 课程运筹（curriculum operation），指课程的筹划与运作。运筹，英文的动词形式为operate；名词为operation，既可以翻译为"运筹"，也可以翻译为"运筹学"。在英语中，curriculum operation是常用概念，人们多翻译为"课程运行"。但作为专门的研究领域，还是将其翻译成"课程运筹"较好。

了这些，有何作用？我们教的这些理论，会对学生未来的工作产生重大而积极的影响吗？我们认为，必须突破教育学理论、课程理论、教学理论与中小学教师工作实践之间的藩篱；课程与教学论问题的研究，必须尽可能地与具体的课程设计和教学实践融为一体。教育理论研究必须为教育实践服务，必须以实践问题为逻辑起点与最终归宿。为此，本教材将课程设计与评价理论，与小学各科课程的设计与评价实践融为一个整体，是对相关教育专业课程传统失误的一次纠正。这也是呼应《教师教育课程标准（试行）》"实践取向"理念的表现。

2013年8月，教育部颁布了《中小学教师资格考试暂行办法》《中小学教师资格定期注册暂行办法》文件，以推动"中小学教师资格考试和定期注册改革扩大试点工作"。这两个文件的基本精神为：教师资格不再实行终身制；考试合格，获得的教师资格，有效期为五年；目前的教师资格考试仅考查教育学和心理学知识，改革后的小学教师资格考试将设"综合素质""教育教学知识与能力"两门考查科目，突出对教育教学能力的考查。目前的考试以知识性考题为主，改革后则以实践性考题为主。显然，这一改革动向印证了本教材"实践"的价值观。

这里对本教材的使用提三条建议。

第一条建议是：放弃传统的"教学论"立场，树立与时俱进的"大课程观"。对于课程与教学的关系、课程管理与教学管理的关系、课程理论与教学理论的关系，人们有着各种各样的看法。在学校教育实践中，教学管理工作只是课程管理工作的内容之一。我们应当从课程运筹的角度审视教学，将教学看作课程运筹的实施环节。这就是我们所说的"大课程观"。树立与时俱进的"大课程观"，有助于培养教师的课程全局观，有助于提升教师课程研究、课程设计、课程评价的能力，使他们能够居高临下地审视具体的教学活动。从理论研究的角度看，如果树立"大课程观"，将"教学"活动看作"课程实施"活动，就能实现新课程理论与传统教学理论的有效整合。

需要说明的是：由于持"大课程观"，从课程角度看待人们常说的各种"教学"问题；并且，由于课程具体到单元或专题中，与教学概念重合；因此，本教材将以"课程实施方法""课程实施过程"等概念代替以前常说的"教学方法""教学过程"等概念。

第二条建议是：在教学中，摒弃教育专业课程中的"理论联系实际"传统模式，建立"理论为实践服务"新模式，以"实践审视—理论分析—实践改善"为课程活动的基本思路。在教育专业课程的运筹中，教师通常都以理论为学科立足点与课程逻辑起点，为了让学生理解理论，教师常常"联系实际"讲解。在我们看来，这种模式是为培养理论家服务的；对于培养教育实践家，意义不大。采用这种模式，导致师范生在学校所学的是一套，入职后做的是另一套。本教材的编写，注意为这一新模式的运用创造条件，每章的开头都有实践色彩较浓的"情境引导"栏目，每章的最后都有"研究性学习"栏目，众多章节中间还穿插了课程设计与评价实例。

  第三条建议是：将本教材的使用与数字课程资源的利用结合起来。本教材的编写，是在教师教育国家级精品资源共享课数字课程资源的建设过程中完成的，而这些数字课程资源的建设，往往又以本教材的体系与内容为基本依托。"小学课程设计与评价"数字课程资源，包括课程介绍、教学大纲、教学日历、考试方式与标准、学习指南、教学录像及配套演示文稿、微课录像、重点与难点、教学设计、知识点与技能点说明、作业与答案、电子教材、参考资料目录等。对于传统的课程教学来说，将本教材的使用与数字课程资源的利用结合起来，能激发学生学习的主动性与积极性，丰富课程活动的内容与形式，增加信息传播的渠道与容量，降低课程的难度，充实课程评价的内涵，提升课程活动的灵活性，提高教与学的质量。对于完全以网络为媒介的个别化教学而言，本教材的使用更与数字课程资源的利用密不可分。

  小学课程设计与评价工作，人们一直在做，但将其作为一门独立的课程加以专门研究，并在师范院校开设这门课程，尚属探索阶段。正因为如此，本教材具有明显的"创新性"特征。我们认为，这门新设的课程及其配套教材，将教育原理与课程理论融化于教师的日常教学工作，不仅充满活力，而且具有特殊价值。但是创立全新的"小学课程设计与评价"课程，并为这门课程编写实践性强的教材，是一项十分艰难的工作。这项工作需要较高的教育理论素养，需要丰富的教师教育实践经验，需要熟悉小学各科课程，需要洞察基础教育课程改革的现状与发展方向，需要有克服各种阻力的勇气、毅力与智慧。创新通常含有探索成分，而探索往往与教训相伴。本教材纲目的六易其稿，成书后的两易其稿，已经证明创新的艰难与曲折。

"小学课程设计与评价"精品资源共享课的开发单位，是如皋高等师范学校（原为江苏教育学院如皋分院，现即将合并进入南通师范高等专科学校。季银泉教授受校长办公室委托主持了该课程的开发工作与教材的编写工作。参加教材研究与编写的，有如皋高等师范学校的丁兆雄教授、杭斌副教授、王志刚副教授、李建军副教授、盛斌副教授，南通师范高等专科学校的樊健副教授，江苏省小学语文特级教师祝禧、小学数学特级教师汤卫红、小学英语特级教师施延霞。各章节责任人如下：第一章，季银泉；第二章，季银泉、李建军；第三章，季银泉；第四章，樊健、季银泉；第五章第一节至第三节，祝禧；第五章第四节，盛斌；第六章第一节至第三节，汤卫红；第六章第四节，王志刚；第七章第一节，杭斌；第七章第二节，施延霞；第八章，季银泉；第九章第一节，丁兆雄；第九章第二节，季银泉；第十章，季银泉。全书最终由季银泉修改定稿。江苏教育科学研究院的黄正平研究员、南通大学的丁锦宏教授参加了本教材纲目的研讨。如皋高等师范学校的陈祥伟副教授承担了书稿的文字校勘工作。在此对有关领导、专家、老师，一并表示诚挚的谢意。

　　希望本教材的使用者能及时将使用体会与意见反馈给编写组，为本教材的修订提供参考意见。

编者

2014 年 9 月 10 日

目 录

第一章　概论　1
　　　　第一节　课程基础知识　3
　　　　第二节　小学课程改革概览　16

第二章　小学课程目标与课程内容的设计　27
　　　　第一节　课程目标的设计　29
　　　　第二节　课程内容的设计　38

第三章　小学课程实施方法与实施过程的设计　47
　　　　第一节　课程实施方法的设计　49
　　　　第二节　课程实施过程的设计　56
　　　　第三节　教学模式的借鉴　61

第四章　小学课程评价　75
　　　　第一节　课程评价概说　77
　　　　第二节　小学课程评价的基本内容　81
　　　　第三节　小学课程评价的基本方法　91

第五章　小学语文课程的设计与评价　97
　　　　第一节　小学语文课程的设计　99
　　　　第二节　小学语文课程设计实例研究　110

　　　　第三节　小学语文课程的评价　　120
　　　　第四节　小学语文课程评价实例研究　　125

第六章　小学数学课程的设计与评价　　135
　　　　第一节　小学数学课程的设计　　137
　　　　第二节　小学数学课程设计实例研究　　145
　　　　第三节　小学数学课程的评价　　159
　　　　第四节　小学数学课程评价实例研究　　164

第七章　小学品德课程、英语课程的设计与评价　　175
　　　　第一节　小学品德课程的设计与评价　　177
　　　　第二节　小学英语课程的设计与评价　　186

第八章　小学科学课程、艺术课程的设计与评价　　205
　　　　第一节　小学科学课程的设计与评价　　207
　　　　第二节　小学艺术课程的设计与评价　　216

第九章　小学体育课程、综合实践活动课程的设计与评价　　225
　　　　第一节　小学体育课程的设计与评价　　227
　　　　第二节　小学综合实践活动课程的设计与评价　　233

第十章　校本课程的设计与评价　　247
　　　　第一节　校本课程概述　　249
　　　　第二节　小学校本课程的设计　　253
　　　　第三节　小学校本课程的评价　　262

主要参考文献　　267

第一章　　概论

重点概念

☐ 课程

重点问题

☐ 课程有哪些类型?
☐ 21世纪初我国基础教育课程改革的目标是什么?
☐ 目前的小学,低年级、中高年级分别开设哪些课程?

情境引导:"小学课程"的含义之争

新学期要开设"小学课程设计与评价"课程了,三位师范生对"小学课程"一词的含义有不同看法。为此,他们在宿舍里争论起来。

小王认为:这里的"小学课程"指"小学的课程体系","小学课程的设计与评价"指"小学课程体系的设计与评价"。这门课程研究小学应当开设哪些课程,这些课程分别在哪些年级开设,各年级各门课程的周课时分别是多少,课程实施效果如何评价等问题。

小张不同意小王的看法。他认为如果真如小王所说的,"小学课程"指"小学课程体系","小学课程的设计与评价"指"小学课程体系的设计与评价",那么这门课程让他们这些未来的普通教师学习,是没有多少意义的,因为小学课程体系的设计与评价是教育专家与管理者们研究的问题,它与普通教师的工作没有多少关系。他认为这里的"小学课程"指的是小学的各门具体课程,如语文、数学、英语等。

小李却认为,小王与小张的意见都是片面的。这门课程所说的"小学课程"具有双重含义,既指"小学的课程体系",又指"小学的各门具体课程"。

请说说你赞成上述三种意见中的哪一种。如果这三种意见你都不赞成,那么请说说你的看法。

关于我们这门课程名称中"小学课程"的含义,同学们可以将这本教材的目录仔细研读一番,一定能找到答案;本章在界定"课程"概念中也会涉及这个问题。

同学们未来要以崇高的人民教师身份,参与小学语文、数学、英语等具体课程的实施与评价。为此有必要先掌握课程的基础知识,并了解小学课程体系的全貌。

第一节 课程基础知识

21世纪初我国展开的新一轮基础教育课程改革，有力地唤醒了人们的课程意识，也引发了对于"课程"内在含义的关注。为了达到教育目的，实现培养目标，应当教些什么？怎样教？这实际上就是我们所要研究的课程问题。只有理解了什么是课程，才能理解课程设计与评价要旨，才能较好地践行课程改革。

一、什么是课程

我们从课程概念的历史演变、课程的本质、课程的定义、课程的类型四个方面，来阐述什么是课程。

（一）课程概念的历史演变

据中南大学姜国钧先生考证[①]："课"的本义是考核；"程"原为长度计量单位，又有"期限"的含义。"课程"一词最早出现于南北朝时期翻译的佛经中。北魏凉州沙门慧觉翻译的《贤愚经·阿难总持品第三十八》中说："尔时有一比丘，畜一沙弥，恒以严敕，教令诵经，日日课程；其经足者，便以欢喜；若其不足，苦切责之。"这段话的大意是：那时有一个老和尚收养了一个小和尚，老和尚总是严格管教小和尚，要求小和尚认真读经，每天都检查、考核其进程。如能完成诵经任务，便十分高兴；如不能完成既定功课，就会苦苦斥责小和尚。可见最早的"课程"，其含义是"考核进程"。它与今天的"课程"概念相去甚远。二者唯一的共同点是都与"进程"有关。

宋代大儒、《四书集注》的作者朱熹，在《论学》一文中多次提及"课程"，如"宽着期限，紧着课程"；"小立课程，大做工夫"。这两句话的含义分别是"学习结果的考核应放宽期限，让学生逐渐消化，从容准备，日常教学应按原方案从紧落实"；"在日常教学的安排方面少花精力，在提高日常教学效果方面多花精力"。朱熹所说的"课程"指日常教学活动，它与我们今天所说的"课程"仍然是大相径庭的。但不可否认的是：朱熹所说的"课程"已有"教学活动的进程"的含义。

到了近代，随着班级授课制的普及和赫尔巴特学派"五段教学法"的引入，我国开始关注教学的程序及设计，"课程"概念中除了具有"教学活动的进程"

[①] 姜国钧：《"课程"与"教学"词源小考》，《华东师范大学学报》（教育科学版）2006年第4期。

的含义外，还有了"教学方法"的含义。此外，由于近代资产阶级主张根据社会需要传授实用的知识与技能，被介绍到中国的赫尔巴特"课程"概念中已有"知识与技能的类型"的含义。总之，近代中国"课程"的含义，与今天"课程"的含义已十分接近了。

再来看看西方"课程"概念的演变。"课程"一词，英语为curriculum，它是从拉丁语的currere一词派生而来的。currere意为"跑道""路径"。由于这一渊源，西方近代教育史上最为常见的"课程"定义，是"学习的路径与进程"。它既可以涵盖一个学科的学程，也可以涵盖特定学校所有学科的学程。

然而这一界定受到现代众多课程专家的质疑和批评。人们反对这一界定的理由之一是：拉丁语中的currere既可以是名词，也可以是动词。作名词时，currere的含义是"跑道""路径"，由此可以将"课程"理解为为学生设计的"学习的路径与进程"，并推演出传统的分科课程体系。但是作动词时，currere的含义是"奔跑""前进"，由此可以将"课程"理解为"个体经验的获得与个人的进步"（即在教师的指导下获得经验，得到成长）。

简而言之，着眼于教学内容，将课程理解为"学习的路径与进程"，强调"知识技能的类型与传授过程"的传统思想，受到众多现代课程专家的批评。这些专家着眼于学生的发展，将课程理解为"个体经验的获得与个人的进步"。

同学们不妨借助西方"课程"概念的演变思考一下：课程的逻辑起点应该是什么？是知识与技能的传授，还是学生的发展？

（二）课程的本质

上述关于课程的两种不同解释，涉及课程的本质。课程本质上到底是什么？是学科的知识与技能，还是学生经验的获得？

追溯人类教育史可知，人类对课程本质的理解，大致经历了三个阶段：第一阶段，认为课程的本质是学科的知识与技能；第二阶段，倾向于认为课程的本质是学习者经验的获得；第三阶段，各执一端，没有定论。

"课程本质"的理论探讨发端于19世纪末。在那以前，人们世代相因的唯一理论是：课程的本质是教科书所反映的学科知识与技能；有了学科知识与技能的分类，才有"学习的路径与进程"。

进步主义教育萌动之时，以杜威（J. Dewey）为代表的教育理论家，对传统教育的这种课程观进行了严厉的批判。他们反对"以书本为中心""以教师为中心""以课堂为中心"，针锋相对地提出了"儿童中心课程"，从而引发了进步主义教育与传统教育在课程本质问题上的激烈争论。在这样的背景下，杜威写出了课程理论发展史上的划时代之作《儿童与课程》。杜威在这篇名作中宣告：课程的本质是儿童的经验。

课程本质的"经验说"在经历了将近半个世纪的辉煌之后，伴随着进步主义教育运动的衰落，受到越来越多的质疑。近几十年来，人们站在不同的立场，从不同的角度或层面，对课程的本质进行了长时间的深入探讨，逐渐形成了多种观点并存的局面。在此情况下，比较引人注意的是对经典课程理论持否定态度的"后现代主义"课程观。一些"后现代主义"课程专家认为，课程只是师生交流、生生交流的平台，课程的本质是师生交流活动。

综上，目前对于课程本质的理解，主要有以下四种观点：（1）课程的本质是学科的知识与技能；（2）课程的本质是学习者的生活经验；（3）课程的本质是社会经验；（4）课程的本质是师生的交流活动。显然第二、第三两种观点比较接近，只是视角与说法有所区别而已。

我们的看法是：其一，上述观点看起来截然不同，其实它们是从不同角度提出的，它们分别从不同的侧面揭示出课程的不同要素或不同特征，各种观点之间不见得有本质上的分歧与尖锐的矛盾；其二，这些观点都是片面的，都没有揭示出课程的本质属性，或者说它们都没有"命中"课程的要害。犹如"盲人摸象"，上述关于课程本质的每一种观点，均如同各位盲人对大象形象的片面判断，看起来各种说法互相矛盾，其实它们之间并没有冲突。

那么课程的本质是什么呢？我们认为，课程的本质是学生在教师指导下的学习与发展。学科的知识与技能，只是学习内容的一个方面；学生的生活经验与社会经验，只是课程中不可缺少的要素，这两种经验的获得，都是以学生的发展为目的的；而师生的各种活动只是课程的实施形式。

课程与教学有何关系？对此，人们有着各种各样的看法。我们认为，在学校教育实践中，教学管理工作只是课程管理工作的内容之一，应当从课程运筹角度审视教学，将教学看作课程运筹的实施环节。这就是我们所说的"大课程观"。树立与时俱进的"大课程观"，有助于培养教师的课程全局观，有助于提升教师课程研究、课程设计、课程评价的境界，使他们能够自上而下地审视具体的教学活动。从理论研究的角度看，如果树立"大课程观"，将"教学"活动看作"课程实施"活动，就能实现新课程理论与传统教学理论的有效整合。课程从层次上来说，有多个层次，包括课程系统、单门课程、专题课程以及课时课程，本教材将重点阐述后三个层次的课程。

（三）课程的定义

给"课程"下定义时，最重要的是对课程的本质要有深刻而正确的理解，在此基础上才谈得上对这一概念的内涵与外延作准确的界定。

在诸多课程的定义中，以下定义值得我们关注：

（1）美国学者麦克唐纳（MacDonald）、塔巴（Taba）等认为，课程是"学校根据一定的教育目标而提出的预期学习结果、教育内容和教学活动"。这一定义，含有目标要素、内容要素和活动要素，但没有"进程"要素。此外能否将课程说成"结果""内容"与"活动"，值得探讨。

（2）著名课程专家泰勒（R.W. Tyler）等人认为，课程是"有计划的学习经验"。这种观点强调学生的"经验"，认为课程所要传授的知识与技能，依赖学生在教师引导下所获得的经验。这种解释源于杜威"做中学"的理论。对我们来说，泰勒的观点既有一定的启发意义，又很含糊：其启发意义在于提醒我们注意课程是需要学生"体验"的；其含糊特征表现在没有说出"经验"的实质内涵与获得意义，以及"经验"与教学内容、学生成长的关系。

（3）布卢姆（B.S.Bloom）等人认为，课程是"预期的学习结果的构造系列"。这一解释比较准确、简洁；将课程说成"系列"，中肯而有新意。然而"预期的学习结果的构造"仍是一种含糊的说法，并没有表述出课程的实质性内涵。

（4）中国著名教育学学者王策三教授的《教学论稿》认为，课程是"教学内容和进程的综合"。这一解释，优点是简洁，并且比较准确；缺点是过于简洁，没有充分揭示课程的规律性、实质性内涵。

（5）《中国大百科全书》教育卷给课程下的定义是："课程，课业及其进程。近代学校兴起以来，课程有广义、狭义两种。广义指所有学科（教学科目）的总和，或指学生在教师指导下各种活动的总和。狭义指一门学科。"这段注解的起草者，是中国老一代著名课程专家陈侠先生。这一解释比较准确、简洁，可以在此基础上进一步开掘课程的内在含义。不过由于时代的局限，这段话中有关广义课程与狭义课程的解释值得商榷。我们的理解是，狭义的课程是排上课表的正式课程；广义的课程既包括狭义课程，又包括活动课程、隐性课程等。此外将"课程"说成"学科"也不妥当：学科的核心要素是类别要素，它本身是没有教育要素的；而课程的核心要素是教育要素。二者有着不同的内涵与外延。另外，也不能将课程解释为"一门"学科，因为一门课程可能只包含一门学科的内容，也可能包括几门学科的内容，课程与学科并不总是一一对应的。

（6）顾明远先生主编的《教育大辞典》对课程的定义是：课程是"为实现学校教育目标而选择的教育内容的总和。包括学校所教的各门学科和有目的、有计划、有组织的课外活动"。这一定义符合中国人的思维与表达习惯，并且也符合中国的国情；特别值得借鉴的是，这一表述阐明了课程的逻辑起点。不过这一定义是静态的定义，它不含动态的"进程"要素。

上述六种定义，有一个共同的优点：不再将课程说成是单一地传授知识与技能的平台。但它们也有一个共同问题：没有从现代社会的需要、现代被教育者的成长需要出发，揭示出课程的本质——课程是学生在教师指导下学习与发展的平台。

课程定义的纷繁复杂、莫衷一是，既反映了课程概念内涵的丰富多彩与不确定性，又说明了不同教育专家的教育理念、价值取向的巨大差异。

我们认为在解释什么是课程时，第一要揭示出课程的本质，第二要在此基础上阐明课程的出发点或逻辑起点，第三要指出课程与学科的关联性与动态发展性，第四要说明课程的载体，第五要反映时代的特色与要求。

综上所述，本教材认为课程是为促成学生的学习与发展，实现学校的培养目标而制订的具有一定学科知能范围的教学序列，其主要文本表现形式是课程计划、课程标准和教科书，其主要活动形式是逐步推进的"课"。

明确了课程概念的内涵后，我们再来研究一下课程概念的外延。"小学课程设计与评价"课程是培养或培训小学师资的教育类专业课程。从理论上讲，这里的"小学课程"既可以指整个小学课程体系，也可以指小学的各门具体课程，还可以特指语文、数学、英语等某一门特定课程。但由于本教材是为培养或培训小学各门课程的普通教师服务的，这些普通教师一般并不直接参与小学课程体系的设置、评价与改革，故本教材中所说的"小学课程"指小学的各门具体课程。

（四）课程的类型

本教材根据不同标准，对课程分别进行以下分类。

1. 学科课程与活动课程

学科课程，有时又称正规课程、正式课程、传统课程，是以特定学科的系统而严格的知识传授、技能训练为基本内容的课程。中国古代的"六艺"和西方古代的"七艺"等，是最早的学科课程。在我国当代小学课程体系中，语文、数学、英语、科学、品德与生活、品德与社会、艺术等，都是学科课程。

活动课程是与学科课程相对而言的。它打破学科知能的组织界限，以学生的兴趣、需要、态度和能力的发展为基本目标，其主要课程活动形式是学生的自主性活动。活动课程又常常被称为"儿童中心课程"或"经验课程"。活动课程起源于19世纪末、20世纪初欧美的"新教育运动"和"进步主义教育活动"。在此后的二三十年中，活动课程曾风行一时。我国当代小学的综合实践活动、班队活动、体育活动、文娱活动等，都属于活动课程。当前在中小学开设的综合实践活动课程，是教育发展史上的新课程，也是一门十分特殊的课程。它的特殊性表现在既是学科课程，又是活动课程。

学科课程与活动课程，是学校教育中两种最基本的课程类型，二者之间应是相互补充的关系：学科课程系统地传授最基本的学科基础知识、基本技能，但它容易脱离学生的生活实际，不利于调动学生的主动性、积极性，不能较好地发展学生的能力；活动课程则可以在一定程度上补救这三大缺失。

在我国当代基础教育中，由于应试教育与传统教育观的影响，活动课程没有受到应有的重视。这是我国中小学生实践能力不够强的重要原因之一。

2. 单科课程与综合课程

单科课程，指课程内容只涵盖一门学科的课程。我国当代小学的绝大多数课程，都是单科课程。单科课程强调各门课程独特的内在逻辑体系，使具有不同主修方向的教师能够对口任教，有利于学生简捷而有效地获取系统的知识、技能。正因为如此，单科课程在古今中外各级学校的课程体系中占据核心地位。

综合课程，又称统整课程、统合课程，是把两个或两个以上相邻学科的知识、技能加以筛选、充实后，按照新的逻辑线索融合为一个整体的课程。也就是说综合课程至少涵盖两门传统学科。综合课程的特点，是有意识地运用两门或两门以上学科的知识、技能和方法，考察、探究有关问题。我国小学的科学课程、艺术课程、综合实践活动课程，都属于综合课程。

在教育改革史上，综合课程是以单科课程弥补者的身份出现的。它所针对的是单科课程的精细化、界限化倾向。设置综合课程，是为了打破传统学科的界限，以切合科学技术发展的综合化趋势，满足社会生活的实际需要和学生的发展需要。

重视综合课程的设置，是我国当前基础教育课程体系的重要特征。

3. 国家课程、地方课程与校本课程

在我国新的基础教育课程体系中，共有三种课程设置主体：一是负责国家教育行政管理的教育部；二是负责地方教育行政管理的教育厅（教委）、教育局；三是学校课程管理者。由教育部组织制定的课程，称为国家课程；由地方教育厅（教委）、教育局组织制定的课程，称为地方课程；由学校课程管理者组织制定的课程，称为校本课程。举例来说，中国所有小学都要开设的语文、数学等各门课程都是国家课程，新疆地区开设的维吾尔语课程则是新疆地区的地方课程，个别产茶区小学开设的茶文化课程则是所在小学的校本课程。对于具体的学校来说，这三种课程应当是有机结合的整体。

4. 必修课程与选修课程

必修课程与选修课程是相对而言的。必修课程指学生必须学习和掌握的课程种类；选修课程指一个教育系统或教育机构法定的要求全体学生按照一定规则自由地选择学习的课程种类。

目前我国一些小学设选修课程，供学生选择。学校课程管理者可根据不同学生的不同需要，将校本课程设计成可以让学生选修的课程。例如，可以要求学生在"二胡演奏""昆虫标本制作""电脑绘画"三门校本课程中任选一门。这三门课程，既是校本课程，又是选修课程。

5. 显性课程与隐性课程

课程作为学习经验或一段教育进程，既包含了课程研制和学生学习的意识性产物，也包含了潜意识性产物，这些对于教师和学生来说就是隐性的。从性质上看，课程可以分为隐性课程与显性课程。

显性课程是在学校情境中以直接的、明显的方式呈现的课程。上文所涉及的各种课程，都是显性课程。

隐性课程又称潜在课程、隐蔽课程、无形课程，是在学校情境中以间接的、内隐的方式呈现的课程。隐性课程涵盖范围很广，几乎涉及学校的各个层面、各个角落以及各种行为：在物质层面，隐性课程包括学校的建筑、教室的布置、桌椅的排列、校园绿化环境等物质要素造成的教育影响；在行为层面，隐性课程包括学生间的交往、教师间的交往、师生间的交往、教师与家长的交往、社区与学校师生的交往等方面的教育影响；在制度层面，隐性课程包括学校组织体制、学校管理规章、班级管理制度、课程管理制度等方面的教育影响；在观念与风气层面，隐性课程包括校风、教风、学风、办学指导思想、教学理念、管理理念等方面的教育影响。这两个概念曾在国际、国内产生过广泛的影响。

二、课程的形成与发展

为了更好地理解课程概念，更好地从事课程实践，有必要了解课程是如何形成的，在并不算很长的学校发展史上，它又是如何发展过来的。

（一）课程的形成

学校与课程是人类社会发展的必然产物。

原始社会形态，是人类从动物界分离出来后的第一个社会形态，也是生产力极其落后阶段的社会形态。在原始社会，还没有学校，教育活动是在共同劳动和社会生活中进行的。比如妇女在采集的时候，会向下一代传授植物知识和采摘技能；男人在狩猎的时候，会向下一代传授狩猎知识和技能。除劳动知识与技能外，儿童和青少年还在与年长者的共同生活中学习社会生活规范，在部落间的冲突及其准备中学习军事斗争经验与技能。因此可以说生产劳动方面的知识与技能、社会生活方面的知识与规范，是最古老、影响最持久的教育内容与课程要素。直至今天，它们仍然是课程的主要源泉和基本要素。但是我们所说的课程，是就学校教育而言的，有学校才有课程。由于原始社会尚无正式的学校，教育活动一般是在生产劳动和社会生活中进行的，在原始形态的教育中，还没有现代人所说的课程。

人类进入奴隶社会以后，生产力的发展、文字的发明，使学校的诞生有了需要和可能。在各主要文明古国，学校一般诞生于奴隶社会初期或中期。人类在考古活动中,曾经发现过4 000多年前诞生于古巴比伦的写字学校,这是迄今为止所发现的最早的学校。在学校诞生的同时,人们必须考虑并解决"教什么"和"为什么而教"的问题。这两个问题正是最基本的课程问题——课程设置问题和课程目标问题。因此可以说,课程是随学校的产生而自然产生的。

由上面的论述可以得出如下结论:学校的诞生,不仅是课程产生的必要条件,也是课程形成的充分条件。

自学校诞生开始,课程问题就成为独特而具有核心意义的学校教育问题。在古代社会、近代社会和现代社会,学校规模一直在逐步扩大,教育制度一直在逐步完善,人们对课程问题的研究也一直在不断深入。

(二)课程的发展

在世界教育史上,1640年英国资产阶级革命前的教育,被称为古代教育;1640年英国资产阶级革命至1917年俄国"十月革命",这一时期的教育被称为近代教育;1917年俄国"十月革命"后的教育,被称为现代教育。由于意识形态方面的原因,西方不少学者并不承认这种分法。但我们认为这种分法较为合理,故采用这种分法。

在中国教育史上,1840年"鸦片战争"前的教育,被称为古代教育;1840年"鸦片战争"至1919年"五四运动",这段时期的教育被称为近代教育;1919年"五四运动"后的教育,被称为现代教育。要说明的是,对于中国教育史的分期也是有不同意见的。我们采用上述分法,同样是因为这种分法较为合理。

1. 古代的基础教育课程

(1)中国古代的基础教育课程

在我国,从商周开始至19世纪中叶,在漫长的历史进程中逐渐形成了一种具有东方文化特色、影响深远的课程体系。

西周是奴隶制的全盛时期,商代诞生的学校至西周时期已有比较完整的课程体系。当时所开设的课程,主要是"礼、乐、射、御、书、数",即"六艺"。"礼"的内容极广,凡政治、伦理、道德、礼仪等,皆包括在其中。"乐"的内容也比较广泛,包括诗歌、音乐、舞蹈等。当时这是一门受到高度重视的课程。"射"指射箭的技术。"御"指驾马拉车的技术。"书"指的是文字。"数"指的是算术。"六艺教育"是西周教育的主体与标志。它既重视思想品德,也重视文化知识;既重视传统文化,也重视实用技能;既传授"文"的知识与技能,又传授"武"的本领。

一言以蔽之,中国奴隶社会以"六艺"为主体的课程体系,是对年青的一代的全面发展较为有利的相对和谐的课程体系。

春秋战国时期是奴隶社会向封建社会过渡的时期。这一时期的课程,在广度和深度两个方面都有了发展。孔子晚年完成了《诗》《书》《礼》《乐》《易》《春秋》的编撰和修订工作。这六种教材，也是六种课程，史称"六经"。后来《乐》失传，只留下"五经"。中国读书人家喻户晓的儒家"五经"，就是这么来的。汉武帝时期，在"独尊儒术"思想的指导下，封建统治者将"五经"定为全国通用的必读教材和必修课程。这"五经"在我国学校教育中沿用至20世纪初。

在此，解释一下"五经"。《诗》指《诗经》，是我国最古老的一部诗歌总集。《书》即《尚书》，是我国最早的历史资料汇编，是一部历史、政治文集。《礼》是《礼记》，此书也属于文集，内容庞杂，有叙有议，主要论述先秦时代的礼制与礼仪。著名的教育论文《学记》，就来自《礼记》。《易》即《易经》，又称《周易》，内容涉及哲学、世界观、认识论和宇宙观，是一部占卜用书。《春秋》又名《春秋经》，是我国第一部编年史。

宋明以来，学校课程的最大特色就是开设"理学"，并使之成为学校的主导课程。理学属于儒学，但它比传统儒学更为精致，更具思辨特色和哲理色彩。宋朝的朱熹是理学的集大成者，他提出学校应开设包括《论语》《孟子》《大学》《中庸》的"四书"课程，并亲自编写《四书集注》，且得到宋朝的承认，由此在原有"五经"的基础上产生了"四书五经"之说。从那时开始，"四书五经"成为封建社会的标准课程和教材，并成为元、明、清三代科举考试的主要内容与基本依据。

其中，《论语》是记载孔子言论及其日常生活的著作，也是孔子及门人的教学活动实录。它较充分地展现了孔子的教育思想，是儒学经典之作。《孟子》则记载了战国时期孟子的诸多言论和活动，展现了孟子的"性善论""仁义说"和"养气说"。著名的"舍生取义"论，就是孟子"仁义说"的重要内容。《大学》高度概括了古代读书人从"修己"到"治人"的成长之道。《中庸》则提出了"中庸"的道德原则，并论述了学习和修身的过程。《大学》与《中庸》均来自《礼记》。

此外，在面向百姓的启蒙教育和世俗教育中，"三、百、千、千"在很长的历史阶段中，一直是我国儿童的启蒙课程与启蒙教材。这"三、百、千、千"，即《三字经》《百家姓》《千字文》《千家诗》。

总之，中国封建时代以"四书五经"为核心的课程体系，是一种基于儒学、基于科举的以封建性的人文修养为主要内容的课程体系。

（2）西方古代的基础教育课程

西方的古代文化发源于地中海沿岸，特别是爱琴海东部的希腊半岛。在古希腊，经济的繁荣促进了文化与教育的繁荣。学校的主导课程是"七种自由艺术"，简称"七艺"，即文法、修辞、辩证法、算术、几何、天文、音乐。在"七艺"中，前三者称为"三艺"，后四者称为"四艺"。这是西方教育史上最早的较为完整的课程体系。

"三艺"起源于古希腊人特别是雅典人的政治生活。由于具有民主的倾向，他们重视采用公众辩论的手段来辨别是非，并帮助他们管理城邦事务。为了使未来公民与政治家能在公众集会上卓有成效地演说，学校必须重视语言能力的培养。公元前5世纪中叶，诡辩学派应运而生，他们以教育为业，收取一定的学费，设置文法、修辞、辩证法三科。这一做法为柏拉图（Plato）所继承。柏拉图在雅典创办阿加德米学校时，除开设传统的"三艺"外，还增添了算术、几何、天文、音乐"四艺"。

除政治的原因外，古希腊人还把"三艺"看作塑造儿童的心灵和理智的有效工具。例如苏格拉底（Socrates）认为，辩证法可以帮助人们成为有才干和见解深刻的人。柏拉图认为学习辩证法，不仅可以帮助学生在辩论中取胜，而且更重要的是能发展人的智慧与能力。

"四艺"中最受重视的，是数学的两门分支学科——算术与几何。古希腊人认为，算术与几何不仅在家庭经济生活中有着实用价值，而且在促进心智发展方面有着重要意义。柏拉图说，即使是数学学得慢的学生，通过学习数学，智力也能得到大幅度的提高。

"四艺"中的音乐也受到广泛的重视。柏拉图认为，音乐就人的德行培养方面的贡献来说，比其他课程更为重要。

除了"七艺"外，古希腊人还非常重视体育。古希腊体育课程中的主要项目，是一些著名的竞技项目，这些项目成了著名的奥林匹克运动的传统竞赛内容。古希腊人最为擅长的竞赛项目，是跑、跳、角力、拳击、掷铁饼和投标枪。古希腊人还重视体育与音乐的结合，认为音乐能调节各项体育运动的均衡性和适度性，并为体育运动带来节奏感与和谐感。

古希腊衰败，古罗马崛起后，古希腊的教育传统为古罗马所继承，对古罗马及整个欧洲的教育产生了深远影响。可以说古希腊的教育文明与课程传统，在整个西方世界有着最为广泛、最为深远的影响。

总之，西方奴隶社会教育中以"七艺"为代表且影响深远的古希腊课程体系，与中国奴隶社会的课程体系一样，是对年青的一代的全面发展较为有利的、相对和谐的课程体系。

欧洲的封建社会，包括中世纪与文艺复兴时期两个阶段。公元5世纪，伴随着西罗马帝国的灭亡，欧洲进入"黑暗的中世纪"。在长达1 000余年的时间内，基督教及其教会学校垄断了教育。教会学校教育的主要目的是培养僧侣和神职人员，因此神学课程是其主导课程、核心课程，《圣经》是其基础教材。教会办的学校，有时也开设由文法、修辞、辩证法组成的"三艺"课程，但其教学目的是训练教士们的口才，以打击所谓的"异端"。

中世纪时期，除了宗教教育外，欧洲的世俗封建主还创办了骑士教育。骑士教育也称"武士教育",主要学习"武士七技",兼习宗教课程,目的是培养效忠于封建领主和善于作战的武士。"武士七技"指骑马、击剑、打猎、投枪、游泳、下棋、咏诗,它以军事体育为主要内容。不过骑士教育并不是欧洲中世纪教育的主流。

在整个中世纪,历史上优秀的课程传统几乎被遗忘。

总之,中世纪学校课程的核心要素,是宗教教育。与中世纪的"黑暗"一样,中世纪学校课程的主色,也是"黑暗"的。这里的"黑暗"具有双重含义:一指宗教色彩浓厚;二指对人性与科学的否定。

14世纪至17世纪中叶,是欧洲的文艺复兴时期。这一阶段也是封建主义社会向资本主义社会过渡的阶段。欧洲文艺复兴运动的实质,是新兴资产阶级在文化领域向黑暗而强大的封建势力发起的"挑战",是资产阶级夺取政权的"热身"。文艺复兴运动的结果,是封建主义的持续衰落和新兴资产阶级的不断壮大。文艺复兴运动,将欧洲由封建阶级主导的野蛮的中世纪推进到封建势力与新兴资产阶级在斗争中并存的时代,并进而推进到资产阶级掌握政权的资本主义时代。

文艺复兴时期资产阶级提倡的新文化观,称为"人文主义"。人文主义教育实际上是以"人"为中心的教育。在教育目标上,人文主义教育反对束缚个性,提倡身心和人格的和谐发展;在教育内容上,人文主义教育反对"神道"之学,提倡人文之学,除了恢复传统的"七艺"课程外,新兴资产阶级还提倡新增历史、道德、哲学、自然、物理、地理等人文课程与实用课程;在课程实施方法上,人文主义教育反对经院主义学风与教风,主张使用启发式教学方法与直观性的教学手段。

不过由于新兴资产阶级尚未取得政权,文艺复兴时期人文主义教育的这些改革诉求,大多停留在讨论层面,没能形成系统的理论体系,更没能大规模付诸实践。只有极少数人文主义教育家曾尝试创造条件将自己的教育改革诉求付诸办学实践。

总之,文艺复兴时期人文主义的课程思想,有力地冲击了中世纪封建主义、经院主义的课程体系,将欧洲各国的学校教育引入改革发展阶段,在舆论方面、理论与实践探索方面为较为先进、和谐的资产阶级课程体系的诞生作了准备。

2. 近代的基础教育课程

(1)中国近代的基础教育课程

"鸦片战争"后,中国由封建社会转变为半殖民地半封建社会,这场战争开启了中国的百年屈辱近代史。"鸦片战争"后,外国传教士进入中国,开始开办教会学校。教会创办的学校,实行班级授课制,开设宗教、哲学、伦理学、数学、物理、化学、世界历史、世界地理、心理学、逻辑学、政治经济学等文化课程和各种实用技术课程,有效地冲击了当时中国各级学校的课程体系。

"鸦片战争"使中国的朝野意识到学校教育改革的必然性。为了在不影响封建统治的前提下引入西学，清政府制定了"中学为体，西学为用"的文教政策。1904年，清政府颁布了《奏定学堂章程》，此即著名的"癸卯学制"。这是中国近代第一个以法令形式向全国公布并得到实施的学校教育制度。此学制规定："儿童自六岁起，受蒙学四年；十岁入寻常小学，修业三年；十三岁入高等小学，三年卒业；再入中学堂，四年卒业。"在中学课程方面，它既要求开设修身、经学、作文等传统课程，又要求开设数学、地理、博物、物理、化学、图画、体育等新学课程。对于小学，"癸卯学制"要求开设修身、读经讲经、中国文学、算术、历史、地理、格致、体操、图画、手工等课程。

总之，中国清末的课程体系，是"中学为体，西学为用"的课程体系，具有封建改良主义特征。

"辛亥革命"至1919年"五四运动"，是我国近代史的最后阶段。"辛亥革命"后，民国政府借鉴西方的课程经验，对清末的教育制度进行了革命性改造。1912年颁布的《壬子癸丑学制》，废除了修身、读经讲经等封建性课程，保留了西学课程，增加了家事、园艺、缝纫等应用性课程。

"辛亥革命"至"五四运动"，可以称之为"民国初年"。概括地说，民国初年的课程体系，较好地剔除了封建性，有效地推动了课程体系的时代化与实用化。

（2）西方近代的基础教育课程

西方近代的统治阶级是资产阶级，而资产阶级重视生产力发展，讲求教育实际效用，因此近代是个重视知识实用价值的时代。

捷克教育家夸美纽斯（J.A.Comenius）是近代第一个伟大的教育家。夸美纽斯认为，现实世界的各种知识都是有用的，都应该被包括在课程内。他宣称自己的《大教学论》论述的是"把一切事物教给一切人的艺术"。后人把他的课程观叫作"泛智主义"。18世纪中叶，法国的"百科全书"派在继承夸美纽斯"泛智主义"课程观的基础上，特别强调了语言文字、自然科学和各种实用科学的意义，这更强烈地反映了资本主义的发展要求。

在近代，随着科学技术的突飞猛进，人们不断地对传统人文学科的课程地位发起挑战，自然科学类的课程受到越来越广泛的重视。自英国资产阶级革命至18世纪，西方学校大都开设物理学、化学、动物学、植物学等课程。到19世纪下半叶，自然科学类的课程在近代西方社会学校中占据了更重要的位置。这类课程甚至进入了文科中学。19世纪末，数学课程在所有学校都得到重视，成为各级学校不可或缺的核心课程。

在近代，随着国际交流的增加和民主政治的发展，外国语、公民道德、体育、艺术、劳动等课程，逐渐受到广泛的重视。增设这些课程，使学校的课程体系更为和谐。

总之，西方的近代课程体系，具有科学化、实用化、和谐化特征，是现代课程体系的雏形。

3. 现代的基础教育课程

（1）中国现代的基础教育课程

"五四运动"开启了中国现代史。从"五四运动"至新中国成立，我国经历了第一次国内革命战争、第二次国内革命战争、抗日战争和解放战争。在这复杂而充满动乱的30年中，我国的学校课程历经了多次变革。

1922年北洋政府颁布"壬戌学制"（又称"新学制"）。根据"壬戌学制"及其相关文件的规定，小学开设国语、算术、卫生、公民、历史、地理、自然、园艺、艺术、音乐、体育等课程。初中开设国文、社会、算学、自然、艺术、体育等课程。高中分普通科和职业科。普通科分为两组：第一组注重文学和社会科学；第二组注重数学和自然科学。两组均以升学为目的。职业科则包括师范、商业、工业、农业、家事等主修方向，各方向均有自己的课程体系。此次课程改革的特点是：小学加强了数学和自然科学的教学；初中设置了旨在适应不同发展需要的选修课程；高中实行文、理分科，并开设了多种职业教育课程。

从1929年到1948年，国民政府教育部先后多次对中小学课程进行修订，其目的是使学校更好地适应社会需要，并强化"党化教育"。

新中国成立前的30年，学校课程改革的基本特征，是学习国外先进的课程经验，并与中国社会的实际需要相结合。

新中国成立后，我国先后经历了八次基础教育课程改革。其中新中国成立初期的课程改革，旨在学习苏联的课程改革经验，组建与新中国政治体制相适应的全新的课程体系；"大跃进"年代的课程改革，旨在推进教育与生产劳动的结合；"文化大革命"期间的课程改革，旨在突出政治，使学校课程政治化、劳动化；"文化大革命"结束后的课程改革，旨在拨乱反正；世纪之交展开的第八次基础教育课程改革，旨在吸收国外的先进经验，并推进素质教育。

概括地说，新中国成立后，学校课程改革的基本特征，是为政治需要与社会需要服务。当前的基础教育课程改革具有两大特征，一是注重学习国外的先进经验；二是大力推进素质教育。

（2）世界现代的基础教育课程

世界现代教育史上的课程改革，已有一个世纪左右的历史。在人类历史上，这个世纪是课程理论研究最为繁荣的世纪，也是课程改革最为频繁、深入的世纪。

在理论研究方面，现代教育史上曾产生过诸多有影响、有特点的理论流派。经验主义课程观、结构主义与建构主义课程观、人本主义与后现代主义课程观，是这些理论流派的杰出代表。这些理论流派都有其独特价值，都曾经卓有成效地推动过学校课程的改革与发展。

在理论研究方面，争辩最为激烈、影响最为深远的，是传统的学科中心主义课程观与杜威、泰勒的经验主义课程观的争辩。一方面这一争论及其影响几乎贯穿整个现代教育史，另一方面这两种截然不同的课程观出现了相互融合、相互兼容的趋势。当今世界所进行的课程改革，在很大程度上兼顾了学科知识、技能的传授与儿童经验的获得。

理论研究方面另一个值得注意的方面是相对独立、相对成熟的课程论、课程与教学论的诞生。1918年博比特（F.Bobbit）《课程》一书的出版，标志着课程研究的专门化和相对独立的课程理论的正式诞生。1949年泰勒《课程与教学的基本原理》一书的出版，则标志着经整合而成的课程与教学论的诞生。

在课程改革实践方面，由于各国的国情是多元化的，课程改革也是多元化的。例如俄国"十月革命"成功后的课程改革，出于巩固政权和改造旧教育的需要，特别强调了劳动与综合技术教育的重要性，强调了教育与无产阶级政治的结合、教育与生产劳动的结合；20世纪30年代后期至第二次世界大战前的课程改革，旨在纠正轻视"双基"的错误倾向，提升国家的科技实力。出于国际竞争的需要，美国在20世纪50年代末的课程改革，强调了数学、自然科学、外语"新三艺"的核心地位。在世纪之交的基础教育课程改革中，俄罗斯根据社会生活需要，调整了原有课程结构，以"艺术"课程取代了原有的音乐课程与美术课程。为了调节儿童的学习生活，并培养综合性地解决实际问题的能力，以满足社会的实际需要，日本新开了"综合学习"课程。

总之，无论是在理论研究领域，还是在改革实践领域，世界现代教育史上的课程改革，具有多元化的特征、相互融合的特征和兼顾社会需要与儿童发展需要的特征。

以上我们简要回顾了人类基础教育课程改革发展的历史，并揭示出不同时代课程体系的主要特征。站在历史的至高点全览当今世界各国正在推进的基础教育课程改革，或许能获得较为深刻的认识。

第二节 小学课程改革概览

这里先介绍几个主要发达国家的小学课程，以帮助同学们开阔眼界，并深化对小学课程的认识；之后介绍当代中国的小学课程。

一、当代发达国家的小学课程

以下介绍当代五个具有代表性的发达国家的小学课程。

（一）美国的小学课程

美国小学采用六年制学制，一般开设语文（包括文字、阅读、写作、口语等），数学，社会（包括历史、地理、政治、法律等），科学（包括物理、化学、生物等），音乐，美术，体育，卫生与保健等课程。

美国小学课程体系设计的特点是：

（1）以儿童为本。美国小学的课程，强调人的尊严，强调人人平等，重视儿童兴趣爱好的发展，注重儿童个性的塑造。

（2）重视儿童的发展。美国小学的课程，重视儿童的身心发展，重视儿童潜在能力的发挥与成长。为了促进儿童的发展，美国的大多数小学提倡引导儿童参与讨论、观察、实验、创造和书面发表等活动。这些带有研究特征的训练，是发掘儿童潜在能力、促进儿童发展的有效方法。

（3）注重英语教学。英语教学包括读的教学、写的教学、词汇教学等。有些学校的低年级，过半数的课时用于英语教学。

（4）重视科学教育。美国小学对科学教育的重视超过其他任何国家，这使美国儿童具有浓厚的科学探究兴趣，具有较强的研究能力与操作能力。在美国的小学，从一年级到六年级都开设科学课程。不过各州科学课程的具体内容与基本特征并不相同，有的州侧重于科学产品的加工过程，有的州着重于科学理念的形成，有的州则注重科学和数学的紧密结合。

（二）俄罗斯的小学课程

俄罗斯小学有三年制与四年制两种，一般开设俄语、语言与文学、数学、社会科学、自然科学、艺术、体育、工艺学等。值得注意的是，俄罗斯是多民族国家，这里的"语言与文学"包含着不同民族的民族语言、民族文学。

俄罗斯小学课程体系设计的特点是：

（1）注重课程设置的灵活性，给地方、学校、学生较大的课程选择权。在俄罗斯小学课程体系中，统一的必修课程的课时占总课程的75%左右。但由于这些必修课程中包含了可供选择的民族语言、民族文学、外语等，真正统一的必修课程实际上不足70%。余下的超过30%的课时，2/3用于开设地方教育行政管理部门规定开设的"有选择的必修课"，1/3用于学校开设的"个别课""小组课"。"个别课""小组课"属于小型课程。它们既是校本课程，又是"特长课"，还是可供学生自由选择以培养兴趣特长的"选修课"。

（2）学习法国的经验，以新的包含多个艺术门类的"艺术"课程，取代本国传统的音乐与美术课程。

（3）注意人文课程与自然科学课程的平衡。当今的俄罗斯小学课程，人文科学课程与自然科学课程的课时比例大体持平。

（三）英国的小学课程

英国的小学大多采用六年制学制。英国当代小学的课程，包括核心课程、基础课程、其他课程三类。核心课程包括数学、英语、科学三门课程；基础课程包括历史、地理、技术、音乐、美术、体育等；其他课程包括宗教、家政、古典语文等。

英国小学课程体系设计的特点是：

（1）语文、历史、地理等课程的地位明显高于其他国家。这种现象源于传统人文主义教育思想的影响。

（2）十分重视科学技术教育。科学是三门核心课程之一，技术是六门基础课程之一。在英国小学课程体系中，科学课程是与语文、数学课程并列的重要课程，技术课程是与历史、地理课程并列的重要课程。

（3）重视宗教课程。由于历史传统的影响与社会生活的实际需要，英国将宗教列为小学的必修课。

（四）法国的小学课程

法国的小学采用五年制学制。法国的小学课程共有三组：第一组为人文课程，包括法语、历史与地理、公民道德、外国语等课程；第二组为数学、科技课程，包括数学、科学与技术两门课程；第三组为艺体课程，包括艺术、体育两门课程。

法国小学课程体系设计的特点是：

（1）小学课程与幼儿园课程一体化。法国幼儿学校学制四年，小学学制五年，二者合并重组为三个学习阶段，每个阶段三年。三至五岁为准备学习阶段，五至八岁为基础学习阶段，八至十一岁为巩固加深阶段。幼儿学校的最后一年与小学的前两年合并，组成基础学习阶段。这样做，一是为了使幼儿学校的学习与小学的学习更紧密地衔接，二是为了便于因材施教。法国的小学和幼儿学校，允许学习节奏快的学生用两年时间完成全学段的学业，提前一年进入下一阶段的学习；也允许学习节奏慢的同学用四年时间完成全学段的学业，推迟一年进入下一阶段的学习。这一做法值得借鉴。

（2）注重语文教育。在法国小学课程体系中，法语课程所占课时数特别多。自1990年起，法国又在小学加开了外国语课程。法国教育部规定：学校必须根据儿童需要与本校条件选择外语语种，开设相应课程；可供选择的语种有英语、德语、西班牙语、意大利语等。

（3）重视艺术教育。法国率先在小学开设艺术课程。法国艺术课程的内容，涵盖音乐教育与造型艺术。这里的"造型艺术"，其涵盖范围比美术大得多，有很强的"现代"意味。开设艺术课程的目的，是对学生进行审美教育和情意教育，培养学生的艺术鉴赏力与创造力。

（五）日本的小学课程

日本注意学习美国的经验，中小学也采用"六三三"学制。日本当代小学开设国语、社会、算术、理科、生活、音乐、图工、家庭、体育、道德、综合学习等课程。

日本小学课程体系设计的特点是：

（1）注重个性的发展。日本的小学课程，十分重视个性的发展。在课程内容的组织、课程实施方法的选择方面，日本小学均以尊重个人尊严与个性发展需要为基本原则。在这一原则的影响下，日本小学逐渐形成尊重个体自主、重视个性发展的氛围。

（2）重视德育。日本现行的小学课程，把品德教育放在首位。日本最新的课程文件，有"培养对生命的敬畏之念""培养自主性的日本人"等规定。低年级注重基本生活习惯教育，尊敬师长教育和关心集体教育；中年级注意培养遵守日常社会规范的态度，重视友情教育和诚信教育；高年级注意培养遵守公德的习惯、竭诚为众人服务的态度以及关心他人的精神。

（3）重视生活与健康教育。日本的小学，每周有三节体育课。体育课的课程内容，除身体素质训练外，还包括保健教育。在世纪之交的基础教育课程改革中，日本小学的低年级取消了"社会""理科"课程，新设"生活"课程。此举的目的是培育儿童认识社会、认识自然、认识自己的习惯与能力，养成良好的生活习惯，培养必要的生活技能和独立生活能力。

上述五个具有代表性的发达国家的小学课程体系，都有值得我们注意与借鉴的特点与优点。事实上，世纪之交的中国基础教育课程改革，已经在一定程度上借鉴了这些国家的先进教育理念与课程经验。

二、当代中国的小学课程

世纪之交，我国开始进行新中国成立后的第八次基础教育课程改革。2001年6月，教育部下发了"关于印发《基础教育课程改革纲要（试行）》的通知"，并随后颁布全日制义务教育各科课程标准（实验稿）。2001年秋季，包括27个省、自治区、直辖市的国家级课程改革实验区的改革实验正式启动。2005年秋季，全国高中、初中小学的各起始年级，开始正式执行新的课程设置方案和课程标准。2011年，教育部颁布了相对成熟的义务教育各科课程的课程标准。

（一）此次基础教育课程改革的背景

可以从以下三个方面考察此次课程改革的背景：

1. 原有的基础教育课程体系相对落后

进入20世纪90年代后，在逐步实施素质教育的新形势下，原有的基础教育课程与新时代人才培养需求的矛盾日益突出。原有的基础教育课程体系的弊端主要表现在：（1）旧课程体系所持有的"知识至上"课程价值观已经落伍，课程设置的指导思想与目标与新时代的社会需要不一致；（2）课程结构单一，有关学科之间缺乏以社会生活为基础的必要整合；（3）部分课程内容陈旧，且脱离社会实际与生活实际，课程中特别缺乏反映现代科技、现代社会生活的新内容；（4）课程内容与课程实施方法没有摆脱传统"三中心"模式的束缚，难以培养学生的操作能力、综合实践能力和创造能力；（5）课程评价过分注重学业成绩，忽视基本素质的全面发展；（6）课程管理权力过于集中，难以适应各地社会发展的不同需求和学生发展的不同需求。

2. 中小学素质教育举步维艰

旧的基础教育是以"应试"为基本特征的。早在20世纪80年代，一些有识之士就对应试教育的弊端提出尖锐的批评。与"应试教育"相对的"素质教育"这一概念，即产生于这一时期。进入90年代后，素质教育逐渐得到官方的倡导。20多年来素质教育的推行是有一定成效和影响的，但总的说来效果并不好。所谓"素质教育轰轰烈烈，应试教育扎扎实实"，就是真实而著名的写照。显然要真正推行素质教育，首先必须在课程改革方面下功夫。

3. 发达国家课程改革新经验有待我们吸收

20世纪后期，世界上又一次掀起基础教育课程改革浪潮。这次课程改革得到某些契合新时代需求的新教育理念的支撑，改革中出现了某些新思路、新做法。

例如美国国会于1994年通过了克林顿总统签署的《美国教育法：2000年目标》。该文件强调，制订基础教育课程标准时应当注意以下问题：（1）必须指出学生应该知道什么以及怎样运用；（2）应指出学生如何对自己的技能及知识的习得程度进行检测；（3）课程标准应面向全体学生，不应考虑学生在种族、社会地位、语言、文化背景和需要等方面的差异；（4）各州在课程标准中要特别强调知识、技能的实际应用水平。

在日本，2002年开始执行的新课程方案中增设了"综合学习"课程。这一课程从小学三年级延续到初三，在时间上跨越7个学年。新课程方案称，开设这门课程是为了扭转现行小学教育中过分偏重文化科学知识的倾向，是为了使学校能够从本校的实际出发，培养能自主、会创造的人。

俄罗斯学习法国的经验，将基础教育课程中的音乐、美术课程改造为以社会生活为出发点的综合性"艺术"课程。在20世纪90年代的基础教育课程改革中，俄罗斯一方面增强了课程设置的灵活性，给地方和学校较大的自主权；另一方面削减了自然科学课程的课时，增加了人文科学课程的课时。

美国、日本、俄罗斯在进行基础教育课程改革时，既注意保持统一的基础教育水准，又注意兼顾地区或学校的实际情况。英国、澳大利亚等国是课程权力较为分散的国度，这些国家20世纪后期的基础教育课程改革也有上述趋势。

这次世界性的基础教育课程改革，尤其是上述发达国家的基础教育课程改革，既为我国的基础教育课程改革提供了丰富经验，又映衬出我国基础教育课程体系的相对落后。

在上述背景下，跨入21世纪的中国，终于正式拉开了新一轮基础教育课程改革的序幕。

（二）此次基础教育课程改革的主要内容

此次课程改革的主要内容，大体包括以下三个方面：

1. 课程目标的更新

概括地说，此次基础教育课程改革的总目标，是全面推进素质教育。

改革的具体目标包括六个方面：（1）将"关注知识的传授"改为"关注学生学习的过程"；（2）调整课程结构，以体现"均衡性""综合性"与"选择性"；（3）从生活需要出发精选课程内容；（4）淡化"接受学习"，强调旨在适应社会需要的各种基本能力的培养；（5）淡化课程评价的甄别与选拔功能，强化其促进发展功能；（6）变课程的统一管理为国家、地方、学校三级管理。

改革的总目标，可用"推进素质教育"六个字来概括；六个具体目标，可用"全面发展学生的基本素质"和"努力适应社会需要"两个要点来概括。要注意的是，这两个要点不但不矛盾，而且是统一的："全面发展学生的基本素质"正是"社会需要"；而"适应社会需要"的核心内容正是"全面发展学生的基本素质"。

2. 课程理念的更新

在此次课程改革中，课程理念的更新主要表现在以下几方面：

（1）在课程价值观上，变传承人类文明价值取向为全体学生全面发展价值取向。贯穿中小学各课程标准的红线是全体学生全面发展的需要。

（2）在课程的逻辑起点上，变从学科知识结构出发为从社会生活出发。换句话说，此次课程改革提倡"回归生活"。

（3）在课程实施过程的着眼点上，变知能的传授为知能的主动建构。

（4）在课程管理上，变中央集权为中央集权与地方分权相结合。过去我国的课程权力属于中央，在课程设置与课程改革上实行全国一盘棋；在新课程体系中，既有反映中央集权的全国统一的课程框架与课程目标，又有反映地方分权的课程管理空间。

3. 课程结构的更新

在此次课程改革中，有些课程被合并，有的课程被分解重组，同时也增设了新的课程门类（见表1-1）。

表1-1 义务教育课程门类表

第一学段 （小学一、二年级）	第二学段 （小学三至六年级）	第三学段 （初中）
品德与生活 语文 数学 体育（2011年调整为体育与健康） 艺术（或音乐、美术）	品德与社会 语文 数学 外语 科学 体育（2011年调整为体育与健康） 艺术（或音乐、美术） 综合实践活动	思想品德 语文 数学 外语 科学（或生物、化学、物理） 历史与社会（或历史、地理） 体育与健康 艺术（或音乐、美术） 综合实践活动
活动课程、地方课程与校本课程		

小学低年级的课程门类出现了两个变化：一是将原来的"思想品德"改为"品德与生活"；二是可以将原来的"音乐"与"美术"两门课程合并重组为"艺术"课程（但也可以按原方案开设"音乐"与"美术"两门课程）。

小学中、高年级的课程门类出现了四个变化：一是将原来的"思想品德"改为"品德与社会"；二是可以将原来的"音乐"与"美术"两门课程合并重组为"艺术"课程；三是将原来可开可不开的弹性课程"外语"调整为全国性的必修课程；四是增设"综合实践活动"课程。

初中课程门类出现了六个变化：一是将"政治"改为"思想品德"；二是将原来的"物理""化学""生物"课程合并为"科学"课程；三是将原来的"历史""地理"课程合并为"历史与社会"课程；四是将原来的"体育"改为"体育与健康"；五是将原来的"音乐"与"美术"两门课程合并重组为"艺术"课程；六是增设"综合实践活动"课程。

上表未列出的高中课程，出现了四个变化：一是新设"丰富多彩的选修课"，旨在发展学生的个性；二是新设技术类课程；三是提倡"积极试行"学分制；四是新设"综合实践活动"课程。

显然，上述变化与此次课程改革的总目标——实施素质教育是一致的，其着眼点正是前面所说的"全面发展学生的基本素质"和"努力适应社会需要"。

本章小结与研究性学习

一、本章小结

本章阐述了什么是课程，追溯了课程形成和发展的历史，介绍了当代主要发达国家的小学课程，研究了中国当代的小学课程。希望同学们能够在深入理解课程本质的基础上，带着广阔的教育视野，审视我国当代的小学课程与基础教育课程改革。

二、研究性学习

（一）阅读以下材料后讨论

此次基础教育课程改革带来的新问题

对于此次基础教育课程改革，有着各种各样的评论：有人认为此次课程改革大方向正确，有效地更新了一线教师的教育理念，但许多做法与措施并不符合中国的实际情况。有人认为新的课程体系富含新意，并且确实更有活力，但某些课程的设置照搬国外的做法并不合适；对原有课程体系的改动力度过大，没有体现循序渐进原则，没有兼顾课程体系的相对稳定性。有人认为在此次课程改革中，课程理念更新很有意义，但在新的课程体系中，"知识贬值"了。还有人认为在此次课程改革中，课程评价改革受到一定重视，但如何通过课程评价改革，将注重知识与技能传授改变为注重基本素质全面发展，仍是一个没有解决的难题。

实践是检验真理的唯一标准。我们认为要判断此次课程改革是否成功，或者要判断哪些地方是成功的，哪些地方有待改进，只有让改革实践来说话。有关部门在酝酿下一轮课程改革时，有必要深入基础教育第一线，进行仔细的调查研究，以便将前一轮改革中的成功之处继承下来，将不妥之处纠正过来，将难以解决的"老大难"问题投入到新一轮的改革中去解决。

我们认为此次课程改革的大方向是正确的。这次改革使广大一线教师更新了自己的教育理念，使他们减少了对知识与技能的注意力，更关心学生的健康成长与和谐发展，更关心社会生活的实际需求；学生在教育活动中的主体地位与主动作用也受到进一步的尊重。

综合分析，当前小学课程中的以下问题值得研究：

（1）如何通过课程评价制度与学校管理机制的改革，确保在课程体系中杜绝以甄别优劣为目的的知识与技能统考，从而确保一线教师能够将注意力更多地由知识与技能的传授转移到学生的成长与发展上？

（2）中国地大物博，各地经济、文化、教育发展水平差异巨大，对外交流需求不一，并且中国在国际上已取得举足轻重的国际地位，此时规定全国所有小学都必须开设包括很多课时的外语课，是否合适？需要注意的是，由于课时较多，并且在大多数地区是统考课程，外语课程在小学课程体系中已成为与语文、数学并列的核心课程。在我国的初等教育中，外语与语文、数学真的具有同等的重要性吗？它真的比品德课程、科学课程、体育课程更重要吗？

（3）按新课程设置方案的规定，小学应尽可能开设艺术课，以取代传统的音乐、美术课，但实际上大多数地区与小学没有开设艺术课程，仍开设传统的音乐、美术课程。原因何在？问题能不能解决？如果能解决，如何解决？

（4）在实际工作中，地方、学校对课程设置的管理并没有能落到实处。原因何在？怎样解决？

请思考上述材料中提出的四个问题，并与同学、老师交流意见。

（二）专题研究

苏联著名教育家苏霍姆林斯基在其教育名著《给教师的一百条建议》的第51条建议[①]中说：

你是创造未来人的雕塑家，是不同于他人的特殊雕塑家。教育，创造真正的人，就是你的职业。社会把你看成雕塑巧匠，我们国家的未来在很大程度上取决于这种雕塑巧匠。要记住，你的每个错误都可能变为个人的畸形和精神痛苦、烦恼。人的创造者，应当以自己的水平、能力、艺术为其他雕塑家做出榜样。为了使我们在苏维埃学校里创造出来的人成为德育、智育、美育的完善杰作，就需要所有接触"大理石块"的雕塑家配合行动，需要使创造真正的人的活动和谐一致。那么，谁应当是形成这种和谐一致的敏锐的、明智的、有经验的、细心的和勇敢的指挥者呢？教师。

---

① 见苏霍姆林斯基：《给教师的一百条建议》，转引自丁锦宏等：《走近教育大师》第432页，北京大学出版社2006年版。

在苏霍姆林斯基看来,父母生育孩子,只是创造自然人;教师教育学生,才是创造"真正的人"。教师对于学生的重要性,如同雕塑家对于"大理石块"一样。对于苏霍姆林斯基的上述观点,同学们有何感想或评论?

历史上影响最大的课程本质观,是"课程的本质是学科的知识与技能";杜威、泰勒认为课程的本质是"学生经验的获得";本书认为"课程的本质是学生在教师指导下的学习与发展"。课程本质观其实可以放大为教育价值观。在苏霍姆林斯基看来,教育工作的核心使命是创造"真正的人"。请从课程本质观角度分别比较苏霍姆林斯基的观点与上述三种观点的异同。

第二章　小学课程目标与课程内容的设计

重点概念

- 课程目标
- 课程内容

重点问题

- 课程目标的常见类型有哪些?它们之间有什么关系?
- 课程目标设计的基本要求是什么?基本步骤有哪些?
- 课程内容应当包括哪几个方面?它们之间有什么关系?
- 在人的素质结构中,知识、技能、能力、情感态度与价值观四者有何关系?
- 课程内容设计的基本要求有哪些?基本步骤有哪些?

情境引导:"快乐的家园"课程目标与课程活动设计

一位数学老师为小学一年级数学"快乐的家园"专题课程设计了如下课程目标与课程活动[①]。

课程目标:

(1)经历从日常生活中抽象出数的过程,认识1—10的数;

(2)能正确数出数量是1的物体,能运用数字表示日常生活中的一些事物,并进行交流;

(3)理解基数、序数的联系和区别。

课程活动:

(1)猜一猜

教师告诉学生有一个小动物要参加我们今天的学习,并且告诉大家这个动物的特征是"两只长耳四条腿,爱吃萝卜和青菜,蹦蹦跳跳真可爱",让学生猜这是什么动物(小白兔)。猜到谜底后,教师告诉大家今天小白兔为我们带来一幅美丽的图画,它描绘了小白兔向往的快乐的家园。它就是书上第4页的第一幅图画《快乐的家园》。

(2)说说"快乐的家园"

先引导学生说出图画上画了些什么,接着引导学生说出哪些东西的个数是"1",再引导学生说出自己的身体和周围有哪些事物能用"1"表示,然后在此基础上引导学生说出哪些事物可以用"2"表示,最后要求学生与同桌交流"3能表示什么""4能表示什么"。

(3)足球场上的数字

先引导学生说出足球场上运动员衣服上的数字表示什么,接着请10个学生当运动员(每人手中拿一个数),让他们按数字顺序排队,最后指名问学生喜欢几号运动员,引导学生学会说"从1号到几号共有几个运动员,我喜欢的几号运动员正好排在队伍的第几个"

[①] 周日南:《小学数学课程理念与实施》第172-176页,广西师范大学出版社2003年版。字句与格式略有调整。

（这儿的"几"指1至10范围内的任意一个数字）。

（4）练一练

先引导学生完成教材的三条练习题，然后要求学生课后观察教室内或家中的事物，看哪些事物可以用1—10的数字表示。

请同学们思考两个问题：其一，上述课程设计，课程内容有哪些？其二，凭借上述课程活动，能实现既定的课程目标吗？

下面将用两章的篇幅，从理论层面探讨课程目标、课程内容、课程实施方法、课程实施过程的设计，然后用一章的篇幅从理论层面探讨课程评价问题。

本章阐述课程目标与课程内容的设计。课程目标和课程内容是课程的核心要素。对普通教师来说，准确理解课程总目标，正确制订单元目标与专题目标，科学安排课程内容，是课程设计的基础，也是课程设计的重要内容。

第一节 课程目标的设计

课程目标是对课程要达到的目的的构想，是一种教育蓝图。它体现了课程运作的方向，是课程的灵魂。人们只有充分地认识课程目标的意义，科学地研制课程目标，才有可能较理想地安排课程活动。因此课程目标又被人们称为课程活动的"第一要素"。

一、课程目标的含义

（一）课程目标的概念界定

课程目标，指具体课程要实现的教育目标。

课程目标是教育目的、培养目标的具体体现，是师生课程活动的出发点。它不仅制约课程内容的选择与组织，也制约课程活动的方式与手段，同时它还是课程评价的基本依据。

每一门课程都有自己的课程总目标。下面我们来看课程目标实例。

1. 语文课程总目标

当前正在实施的《义务教育语文课程标准（2011年版）》，共提出十条课程总目标：

（1）在语文学习过程中，培养爱国主义、集体主义、社会主义思想道德和健康的审美情趣，发展个性，培养创新精神和合作精神，逐步形成积极的人生态度和正确的世界观、价值观。

（2）认识中华文化的丰厚博大，汲取民族文化智慧。关心当代文化生活，尊重多样文化，吸收人类优秀文化的营养，提高文化品位。

（3）培育热爱祖国语言文字的情感，增强学习语文的自信心，养成良好的语文学习习惯，初步掌握学习语文的基本方法。

（4）在发展语言能力的同时，发展思维能力，学习科学的思想方法，逐步养成实事求是、崇尚真知的科学态度。

（5）能主动进行探究性学习，激发想象力和创造潜能，在实践中学习和运用语文。

（6）学会汉语拼音。能说普通话。认识3 500个左右常用汉字。能正确工整地书写汉字，并有一定的速度。

（7）具有独立阅读的能力，学会运用多种阅读方法。有较丰富的积累和良好的语感，注重情感体验，发展感受和理解的能力。能阅读日常的书报杂志，能初步鉴赏文学作品，丰富自己的精神世界。能借助工具书阅读浅易文言文。背诵优秀诗文240篇（段）。九年课外阅读总量应在400万字以上。

（8）能具体明确、文从字顺地表达自己的见闻、体验和想法。能根据需要，运用常见的表达方式写作，发展书面语言运用能力。

（9）具有日常口语交际的基本能力，学会倾听、表达与交流，初步学会运用口头语言文明地进行人际沟通和社会交往。

（10）学会使用常用的语文工具书。初步具备搜集和处理信息的能力，积极尝试运用新技术和多媒体学习语文。

2. 数学课程总目标

当前正在实施的《义务教育数学课程标准（2011年版）》提出三条课程总目标：

（1）获得适应社会生活和进一步发展所必需的数学的基础知识、基本技能、基本思想、基本活动经验。

（2）体会数学知识之间、数学与其他学科之间、数学与生活之间的联系，运用数学的思维方式进行思考，增强发现和提出问题的能力、分析和解决问题的能力。

（3）了解数学的价值，提高学习数学的兴趣，增强学好数学的信心，养成良好的学习习惯，具有初步的创新意识和科学态度。

为了让读者更准确地理解上述课程总目标，该课程标准还从"知识技能""数学思考""问题解决""情感态度"四个方面，对上述三大目标作了进一步说明，并强调"这四个方面，不是相互独立和割裂的，而是一个密切联系、相互交融的有机整体。……数学思考、问题解决、情感态度的发展离不开知识、技能的学习，知识、技能的学习必须有利于其他三个目标的实现"。

3. 英语课程总目标

当前正在实施的《义务教育英语课程标准（2011年版）》，将义务教育阶段英语课程的总目标概括为"通过英语学习使学生形成初步的综合语言运用能力，促进心智发展，提高综合人文素养"。

为了让人们理解和掌握这一总目标，该课程标准对什么是"综合语言运用能力"作了必要解释："综合语言运用能力的形成建立在语言技能、语言知识、情感态度、学习策略和文化意识等诸方面整体发展的基础之上。语言技能和语言知识是综合语言运用能力的基础；文化意识有利于正确地理解语言和得体地使用语言；有效的学习策略有利于提高学习效率和发展自主学习能力；积极的情感态度有利于促进主动学习和持续发展。这五个方面相辅相成，共同促进学生综合语言运用能力的形成与发展。"

以上我们以小学语文、数学、英语三门课程的总目标为例，介绍了什么是课程目标。这三门课程的课程标准，对其课程目标均有进一步的较为详细的阐述，同学们可去查阅和研读。

（二）课程目标的类型

不同的课程，有不同的课程目标。小学每一门课程都有自己的课程目标。

就一门具体课程而言，课程目标有课程总目标、学段目标（或称"阶段目标"）、年级目标、学期目标、单元目标、专题目标、课时目标、单一活动目标等不同级别与类型。其中课程总目标、学段目标（或阶段目标）、单元目标、专题目标是最常见的课程目标。下面简要说明或解释这些常见课程目标。

特定课程的课程总目标，通常写在特定课程的课程标准中。上文所列举的小学语文、数学、英语课程目标，都是课程总目标。

学段目标，有的课程在课程标准中写明，有的课程则没有在课程标准中写明。没有在课程标准中写明的，应当由学校教研组在专家的指导下，在业务学习或集体备课中，参照总目标的基本精神商定，以填补有关空白。

单元目标指一组相对完整、相对独立、有共同特征的单元课程的总目标。这一目标也应由教研组在业务学习或集体备课中商定。

"专题"意即"专门的题目"或"专门的主题"。专题目标是一个相对完整、相对独立的专题课程的总目标。对语文课程和外语课程来说，专题目标指单篇课文或单篇作文或其他专题的课程目标；对数学、科学课程来说，专题目标指一个大的知识技能点或某个特定原理的课程目标；对于以技能训练为主的艺体课程来说，专题目标指某一技能训练的课程目标；对于品德课程、各类欣赏课或活动课程而言，专题目标则指特定主题的课程目标。

在课程实践中，有时还用到课时目标概念。顾名思义，课时目标指一堂课的目标。如果一堂课正好完成一个专题的课程，那么课时目标与专题目标就合二为一了。对于普通任课教师来说，备课应以相对独立、相对完整的专题为基本单元，因而专题课程目标的设计显得特别重要。

（三）课程目标的基本内容

由于各国国情不一，研究者的视角也不尽相同，不同国度、不同专家对课程目标基本内容的界定，往往存在着较大差异。我国的《教育大辞典》将课程目标的基本内容概括为四类：一是"认知类"，二是"技能类"，三是"情感类"，四是"应用类"。本书借鉴这一分类，将课程目标的基本内容界定为四个方面：一是知识目标，二是技能目标，三是能力目标，四是情感态度与价值观目标。学习者可借鉴这四个方面，根据课程标准的目标要求，设计课程目标。

1. 知识目标

所谓知识目标，即在知识获得方面的目标。

什么是知识？简单地讲，知识是人对客观世界的认识。具体来说，知识是人对自然、人自身和人类社会的认识和在实践中所获得的经验的总和，它来自人的学习、研究与探索。

需要指出的是，"知"是"知道"，"识"是"认识"，只有通过学习、思考与研究，才能"知道"和"认识"，从而获得"知识"。可见知识与信息有着本质的区别：信息只是传播内容或传播对象，知识却是学习的结果。对学习者来说，他人的认识只是信息，不是知识；他人的认识经过学习、思考与研究，经过思维加工，内化为自己的东西，才能成为知识。

不少人对知识概念的理解有很大偏差，他们往往混淆知识与信息的界限，以为知识可以脱离学习者而客观存在，这是不妥的。例如：书本上的东西只是信息，不是知识；这些信息只有经过学习、思考与研究，经过思维加工，内化为学习者自己的东西，才能成为知识。

上述对知识概念理解的偏差，会导致我们过分看重书本信息，相对轻视学习过程与学习活动中的思考与研究。由于这一原因，我们在解释什么是知识目标时，必须强调知识的"获得"。

2. 技能目标

所谓技能目标，指技能练习或训练方面的目标。

什么是技能？技能是从事特定具体活动的技术与本领。例如说话、打字、开车、洗脸、刷牙的技术与本领，都属于技能。所有的技能，都是通过练习或训练获得的。

不同的课程，有不同的技能。语文、数学、外语三门课程的基本技能，用"听""说""读""写""算"五个字可以概括。

值得注意的是，在谈到知识目标与技能目标时，人们常常用到"双基"一词。所谓"双基"指基础知识与基本技能，因而"双基"传授方面的目标，即基础知识传授与基本技能练习方面的目标。

3. 能力目标

所谓能力目标，指在能力培养或提升方面的目标。

什么是能力？所谓能力，指人分析和解决实际问题的能量。生活中，人们常用"能干"一词来形容能力强的人。技能与能力的区别在于：技能只是做具体事、干具体活的技术与本领，它通常需要通过很多次相同项目的重复练习才能学会或学好；能力却是相对抽象的心理能力，它通常要经过多次分析和解决不同实际问题的锻炼，才能有明显提升。

人的能力是多方面的，可以将人的能力分为基本能力与特殊能力（即一般能力与专门能力）两大类。基本能力是解决一般问题的能力，当代人的基本能力由智力、人际沟通能力、信息技术能力、动手操作能力四部分构成。而智力则由注意、感知、记忆、思维、想象等能力组成，思维能力是其核心。基本能力与个人的特殊才华、生活需要或职业需要相结合，就会形成各式各样的特殊能力。日常生活中的宣传能力、文学创作能力、专业理财能力、运动竞赛能力、社会公关能力、企业管理能力等，都是特殊能力。

4. 情感态度与价值观目标

所谓情感态度与价值观目标，指情感、态度、价值观培养与熏陶方面的目标，它是课程目标的重要组成部分。

什么是情感态度与价值观？所谓情感，泛指人的情绪体验。人们在生活中常说的"情绪""感情"等，都属于情感的范围。情感活动，是相对于理性认识活动而言的，也是与理性认识活动相伴的心理活动。情感活动不仅会影响人的心理健康与人文素养的发展，还会影响理性认识活动的进行。正因为如此，教师在课程实施活动中要注意培养学生正确、健康、和谐的情感。

所谓态度，指建立在道德观和价值观基础上的行为倾向。直观些说，态度所涉及的是面临具体人和事时的行为倾向；这种行为倾向，是基于人的道德认识与价值判断的，并且伴随着一定的情感活动。我们可以根据态度指向的不同，将态度分为指向自己的态度、指向他人的态度、指向团体的态度、指向社会的态度和指向事件的态度五种。态度的学习，是不可忽视的课程内容。

所谓价值观，指衡量事物意义与是非曲直的标准。简单地说，价值观就是判断好与坏、是与非的标准。我们可以根据价值观指向对象的不同，将价值观分为指向人的价值观、指向物的价值观和指向事的价值观三种类型。在课程实施过程中，教师必须结合所教内容，引导儿童深刻认识各种人、物、事的内在意义，使儿童能够识别好坏，辨别是非。

情感态度与价值观的教育，简单地讲就是品德与心理教育。

二、课程目标设计的基本要求

对于普通任课教师来说，特定课程的总目标、学段目标一般体现在课程标准之中，不需要自己去设计；某些课程的学段目标没有在课程标准中写明，这就需要教研组在专家的指导下，以课程总目标为依据，集体研究、制订所需的学段目标；单元目标，也需要教研组根据总目标与学段目标，集体研究、制订；专题目标则是对单元目标的进一步细化，它需要教师在备课时自己设计、制订。

小学的课程、教材以及教师的备课，通常都是以专题为单位的。教师们通常每遇到一个相对独立的专题，备一次课，写一份完整的教案。小学英语课程的情况有点特殊：该课程将相对独立的单篇专题阅读课文扩编为包含单篇专题阅读课文、专题语音语法教学材料、专题练习材料、扩展阅读课文等内容的小单元，因此小学英语教师的备课应当以小单元为单位。但由于小单元的核心仍是单篇专题阅读课文，我们仍可以将小学英语课程的"以小单元为单位"视作"以专题为单位"。

由于上述两个方面的原因，我们这里所说的"课程目标的设计"，主要指专题目标的设计。

对普通教师来说，课程目标的设计应遵循以下一些基本要求：

（一）注意贯彻课程总目标、学段目标的基本精神

对于特定课程来说，课程总目标是根据教育目的与培养目标制订的。它反映社会需要与儿童发展需要，并根据这两大需要，指示该课程的基本任务。可以说特定课程的总目标，是该课程全部活动的出发点。特定课程的学段目标，是根据课程总目标制订的，它其实也是不同时间段的课程总目标。与课程总目标相比，学段目标的叙述更为具体，任务更为明确。

单元目标根据总目标、学段目标制订。而专题目标则在贯彻课程总目标与学段目标的基本精神，细化单元目标的基本任务基础上制订。我们在制订单元目标与专题目标时，绝对不能离开课程总目标、学段目标的基本精神。

但是课程总目标与学段目标中的规定，多数情况下只是笼统的方向性、原则性的规定，它们通常并不具备较强的可操作性，其中的方向与原则必须借助单元目标、专题目标的设计，得到具体化，获得可操作性。如果没有单元目标、专题

目标的具体化和有效落实，课程总目标与学段目标就会被架空。

由此可以说：课程总目标、学段目标是单元目标、专题目标的灵魂；而单元目标、专题目标是课程总目标、学段目标的支柱。

需要指出的是，课程总目标与学段目标往往讲得比较全面，而单元目标或专题目标对课程总目标与学段目标的贯彻只能是有选择、有重点的，不可能面面俱到。例如当前的义务教育语文课程标准所界定的课程总目标有十条之多，设计语文单元目标时是难以做到条条兼备的，设计专题目标时更不可能做到每条都兼顾。

（二）从教材与学生的实际出发

课程目标的设计必须从实际出发。为此，在设计单元目标与专题目标时，设计者还得问两个实际问题：当前的教材能帮助我们实现什么样的课程目标？当前的学情需要我们制订什么样的课程目标？

教材是根据课程标准编写的，因此教材应当能帮助我们实现课程标准中规定的课程目标。但是由于课程目标有时过于复杂，每个单元、每个专题的教材对课程目标的贯彻又是有所侧重的，因此教材对课程目标的贯彻往往有局限性。普通教师在进行单元目标与专题目标设计时，必须紧抓其重点，承认并适当弥补其局限。

"从学情出发制订单元或专题课程目标"有三层含义：一指根据学生学习与成长的基本规律制订单元目标或专题目标；二指从满足学生最紧迫的需求出发制订这两种目标；三指为大多数学生（尤其是中差生）制订能实现的单元目标和专题目标。例如当较多学生对当前学习失去兴趣时，教师的首要目标应当是"培养兴趣"；当较多中差生难以克服当前的课业困难时，应当降低要求。

（三）目标应简明、具体、可操作

课程目标的表述应力求简明、具体，不能含糊不清，让人不得要领。例如有的教师为特定专题制订了多条课程目标，条目之间往往重复或交叉，有的课程目标甚至该说的没有说，不该说的却说了不少，这些都显然不妥。有的教师常使用诸如"使学生学会若干个单词"之类的模糊语言表述课程目标，这也是不妥的。怎样才算"学会"，"若干"到底是多少，读者并不知道，也许设计者自己也不太清楚。

制订单元目标与专题目标时，还必须兼顾其可操作性。如果只提理论上的要求（如"注意培养学生的实际能力""培养'五爱'精神"等），没有操作要求，就会成为空洞而没有可操作性的课程目标。

上面我们为单元目标、专题目标的设计提了三条基本要求。同学们可以用这三条标准衡量一下本章开头"情境引导"中课程目标设计的成败。我们认为该设计是可行的，但"理解基数、序数的联系和区别"要求过高，如果能从实际出发，将"理解"改为"了解"或"初步理解"更为妥当。

三、课程目标设计的基本步骤

这里先扼要说明特定课程总目标、学段目标设计的基本步骤，然后较为详细地论述单元目标、专题目标设计的基本步骤。

设计特定课程的总目标，一般要经历五个基本步骤：（1）研究教育目的与培养目标；（2）分析特定课程的性质，研究该课程应该发挥、能够发挥哪些教育功能；（3）分析学生的学习条件与发展需要；（4）形成目标草案；（5）论证与修改。

学段目标要考虑两个方面的因素：一是儿童的身心发展水平；二是课程总目标。这两者都经历着由浅入深、由少到多、由易至难、由简单到复杂、由低级到高级的发展过程。应将这二者综合起来，为不同年龄段儿童设计出含有性质相同而要求不同的课程目标，形成学段目标。这项工作主要经历三个基本步骤：（1）研读课程总目标；（2）分析各年龄段儿童的知识与能力水平与身心发展水平；（3）分解课程总目标并制订各学段目标。

单元目标与专题目标的设计，要比学段目标的设计复杂得多，因为设计这两种课程目标时多了一个必须考虑的要素——教材要素。由于这两种课程目标的设计者是普通任课教师，有必要较为详细地论述一下这两种课程目标设计的基本步骤。

一般说来，设计单元目标与专题目标的基本步骤依次为：

（一）研读课程总目标与学段目标

课程总目标是学段目标的母目标，学段目标则是单元目标的母目标，单元目标又是专题目标的母目标。这四种最常见的目标"四世同堂"，构成特定课程的目标体系。

在这个体系中，课程总目标处于最高层，它是直接为实现教育目的与培养目标服务的。课程总目标统筹兼顾社会需要、儿童发展需要与特定课程的特有功能，对特定课程的总任务作方向性、原则性规定。可以说课程总目标是特定课程所有教育活动的出发点。因此设计单元目标与专题目标时，要特别注意研读课程总目标，特别注意把握其精神实质。

学段目标兼顾了儿童的身心发展水平，其规定比总目标更为具体。在设计单元目标与专题目标时，有时需要对照研读课程总目标与学段目标，以便更深入、更具体地把握课程总目标的精神实质。

但是课程总目标、学段目标都是对较长时间内全部课程行动方向的原则性规定；对于日常的具体课程来说，对课程总目标、学段目标的贯彻，既不可能全面落实，又不应该平均使用力量。由此可见，设计单元目标与专题目标时，一方面应有重点地贯彻总目标的内在精神，另一方面应适当兼顾多个方面的目标。

（二）分析教材的内在价值

这里所说的"教材"，即发到师生手中的教科书，也就是我们日常所说的"课本"。常言道："课本课本，教学之本。"课程目标的实现依赖日常课程活动，而课程活动离不开教材。对于基础教育阶段的日常课程来说，离开教材是不可想象的。由此可见，单元目标或专题目标的设计，在很大程度上受到教材的限制。

特定单元或特定专题的教材，必然有其特点，必然有其特定价值与功能。比如某些单元或专题的教材适合培养学生的科学精神、探究能力或创造能力，某些单元或专题的教材适合对学生某些方面的情感态度与价值观进行潜移默化的培养。在设计单元目标或专题目标时，必须在研读课程总目标与学段目标的基础上，注意分析特定单元、特定专题教材的特有价值，充分挖掘并努力实现其内在价值。

要注意的是，对教材的利用应"它为我用"，不能"我为它用"，否则就是削足适履了。如果教材过分严重地限制了单元目标和专题目标的设计，我们可以对原有教材进行科学处理，淡化它的作用，也可以对教材进行增删，清除"死水"，引进"活水"，以削减固有教材对单元目标和专题目标设计的限制。

（三）了解学生的发展需要

在研读课程总目标、学段目标，分析教材的内在价值后，还得研究学生的实际情况，以便了解学生当前的身体心理、知识经验、基本能力等方面的发展需要，有的放矢地设计单元目标和专题目标。

简单地说，在单元目标和专题目标的设计过程中安排"了解学生的发展需要"环节，主要是为了使单元目标和专题目标能够兼顾学生发展的现实需求。比如有时学生特别需要某种品质的培养，有时特别需要合作精神的培养，有时特别需要学习方法指导，有时特别需要破除反科学的迷信心理，有时特别需要特定认知的发展，有时特别需要探索、发现能力的培养。对此，必须予以兼顾。

总之设计单元目标和专题目标时必须考虑目标与学生发展需要的一致性，必须兼顾学生当前发展的特别需要。

（四）逐条设计单元目标或专题目标

完成了上述三项工作后，就可以分条目逐条设计单元目标和专题目标了。

一般说来，应当针对特定的单元课程或专题课程，从知识传授、技能训练、能力培养、情感态度与价值观教育四个方面阐述单元目标或专题目标。四个方面可以分别写成四条。但是特定单元与专题的课程往往有其特殊性与价值重点，撰写单元目标或专题目标时应突出重点，将条目写成二至三条也未尝不可。

表述课程目标时，要注意以下几个问题：

（1）行为主体应是学生，而不应是教师。课程目标的陈述必须从学生的角度出发，并且要陈述行为结果的典型特征。行为的主体必须是学生，不能以教师为目标的行为主体。比如不能采用"教完多少字词""教给5条题目的解法"之类以教师为主体的说法，而应采用"学生能做什么"或"学生掌握什么方法"之类以学生为主体的说法。

（2）包括行为动词的语句应是可理解的，内容应是可评估的。如"学会用什么词造句""学会用什么定理解决生活中的问题"之类的说法就是可理解的，句子所表达的内容也是可评估的；而"对学生进行人生教育""让学生理解环境与资源"之类的说法就难以理解，句子所表达的内容也难以评估。

（3）应有具体的目标实现程度。如果一道题目有5种解题方法，而作为面向全体学生的专题目标，不能要求所有的学生都能掌握5种解题方法，那么可以这样来陈述："至少掌握3种解题方法"或"80%的学生能掌握4种解题方法"。如此表述单元目标或专题目标，不仅具体，而且具有较强的可操作性。

第二节 课程内容的设计

完成课程目标的设计后，就得考虑课程内容的设计了。这里先阐述什么是课程内容，然后阐述课程内容设计的要求与步骤。

一、课程内容的含义

一般说来，课程内容，就其实质性指向而言，指学生在教师的指导下通过特定课程活动所学的东西和所得到的发展，它通常包括知识、技能、能力、情感态度与价值观四个方面。上述表述是抽象的表述。就具体课程而言，课程内容当然是具体化的。

这里以语文课程中的阅读课文教学为例，说明什么是课程内容。例如，一篇阅读课文的课程应当包括有关字、词、句、篇和有关作者的知识的学习，应当包括相关听、说、读、写基本技能的训练，应当包括相关基本能力、表达能力、创造能力、合作能力等能力的培养，应当包括各种与课文有关和与学习活动有关的情感态度与价值观的熏陶和教育，这四者就是我们所说的"课程内容"。再如，本章"情境引导"中的课程设计，其主要课程内容是"认识1—10的数"，使学生初步学会使用这些数，通过相关教学活动培养逻辑思维能力与口头表达能力。

在给"课程内容"下定义时，为什么要加"就其实质性指向而言"这样的限制语呢？这是因为人们在使用"课程内容"概念时，常常将课程内容的实质性内涵与它们的载体混为一体，统称为"课程内容"。例如语文、英语教师很可能将精读课文及其所含的知识、技能、价值观等一起视为课程内容，数学教师很可能将组织学生从事某项算术技能的竞赛视为课程内容，其实这里的精读课文和算术技能竞赛只是课程内容的载体（或者称"外壳"），而其中所含的知识与技能的学习及学习过程中所含的能力培养、情感态度与价值观的熏陶与教育等，才是实质性的课程内容。

课程内容与课程目标、课程实施方法、课程评价有什么关系？

从教师角度看，课程目标解决的是"为什么而教"的问题，课程内容解决的是"教什么"的问题，课程实施方法解决的是"怎么教"的问题，课程评价解决的是"教得怎样"的问题。从学生角度讲，课程目标解决的是"为什么而学"的问题，课程内容解决的是"学什么"的问题，课程实施方法解决的是"怎么学"的问题，课程评价解决的是"学得怎样"的问题。

课程目标、课程内容、课程实施方法、课程评价四者的关系应当是协调统一的：课程目标应当从知识、技能、能力、情感态度与价值观四个方面阐述，课程内容也应当包含这四个方面的传授与学习，课程实施方法应当为学生这四个方面的成长与发展服务，课程评价应当以学生这四个方面的成长与发展为最基本的评价指标。

需要特别指出的是，就人的素质结构而言，知识、技能、能力、情感态度与价值观四者并不属于同一层级，它们之间的关系是：知识是基础，技能在知识基础上通过训练习得，能力在遇到实际问题时在运用知识、技能的过程中得到锻炼与发展，情感态度与价值观在学习和运用知识、技能或发挥能力作用的过程中得到熏陶与发展。

在课程实践中，知识与技能的传授与学习是基础性的课程内容，是"第一"课程内容，是教师与教材的抓手，课程活动必须紧扣这一抓手；而能力的培养和情感态度与价值观的熏陶与教育，应蕴含在针对知识传授、技能训练的课程活动之中。正因为如此，人们才将基础知识与基本技能并称为"双基"。教师以"双基"为最基本的课程内容，紧扣"双基"组织课程实施过程，在"双基"的传授中兼顾能力的培养与情感态度与价值观的熏陶与教育，从而实现课程目标，促进人的全面发展。换句话说，课程活动应着眼于传授"双基"，但传授"双基"不仅仅是为了让学生掌握"双基"，而是为了促进学生知识、技能、能力、情感态度与价值观四个方面的发展，全面实现课程目标，促进人的全面发展。

二、课程内容设计的基本要求

对普通教师而言，所谓课程内容设计，指备课中根据课程目标规定的课程任务，在现有教材的基础上以特定方式选择课程内容，并按一定逻辑顺序将其组织进特定课程内容的载体。课程内容的设计应当遵循以下基本要求：

（一）从课程目标出发

毫无疑问，课程内容的设计必须从课程目标出发。需要进一步明确的是，课程目标应包括受教育者的知识、技能、能力、情感态度与价值观四个方面的学习与发展，课程内容也应包括这四个方面的具体内容。但不同的单元、不同的专题、不同的课时，课程内容的设计必然有不同的侧重点。人们所能做的，只能是既有所侧重，又尽量兼顾上述四个方面。

"从课程目标出发"的另一层含义是：不同的课程，其性质与任务往往不同，课程内容的特点与侧重点也必然有所区别，设计课程内容时必须遵循这条规律。例如品德课程必然侧重于情感态度与价值观的教育，语文、外语课程必然侧重于听、说、读、写基本技能的训练，艺体课程必然侧重于艺体技能的传授，数学课程必然侧重于计算及其相关技能的学习，综合实践活动课程必然侧重于综合性社会实践能力的培养，各科课程都必须在有所侧重的同时，兼顾课程目标的全面实现与学生的全面发展。

（二）以教材为基础

这里所说的"教材"，特指教科书，不包括补充教材、教辅书和其他书籍或材料。

课程是以教材为本的，课程活动必须充分利用现有教材，这是毋庸置疑的。因此课程内容设计必须以现有教材为基础。

但是任何教材都有局限性，其编写指导思想与课程思路又往往与执教者的理念不那么一致，更不可能总是切合师生当前的需求；特定单元或特定专题的教材，其容量与教师的需求也往往不一致。由于上述两方面的原因，在设计课程内容时，往往需要对教材进行特定的"处理"。在对教材进行"处理"时，常用手段有增加课程内容、删减课程内容、更换课程内容、调整课程内容排列次序、调整或更换课程内容载体、引入补充材料等。

（三）以生活为源头

课程内容设计为什么要以生活为源头？

我们先来看教育的起点与终点。教育来源于生活，起源于生活中的劳动需要，又反过来为生活与劳动服务。教室只是小课堂，生活舞台才是大课堂；小课堂来源于大课堂，又反过来为大课堂服务。因此只有使课程内容生活化，课程活动才有实际价值。

从学生角度看，学生接受教育是为了适应和改造生活，提升生活质量与品位。由于上述原因，生活化的课程内容，学生会感到亲切，也易于理解，便于记忆。因此在选择与组织课程内容时，必须追求课程内容的生活化，使课程活动切合学生的认知规律与教育需求。

（四）兼顾学生的心理需求

设计课程内容时，还应考虑学生当前的心理需求。这里的"心理需求"的第一层含义指学生的兴趣指向，课程内容的选择与组织应当尽可能使学生感兴趣，能够集中注意力。

"心理需求"的第二层含义是学生心理健康发展的需求。例如当你的学生特别缺乏艰苦奋斗精神或团队合作精神时，或特别缺乏科学精神或创造性思维时，你必须从课程单元与课程专题的实际出发，引入相关课程内容，以使学生弥补这方面的缺陷，从而健康和谐地成长。

三、课程内容设计的基本步骤

对于普通任课教师而言，课程内容设计通常只是备课时要做的工作之一，而备课通常是以专题为单位的，所以普通教师的课程内容设计实际上主要是专题课程内容的设计。这一设计的基本步骤是：

（一）研读课程目标

由于专题课程内容的设计通常在专题目标的设计之后进行，这里所说的研读课程目标，主要指研读自己设计的专题目标。但是由于专题目标是参考课程总目标、学段目标、单元目标制订的，设计专题课程内容时，如果有必要，可以向上追溯和查阅单元目标、学段目标和课程总目标，以便更深刻地领会这些课程目标的基本精神，更好地把握本专题课程活动的目的与任务，从达到目的和完成任务的需要出发选择和组织课程内容。

（二）钻研既有教材

教材是根据课程标准编写的，是为实现课程目标服务的，它是发到每个学生手中的唯一标准文本，因而教材是课程活动的基本依托。为此，在把握了本专题课程活动的目的与任务后，就得看一看教材为我们达到目的、完成任务准备了哪些教学材料。

所谓钻研既有教材，指边阅读边研究以下问题：

（1）教材以什么形式作为课程内容的组织载体？是一篇课文、一组应用题，还是一组谜语、一首歌曲？

（2）教材直接呈现了哪些信息？间接蕴含了哪些信息？其他有关信息又有哪些？

（3）教材直接组织了哪些特定技能的训练？学完本专题的全部教材还需要哪些技能的参与？可以依托教材安排哪些特定技能的练习？

（4）可以依托教材组织哪些培养能力的活动？这些活动分别是以解决什么实际问题为目的的？它们可以培养哪些方面的能力？

（5）可以依托教材进行哪些方面的情感态度与价值观教育？

（6）以课程内容设计的基本要求衡量，完全凭借教材选择和组织课程内容是否可行？如果答案是否定的，那么应当分别增删哪些课程内容？增加的内容以什么为载体？新增加的内容及其载体如何与既有教材组合为一个课程内容整体？

思考和研究上述六个问题的过程，实际上是依托教材直接进行课程内容设计的准备过程。

（三）选择和组织课程内容

这里的"选择和组织课程内容"，指在研读课程标准和钻研既有教材的基础上，以充分利用既有教材为前提，并将知识、技能、能力、情感态度与价值观四者组合进阅读课文教学、应用题教学、故事欣赏、艺术作品欣赏、专项比赛等特定的课程内容载体之中。

显然，没有课程内容的选择，就谈不上课程内容的组织，因此选择应当在组织之前。但是就课程内容设计的技术而言，人们必须边选择边组织，以便随时调整选择结果、组织方式与组织顺序。

对于普通教师的课程设计来说，课程内容的设计并不是孤立地进行的，它常常与课程实施方法的设计、课程实施过程的设计结合在一起。在专题课程的设计中，这三个项目的设计常常有机结合起来，共同决定专题课程活动的内涵与形式。下一章我们将讨论课程实施方法与课程实施过程的设计。

本章小结与研究性学习

一、本章小结

对普通教师而言，课程设计包括四项内容：一是课程目标的设计；二是课程内容的设计；三是课程实施方法的设计；四是课程实施过程的设计。本书对这四项内容的阐述，都是从"基本要求""基本步骤"两个方面展开的。

本章阐述了前两项内容，下一章将阐述后两项内容。

二、研究性学习

（一）讨论

课程目标、课程内容、课程实施方法、课程评价四者有何关系？它们依靠什么结合为一个整体？

（二）实例分析

1. 品德与社会课程设计实例

下面是一个品德与社会课程设计实例，请分别有重点地评价其课程目标设计、课程内容设计的成败。

《我爱我家》课程设计[①]

一、基本信息

课程名称：品德与社会（《我爱我家》）。

选用教材：人教版小学《品德与社会》三年级上册。

授课时数：两课时。

二、课程目标

（一）懂得人人都有自己的家庭，人的生活离不开家庭，培养对家庭的亲近感和归属感。

（二）通过讲述日常家庭生活等活动，让学生感受家庭的温暖，激发爱家的情感。

（三）通过了解家庭的过去和长辈们小时候的生活，进一步加深对家庭的认识，感知社会进步给家庭生活带来的变化。

三、重点与难点

重点：通过有关活动，让学生感受家庭温暖，培养对家庭的亲近感和归属感。

难点：了解家庭的过去，感知社会进步给家庭生活带来的变化。

[①] 选自道客巴巴网站"教学课件"资源，见http://www.doc88.com。格式、文句、课程活动次序等有调整。

四、课程实施过程

（一）导入

1. 聆听、哼唱歌曲《可爱的家》。先让学生边听边猜歌名，再让他们跟着哼唱。

2. 教师朗诵诗歌《我爱我家》。

3. 教师分别请几个同学回答：我们都是在家庭的关心照顾下成长的，你是否爱你的家？

（二）认识自己的家庭

1. 请两位同学出示家人合影或家居照，并向大家介绍自家的家庭成员或家居环境。

2. 通过谈话，让学生明白家人各有特点，每个家庭也各有特点，不同地区的家居与人的生活习惯也各有不同。

（三）讨论"人什么时候最想家"

1. 看图思考"人为什么想家"。教师示图，并引导学生判断图上的人在干什么，并想象当时的情景，说说他们为什么想家。

2. 学生说什么时候最想家及为什么。

（四）体会"有家的感觉真好"

1. 看照片，判断照片中的小孩有一个什么样的家。

2. 教师向学生介绍自己家庭的基本情况，用具体事例展现自己家庭成员之间的互爱，并让学生感受到孩子是在家人的关爱下成长的。

（五）调查"我家的过去"

1. 教师讲自己或自己父母小时候的故事。

2. 要求学生回家了解自己家庭过去的情况（最好能找到有关照片或实物）。

3. 交流调查结果，并引导学生畅谈自己的感想。

4. 教师水到渠成地教育学生珍惜今天的美好生活。

（六）用行动表示"我爱我家"

1. 请学生用彩笔画出自家房子的外观或内景。

2. 请学生说说怎样美化自己的家居。

3. 讨论应该用哪些实际行动去爱自己的家。

（七）学会处理来自"家"的烦恼

1. 教师讲述：家庭是温暖的，它是我们快乐成长的摇篮，是我们的避风港湾；但是在现实生活中必然会存在"家庭中的烦恼"。

2. 让学生谈自己与父母发生矛盾时怎样解决，并交流解决矛盾的经验。

3. 教师出示一道包含三种选择的选择题，让学生在三种选择中任选其一，并说说选择的理由。这三种选择是：(1) 爸、妈爱我，我也爱他们；(2) 爸、妈有时对我不好，但我还是爱他们；(3) 爸、妈不喜欢我，我也不喜欢他们。

4. 教师朗读一篇学生作文，该作文讲了一个作者经历"家庭烦恼"的故事。

（八）小结

教师要求大家行动起来，用实际行动去爱家和家人，并祝愿同学们的家庭生活更加温馨，更加美满。

2. 美术课程设计实例

一位小学美术教师为《美丽的染纸》专题美术课程设计了如下课程目标与课程实施过程：

《美丽的染纸》课程设计（节选）

一、课程目标

（一）学习和尝试染纸的技术和方法。

（二）在完成染纸的过程中体会形式美，以感性的形式进一步了解色彩的原色知识。

（三）喜欢染纸的过程，并能用染纸作品装饰、美化生活。

二、课程实施过程

（一）激趣导入，欣赏感受

1. 教师展示扎染背心和方巾，引导欣赏

（1）教师简单介绍扎染的特点和方法。

（2）学生交流自己的欣赏感受。

（3）教师板书课题"美丽的染纸"。

2. 欣赏扎染、蜡染、染纸作品，开阔学生视野，激发探究欲望

（1）教师演示课件，简单介绍有关作品，引导学生欣赏。

（2）学生讨论、交流欣赏感受。

（3）教师激发学生学习染纸的欲望。

（二）观察探究，了解技法

1. 观看介绍制作方法的视频

（1）教师播放介绍制作方法的视频。

（2）提问：制作美丽的染纸需要哪些工具和材料？运用哪些方法？课件特别提示了哪些需要注意的问题？

（3）学生再次观看上述视频，为讨论、交流作准备。

（4）讨论、交流。

（5）教师小结。

2. 探究折叠方法

（1）教师出示染纸作品展板，揭示纸张的基本折叠方法和形状变化。

（2）分组探究折叠方法。

（3）学生代表到前面演示自己发现或掌握的折叠方法。

3. 尝试染纸过程

4. 欣赏撕染、剪染作品，启发创新

（1）欣赏课本里的撕染作品，启发学生的创新思维。

（2）教师展示用染纸画装饰的贺卡作品，引导欣赏，启发思维。

（3）学生谈自己的设计打算。

（三）实际制作，感受色彩魅力

1. 教师提醒注意事项，学生开始进行染纸实践

教师提出注意事项后，播放《春江花月夜》《高山流水》音乐，让学生在轻松的音乐声中从事染纸实践。

2. 教师巡回指导学生的设计与制作

（四）展示评价，拓展延伸

1. 学生展示自己的染纸作品

2. 相互交流评价意见

3. 教师启发学生注意制作独具特色的作品，并美化自己的生活

4. 合唱《幸福拍手歌》，尽情享受创作成功后的乐趣

（五）布置作业

要求学生每人制作四幅作品。

制作要求：不同的作品，采用不同的折法；不同的作品有不同的色彩；折纸、剪纸的花样可以自己设计；点染时胆子要大，心要细；每染完一张，要总结经验，取长补短，以便不断改进自己的设计与制作技术。

请同学们读完上例后思考以下两个问题：

其一，该专题目标的设计是否合理？文字表述是否有问题？如果有问题，请说出问题在哪儿，应当怎么做。

其二，根据该设计，教师在课程内容方面将传授哪些知识与技能？在知识与技能的传授过程中，有没有兼顾能力的培养、情感态度与价值观的熏陶？如果答案是肯定的，请说出是怎样做到的。

请仔细思考上述两个问题，并与其他同学交流意见。

第三章 小学课程实施方法与实施过程的设计

重点概念

- 课程实施方法
- 课程实施过程
- 教学模式

重点问题

- 课程实施方法设计的基本要求是什么？基本步骤有哪些？
- 课程实施过程设计的基本要求是什么？基本步骤有哪些？
- 小学常用教学模式有哪些类型？各类模式的基本特征与主要优缺点分别是什么？
- 在课程实施方法与实施过程设计中借鉴既有教学模式的基本思路是什么？

情境引导:《江雪》教学片段

唐"永贞革新"失败后,支持革新的柳宗元被贬为邵州刺史。赴任途中,柳宗元又被贬为永州司马。永州生活环境非常艰苦。柳宗元到职后,不仅水土不服,而且连居住的地方都没有,只能暂居寺庙。到永州半年后,其母又因病去世。政治的打击、官场的失意、亲人的离世、生活的艰辛,使柳宗元的身心健康受到极大考验。在这种情况下,柳宗元写下千古名作《江雪》。全诗共四句:"千山鸟飞绝,万径人踪灭。孤舟蓑笠翁,独钓寒江雪。"诗人借描写寒江独钓的渔翁,抒发了自己孤独郁闷的心境和清高出世的情怀。请欣赏下面的《江雪》教学片段[①]:

(教师在配乐声中范读《江雪》;范读结束后,教师让学生尝试着齐读此诗;接着教师要求学生借助工具书或注释理解诗句。)

师:现在我们一起来理解这首诗。(出示"千山鸟飞绝"句)"千山""绝"是什么意思?

生:"千山"指"很多山";"绝"的意思是"尽,没有"。

师:(出示"万径人踪灭"句)"万径""踪"是什么意思?

生:"万径"是"很多小路"的意思;"踪"是"脚印,踪迹"的意思。

师:谁能连起来说说"千山鸟飞绝,万径人踪灭"这两句诗的大意?

生:所有的山都看不见一只鸟在飞,所有小路也看不见行人的足迹。

(教师再用同样的方法教第三、四两句。)

师:谁来把整首诗的大意描绘出来?

生:很多很多山没有鸟飞,千万条道路看不到人影,只有一条小船上坐着一个披蓑衣、戴斗笠的老头,

[①] 黄大龙等:《新课程推进中的问题与反思》第2—3页,中国传媒大学出版社2006年版。文句有调整。

尽管下着大雪，江水冰冷，他还是一个人钓他的鱼。

师：学到这儿，我们对这首诗已经有了大概的了解。现在请你们静下心来，再细细地读一读，看看你们能从诗句中感受到什么。

（读后交流。学生有的说读着古诗，觉得很冷；有的说体会到一种悲凉的气氛；有的说觉得这个老翁很孤独……）

师：面对这样的画面，同学们有什么疑问？

生：这么冷的天，那老翁为什么还在江上钓鱼？

师：真是一个好问题。请大家设想一下原因。

（学生有的说因为家里穷；有的说可能老翁喜欢清静；有的说老翁可能遇见什么伤心事了；有的说他可能喜欢钓鱼，所以也就顾不得冷了……）

师：柳宗元写这首诗，其实是为了借歌咏隐居山水的渔翁，抒发政治上失意的压抑与苦闷，寄托自己清高孤傲的情怀。诗中天寒地冻、幽僻寂静的客观境界，更能表现作者落寞孤寂的心情。现在我们在配乐声中一起朗读这首诗。

（学生面对诗中展现的画面，在优美和谐的音乐声中齐声朗读全诗。）

同学们，你们如何评价这位语文教师的课程实施方法？如果评价有困难，不妨思考以下问题再来评价：小学语文课程目标是什么？人的听、说、读、写基本技能是如何形成的？在语文教学中，学生的主体地位应当如何体现？

传统意义上的"教学方法"，从课程运筹角度看就是我们所说的"课程实施方法"。教师在备课中，必须对课程实施方法进行科学设计，以尽可能提高教学活动的效率。除此之外，还应当通过科学安排课程实施过程来提高特定时间段内教学活动的总效率。所谓"向45分钟要质量"，也主要指通过改进课程实施方法与提高课程实施过程的科学性来提高教学质量。

本章分别阐述小学课程实施方法的设计与小学课程实施过程的设计。

第一节 课程实施方法的设计

让我们先理解"课程实施方法"概念，然后研究课程实施方法设计的基本要求和基本步骤。

一、什么是课程实施方法

什么是课程实施？对普通教师来说，所谓课程实施，指立足既有资源条件，按既有课程设计展开日常教学的教育实践。

对学校管理者来说，课程筹划、运作至实施阶段，学校课程活动即进入实际教学阶段。由此不难理解，所谓课程实施方法，就是人们常说的教学方法，它是教师在课程实施实践中所采用的方式和手段的总称。在课程实践中，课程实施方法体现在课程活动之中，并决定着课程活动的方式，由于这个原因，课程实施方法也可称为课程"活动方式"。

例如"讲授法""谈话法""讨论法"等就是课程实施方法；再如，语文课程领域的"情境教学法"等也是课程实施方法；而大家耳熟能详的"教学模式"，则指那些结构相对完整并且比较成熟的模式化了的课程实施方法。总之，在课程实施中，凡可以列入方法范畴的对象，我们都可以称其为"课程实施方法"。

可以依据不同标准，对课程实施方法进行不同分类。例如可以依据是否具有启发、引导特征，将课程实施方法分为启发式与注入式两类；可以依据知识、技能的教学是否具有探求过程，将课程实施方法分为再现式与探索式两类；可以依据推导真理的逻辑过程的不同，将课程实施方法分为归纳式与演绎式两类；可以依据活动中教师角色的不同，将课程实施方法分为以教师直接传授为主的指导性教学法与以学生自主学习为主的非指导性教学法两类；可以依据课程实施方法是否具有明显的个人特色，将其分为大众化教学法与特色化教学法两类。

对于课程设计来说，凡与课程目标设计、课程内容设计相对而言的所有属于方法范畴的设计，都可称为"课程实施方法的设计"。但是就一堂课来说，所谓"课程实施方法"往往指一两种最主要的方式和手段。

我们在理解教学方法概念时，要注意把握以下几个要点：

（一）课程实施方法有广义与狭义之分

在不同场合使用的"课程实施方法"概念，往往有不同的含义。课程实施方法其实有广义与狭义的区别。

狭义的课程实施方法，指基本的具体的课程实施工作方式，它通常包括讲授法、谈话法、讨论法、演示法、实验法、练习法、参观法等。

广义的课程实施方法，指与课程目标、课程内容相对而言的所有可以列入方法范畴的各种对象。显然广义的课程实施方法包含了狭义的课程实施方法。上文在给"课程实施方法"下定义时，所针对的也是广义的课程实施方法。

为了区分狭义的课程实施方法与广义的课程实施方法，我们可以稍作变通地称狭义的课程实施方法为"课程实施基本方法",称广义的课程实施方法为"课程实施方法"。

(二)课程实施方法有针对特定课程实施过程与针对特定课程内容之别

有的课程实施方法,是就整个特定课程实施过程而言的方法。例如,"情境教学法"就是针对整个单篇课文阅读教学全过程或整个单篇作文教学全过程的语文课程实施方法,"尝试教学法"则是针对数学课程实施过程的课程实施方法。显然这样的"课程实施方法",已包括对"课程实施过程"的构思在内。

有的课程实施方法,是就课程实施过程中的特定任务而言的方法。例如在语文课程中,引导学生记住某一知识或掌握某一技能或解决某一疑点的方法,数学课程中引导学生学会分析应用题题意或帮助学生学画几何图形的方法等,都是针对特定课程内容的方法。要注意的是,有些课程内容是整个课程实施过程的核心性内容,为它们设计的活动方式在整个课程实施过程中有着举足轻重的意义。

(三)课程实施方法是教法与学法的有机结合

不少中小学教师在研究课程实施方法时,常常只从自身的角度思考问题,在他们的思维中,课程实施方法就是教师的教法。这是片面的。

教师固然是教学活动的组织者与指挥者,但教师的组织与指挥只有通过学生的主体活动,才能发挥作用。教的规律应植根于学的规律,教师的组织与指挥必须从学生的实际出发,必须着眼于学法的引导。因此我们在设计课程实施方法时,一定要注意:课程实施方法是学生学法与教师教法的有机结合。

(四)课程实施方法与教师个人风格关系密切

世界上没有适合所有课程的课程实施方法,也没有适合所有教师或所有学生的课程实施方法。就教育者而言,小学教师群体是充满个性的群体。有的教师擅长理性思维,语言简明易懂,逻辑性强,特别善于点拨;有的教师感情丰富,口若悬河,语言生动活泼,充满诗情画意;有的教师擅长课件制作,并且善于利用多媒体手段提高课堂教学效率;有的教师口齿不那么流利,课也上得死板,但训练得法,课堂效果好,所教学生的考试成绩出类拔萃。除了天赋、性格、特长不一样,不同教师往往有不同的课程理念和不同的课程实施方法、研究课题或研究重点。这些因素,使不同教师在课程实施方法的选择与表现方面,呈现出富有特色的个人风格。

课程实施方法与个人风格的关系应当是辩证统一的。二者所涉及的,都是方法问题。但课程实施方法问题,首先是教育科学问题;而个人风格问题,首先是个性特色与课程艺术问题。课程实施方法首先要讲科学性,但不排斥教师个性特色与课程艺术；个人风格首先强调教师个性特色与课程艺术，但必须讲究课程实施方法的科学性。

二、课程实施方法设计的基本要求

教师备课时常常需要思考：这个单元或专题的课程，用什么方法教最好？思考这一问题，实际上是在进行课程实施方法设计。

一般说来，进行课程实施方法设计应当遵循以下三个方面的要求：

（一）以课程目标为依据

任何有意识的活动都是有目的、有任务的。课程实施活动的目的与任务体现在课程目标之中，并以课程目标的形式出现。可见脱离课程目标的课程实施活动，对特定课程来说是无效的；对促进学生的发展来说，可能是无效的，也可能是十分低效的。因此设计课程实施方法，必须以该课程的课程目标为依据。

对课程实施方法的设计者来说，有必要追根问底地搞清楚：对于课程实施来说，目标与方法到底有什么样的对应关系或因果关系？可以这样说：当我们需要激发学生的兴趣与热情时，应当多采用直观、生动或能够激发竞争的方法与手段，并且多使用鼓舞性、激励性的评价语言或评价手段；当我们需要突破难以理解的知识难点时，应当多采用直观手段或讨论法；当我们需要引导学生较好地掌握某一技能时，应当多采用生动活泼的训练法；当我们需要培养学生的独立作业能力与考试能力时，应当多采用练习法与经验总结法；当我们需要培养学生分析问题、解决问题的能力时，应当多使用问题解决法，经常性地进行问题解决训练；当我们需要着力培养学生的团队精神、合作精神时，应当注意采用小组合作学习法。由于备课一般是以专题为单位的，在备课中进行课程实施方法设计时，必须特别注意以特定课程的专题目标为依据。

（二）从教师、学生、课程内容、可用时间、学校条件等方面的实际情况出发

教师之间的差异性，体现在个人兴趣、追求、性格、经历等多方面。进行课程实施方法设计时，设计者必须考虑个人的实际情况。举例来说，如果你情感丰富，形象思维是强项，演示与表演颇为拿手，那么可以多采用情境教学法；如果你擅长理性思维，短于口头表达与情感利用，则可以多采用朴实的建立在理性思维基础上的方法与手段；如果你信息技术是强项，那么可以考虑多采用计算机辅助教学手段，以提高学生学习的积极性，并且扩大课堂的信息容量。

不同年龄阶段的学生，有不同的特征。低年级学生无意注意较占优势，学习中兴趣的作用更为明显，但抽象思维能力较差；高年级学生学习的自觉性有明显增强，抽象思维能力与自学能力得到初步发展。对他们要选用不同的方法与手段。此外不同的生源条件，也使学生的群体特征具有一定差异。比如，城里的孩子见多识广，思维更为活跃，遇到具体问题时更为机灵；而农村的孩子更为朴实，更熟悉农村，更爱劳动。对这两种学生，课程实施方法与手段也应有所区别。

不同的课程内容，应当有不同的课程实施方法，这也是毋庸置疑的。从课程内容性质角度看，一般的知识传授，可选用阅读法、讲授法、谈话法、复述法、背诵法、默写法等；技能传授，可多用训练法与练习法；品德与个性修养类的课程内容，可多用情境熏陶法、故事法、讨论法、表演法等；能力培养，应多用问题解决法。从课程类别角度看，语言文学类的课程，应多用欣赏、讨论、练习、情境熏陶等类型的方法；数学、自然科学类的课程，应多用带有直观特征的计算机辅助教学手段或探究法、讨论法、演示法、实验法等方法；艺体类的课程，应多采用欣赏法、训练法、练习法、锻炼法等方法。

有些课程实施方法比较节省时间，有些则比较费时。对具体课程来说，可用于特定课程的时间有时比较充裕，有时则比较紧张。因此时间要素会影响课程实施方法的选择。

设计课程实施方法时，还得考虑所在学校的课程条件，如学校管理者的办学指导思想、课程管理者的课程价值观与课程管理理念、教师团队的特征与追求、课程实施的各种物质条件等。

（三）不同的课程实施方法要配合使用

任何时代、任何层次、任何类型的课程实施方法，都既有长处又有缺点，过多或过久使用同一种或同一类型的方法，必然会放大其缺点，造成儿童成长的"营养不良"，凸现教育弊端。因此在课程实施方法的设计中，要注意将不同类型的课程实施方法结合起来，以取长补短，使我们的学生能够相对全面、相对和谐地成长与发展。

三、课程实施方法设计的基本步骤

所谓"课程实施方法设计"，无非是为既定的课程内容寻找合适的教学方法。一般说来，课程实施方法的设计，要经历审视课程目标、分析课程内容、选择实施方法三个阶段。

（一）审视课程目标

从哲学的角度看，目的与任务决定方法，方法是为目的与任务服务的。对于课程实施方法的设计来说，课程的目的与任务体现在课程目标里，课程实施方法的选择必须以课程目标为依据。在课程实施方法的设计中，时时刻刻都不能忘记：课程实施方法是为实现课程目标服务的。由于这一原因，在着手设计课程实施方法前，有必要审视一下课程目标。

在教师的备课实践中，通常一个相对独立、相对完整的专题课程撰写一份教案。由于这一原因，在课程实施方法的设计中，作为设计者的普通教师，最需要关注的是课程总目标、单元目标和专题目标（如果一堂课正好能完成一个专题的课程，那么这个专题目标同时也是课时目标）。课程总目标写在课程标准里，单元目标一般应由学校教研组集体制订，专题目标则通常由任课教师自己设计与制订。任课教师必须从既有专题课程的实际情况出发，将课程总目标和单元目标具体化为专题目标。

上文已经列举过常见课程目标与常见课程实施方法的对应关系。在课程实施方法的设计中，一方面应当熟悉甚至洞察这些对应关系，为实现特定的课程目标灵活地选用课程实施方法；另一方面应当创造性地将各种课程实施方法的使用结合起来，为实现多任务的复合性的课程目标创造条件。

值得注意的是：就某一特定专题课程而言，其课程目标应当有主次之别；如果为实现多任务的复合性的课程目标而采用两种甚至多种不同的课程实施方法，这些方法的采用也应有主次之分。一般说来，在一个特定专题的课程实施过程中，应当有一个主要的课程实施方法，而且主要方法用于核心的课程内容，为主要课程目标服务。

审视课程目标，从特定而单一的课程目标出发选用课程实施方法，相对而言是比较容易的；创造性地将不同性质的课程实施方法结合起来，以高效地实现多任务的课程目标，这对于新教师来说是有较大难度的。为此新教师应注意学习他人的成功经验，使自己少走弯路，早日成为成熟的课程设计者与实施者。

（二）分析课程内容

课程目标是决定课程实施方法的第一要素，而课程内容是决定课程实施方法的第二要素。选择课程实施方法时，必须综合考虑这两大要素。

为设计课程实施方法而分析课程内容时，首先要考虑课程内容的类别属性，其次要考虑课程内容的性质。从课程类别角度看，语文、外语、民族语言与文学等语言文学类的课程，阅读教学中应多采用阅读法、欣赏法、背诵法、讨论法、表演法、情境熏陶法等类型的方法，但听、说、读、写等技能的培养，则必须借助生动活泼的练习；数学、自然科学类的课程，应多用演示法、实验法、讨论法、探究法和带有直观特征的计算机辅助教学等方法，以化解疑难，并培养学生的科学精神与探究能力；艺体类的课程，主要任务是培养欣赏能力，训练特定技能，提升身心素养，为此应多采用欣赏法、训练法、练习法、身心锻炼法等方法；品德与社会科学类的课程，应多采用情境熏陶法、讨论法、辩论法、表演法等方法，以帮助学生明辨是非，认识真理。

从课程内容的性质角度看，知识的传授，宜多采用阅读法、讲授法、谈话法、复述法、背诵法、默写法等方法；技能的传授，应多采用训练法与练习法，并注意将训练与练习安排得科学有序、生动活泼；能力的培养，应多采用探究法、发现法、实际问题解决法、小组合作法、大组交流法等方法；品德与个性修养类的课程内容，可多采用情境熏陶法、故事法、表演法、讨论法、辩论法、演讲法等方法。

（三）选择实施方法

选择课程实施方法，除了必须从课程目标、课程内容出发外，还必须兼顾师生的实际情况与所在学校的客观条件。根据实际情况，设计者应当思考采用什么样的方式来选择和组合课程实施方法。

在选择课程实施方法时，一般可以采用自我提问的方式，依次向自己提出以下问题：

（1）要实现既定的课程目标，有哪些可用的课程实施方法？在这些方法中，哪一种效率最高？仅次于这一方法的方法，又是哪一种？

（2）对于本单元或本专题的核心的课程内容来说，有哪些适用的课程实施方法？在这些方法中，哪一种效率最高？仅次于这一方法的方法，又是哪一种？

（3）对于非核心的课程内容来说，有哪些可用的课程实施方法？

（4）就师生双方的实际情况和学校的客观条件而言，上述备选的课程实施方法，哪些是适用的，哪些是不适用的？

（5）怎样才能激发学生的学习动机？

（6）怎样检查特定课程的课程实施质量，以了解所选课程实施方法的实际效果？

一般说来，新教师在设计课程实施方法时应有意识地思考上述问题。对于多数老教师来说，由于富有教学经验，在设计课程实施方法时不必每次都依次思考上述所有问题，而是重在思考如何吸收他人的长处，如何优化自己的课程实施风格与习惯，以实现课程实施方法的最优化。

第二节 课程实施过程的设计

在小学专题课程的设计中，针对特定课程内容选定课程实施方法后，就要构思课程的实施过程了。

一、什么是课程实施过程

从课程运筹的角度看，日常的教学是课程运筹的中心环节；从课程论角度看，教学活动就是课程实施活动。因此传统教育学中所说的"教学过程"，就是我们所说的"课程实施过程"。如果要给这个概念下定义，可以这样说：所谓课程实施过程，指教师与学生围绕特定课程展开的双边互动过程，它通常由若干具有有机联系的课程环节组合而成，整个过程中的各个环节都是以课程目标的实现为核心的。

那么一个课程实施过程有多长？从哪儿到哪儿为一个课程实施过程？既然课程实施过程是以课程目标的实现为核心的，那么要回答上述问题，还得从课程目标说起。我们知道，对于从事课程实施过程设计的任课教师来说，最需要关注的课程目标是课程总目标、单元目标与专题目标。但是课程实施过程的设计一般是在备课中进行的，由于一个相对独立的专题课程需要一次相对独立、相对完整的备课，需要撰写一份包含课程实施过程设计的相对独立、相对完整的教案，因此课程实施过程的设计中最需要关注的其实是专题目标。由此不难理解：围绕一个专题的课程目标所构思的课程实施过程，正是一个相对独立、相对完整的课程实施过程。这就是我们所说的课程实施过程的"长度"。

落实到各门课程中，可以这样来描述课程实施过程的"长度"：对于语文、外语等类型的课程来说，一篇阅读课文的课程目标，就是我们所说的专题目标，由所有面向这篇课文的课程实施活动组合而成的课程实施过程，就是一个相对独立、相对完整的课程实施过程；同理，单篇作文的课程目标也是专题目标，由所有面向这篇作文的课程实施活动组合而成的课程实施过程，也是一个相对独立、相对完整的课程实施过程。正因为如此，语文、外语等课程的老师，每每面临一篇课文或一篇作文的课程时备一次课，设计一个完整的课程实施过程，并撰写一份相对独立、相对完整的教案。要注意的是，某些英语教材将相对独立的单篇阅读课文扩编为包含单篇课文、语音语法专题材料、专题练习材料、扩展阅读课文等内容的小单元，在此情况下，一个相对独立、相对完整的课程实施过程，应当包括整个小单元的所有课程实施活动。

对于数学、科学等类型的课程来说，一个相对独立、相对完整的专门性的知识、技能点的课程目标，如"三角形面积的计算""热胀冷缩"，就是专题目标，由围绕这个知识、技能点的所有课程实施活动组合而成的课程实施过程，正是一个相对独立、相对完整的课程实施过程。由于数学、科学等课程常常一课时完成一个专题的全部课程，故相关教师往往一堂课设计一个课程实施过程，并撰写一份相对独立、相对完整的教案。

对以上两大类不同课程的课程实施过程"长度"的判断方法，可以类推到品德课程、艺术课程、体育课程：当我们围绕一个相对独立的特定专题及其课程目标组织课程实施活动时，无论这些课程实施活动占用一个课时还是占用几个课时，它们组合而成的课程实施过程都是相对独立、相对完整的。比如，品德课程中围绕"学会珍惜时间"专题，艺术课程中围绕"中国民间的剪纸艺术"专题，体育课程中围绕"篮球的运球与投篮"专题组织的课程实施过程，就是相对独立、相对完整的课程实施过程。

活动课程情况要简单得多。活动课程通常都具有活动主题，每个主题都有专题目标，围绕特定专题目标所设计的课程实施过程，都是相对独立、相对完整的。

了解和把握课程实施过程的"长度"，只是学习课程实施过程设计的第一步。下面我们将讨论：设计一个课程实施过程，通常要遵循哪些基本要求？

二、课程实施过程设计的基本要求

一般说来，设计课程实施过程，应从实现课程目标的需要出发，从课程内容的实际出发，从学生的学习规律出发。

（一）从实现课程目标的需要出发

对小学来说，无论哪一门课程，其课程目标及其表述往往包括四个方面：一是知识传授方面的要求，二是技能训练方面的要求，三是能力发展的要求，四是情感态度、价值观培养方面的要求。对一个专题的课程来说，一方面应尽可能兼顾这四个方面，另一方面要突出重点，设计重点目标、重点课程内容与重点活动。我们所说的"从实现课程目标的需要出发"，指的正是从实现重点课程目标的需要出发。当然，实现非重点课程目标的需要，也应当适当兼顾。

例如，在语文课程中，如果某专题作文课程的重点目标是引导学生了解并掌握论说文的基本要素，那么设计课程实施过程时就应当抓住重点，仔细思考：应先后安排哪些课程环节，才能让学生了解并掌握论说文的基本要素，并能兼顾口头表达能力、合作学习能力、写作能力、自学能力等能力的发展和相关情感态度、价值观的培养？

再以数学课程为例，如果数学某专题课程的重点目标，是引导学生了解并掌握一元一次方程的解法，那么设计课程实施过程时应抓住重点，认真思考：应先后安排哪些课程环节，才能高效率地实现上述重点目标，同时能兼顾逻辑思维能力、合作学习能力等能力的发展和相关情感态度、价值观的培养？

对英语课程来说，如果某专题的重点课程目标是引导学生读通、读懂某篇英语课文，掌握相关单词，并了解和初步掌握某一语法现象，那么设计课程实施过程时应抓住以上重点，审慎思考：应先后安排哪些教学环节，才能高效率地完成上述三大任务，同时能兼顾英语学习兴趣的激发与保持、英语语感的培养、良好英语阅读习惯的养成、英语文化的了解等方面的课程目标？

（二）从课程内容的实际出发

课程实施过程的组构元素，是有特定课程内容的单项课程活动；设计课程实施过程，实际上是构思单项课程活动，并将不同的单项课程活动组合为相对完整的课程实施过程。由于每一单项课程活动都有特定的课程内容，构思单项课程活动，并将不同的单项课程活动组合为相对完整的课程实施过程，都得从课程内容的实际出发，因此课程实施过程的设计，必须从课程内容的实际出发。

我们所说的"从课程内容的实际出发"，主要指"从核心性课程内容的实际出发"。绝大多数专题课程，无论其课程内容是否丰富或丰富到什么程度，都有核心性的课程内容；核心性课程内容的成功突破，是整个课程实施过程的重中之重。因此整个课程实施过程的构思与设计，首先得从核心性课程内容的实际出发。

举例来说，如果某篇古文的核心性课程内容是引导学生掌握若干虚词与实词，并了解和熟悉某个或某几个古文语法现象，"从课程内容的实际出发"设计课程实施过程时，首先必须考虑：应当先后安排哪些教学环节，才能较好地引导学生掌握这些词汇或语法？

在科学课程中，如果专题是"热胀冷缩"，核心性课程内容的目的是使学生熟悉物体的热胀冷缩特性，并培养学生的实验兴趣与实验能力，"从课程内容的实际出发"设计课程实施过程时，首先应必须考虑：应当先后安排哪些教学环节，才能较好地达到这两大目的？

如果核心性课程内容较为死板，并且较难理解，那么激发兴趣环节通常是不可省略的，此外还应注意安排形象化、直观化的课程实施环节，还可以考虑安排两轮或三轮"攻坚"活动，以突破或化解难点；如果核心的课程内容是某项技能的传授，其特征是学生对实际练习的依赖性较强，那么设计课程实施过程时就得精心安排特定技能的反复训练,并且尽可能地将训练活动安排得既科学,又生动活泼;如果核心的课程内容是培养学生的某项实际能力(如合作学习能力、自主探究能力、实验操作能力等),那么课程实施过程的设计,就必须以特定主题下的自主活动为中心,课程环节的安排必须从培养特定能力的需要出发。

(三)从学生的学习规律出发

这里所说的"学生的学习规律"有两层含义:一指学生学习的普遍规律;二指不同年级学生的不同学习规律。

学生的学习,最普遍的规律是:每一专题的学习,通常都要经历感知学习内容、理解学习内容、巩固新获知识与技能、运用知识与技能等四个阶段。课程实施过程的设计者必须注意把握和利用这一规律。不过要注意,利用上述规律设计课程实施过程时,课程环节的安排必须具有足够的灵活性:有时课程环节的安排应有所侧重,有时有必要增加或减少一两个环节,有时有必要重复某一个环节,有时有必要调整不同环节的次序。

不同年龄阶段的学生,其学习条件也是不同的,因此必须根据特定年龄段儿童的实际情况设计课程实施过程。小学低年级学生保持注意的持续能力较差,理性的学习动机尚未形成,逻辑思维能力较弱,良好的学习习惯尚未养成,自学能力更为欠缺,对他们来说,保持课程活动的直观性、简明性与趣味性十分重要。小学中年级学生的学习条件有所改善,但各种基本素养的发展仍处于初级阶段,必须注意全面提升其思维品质,努力培养基本学习能力与良好学习习惯。小学高年级学生的身心发展已达到一定水准,应注意利用和发展其已经萌芽的社会性学习动机,努力提升其学习自学性,并着力提升其逻辑思维能力和自学能力,使他们更爱学习,更具有学习能力。

三、课程实施过程设计的基本步骤

设计课程实施过程,其实就是构思我们日常所说的教学步骤或环节。在备课实践中,课程实施方法与课程实施过程的设计,常常在撰写教案过程中进行。

一般说来,课程实施过程的设计,其主要步骤依次为:

(一)为实现课程目标分析课程内容

课程目标、课程内容、课程实施过程三者是相互制约、辩证统一的:课程目标界定课程实施活动的目的,课程内容决定课程实施活动的内涵,课程实施过程框定课程实施活动的结构。由此可见,在设计特定专题课程的活动过程时,首先必须在研读课程目标的基础上，为实现课程目标分析课程内容。所谓"为实现课程目标分析课程内容"，指为实现课程目标，分析课程内容的主体特征、内在次序与总体容量，选择和组合课程实施方法，组织课程实施过程。

对于课程设计者来说，有一个问题必须搞清楚：影响课程实施过程设计的基本要素到底有哪些？我们认为，影响课程实施过程设计的基本要素有三个：一是课程目标要素；二是课程内容要素；三是学情要素。正因为如此，上文在论述课程实施过程设计的基本要求时，我们才分别强调"从实现课程目标的需要出发""从课程内容的实际出发""从学生的学习规律出发"。这就提醒我们：在设计课程实施过程时，除了要"为实现课程目标分析课程内容"外，还得兼顾学生的学习规律。

（二）为核心的课程内容设计活动方式

在大多数情况下，每个课程实施过程都有较丰富的课程内容，教师往往为这些课程内容组合若干不同性质的活动方式。由此可见，在课程实践中，一个课程实施过程往往含有两种或两种以上的课程活动方式。

但是在一个课程实施过程中，无论课程内容与课程活动多么丰富，也无论教师组合了几种课程活动方式，总有一个课程内容是核心的课程内容，为该内容组织的课程活动是该课程实施过程的中心活动，该课程活动在该专题的课程实施过程中具有核心意义。因此为核心的课程内容构思活动方式，是课程实施过程设计工作的重点与关键。成功突破这一重点与关键，剩下的工作就可以顺势而为了。

（三）为课程实施过程设计结构框架

所谓"为课程实施过程设计结构框架"，指围绕专题课程目标、核心的课程内容及其活动方式，构思整个专题的课程实施过程的基本架构。在备课实践中，教师必须将课程实施过程的基本环节写在教案的"课程实施过程"项目之中。

举例来说，如果是数学课程，专题是"勾股定理"，该专题的主要课程目标是"引导学生认识、理解、运用勾股定理，并培养其探究能力"，其课程内容应当包括"勾股定理"含义的理解、"勾股定理"发现过程的了解、学习者对这一定理的验证、运用该定理解决实际问题的尝试、合作学习能力的培养等，其中的"核心的课程内容"应当是"勾股定理"含义的理解与运用。可以参考课程目标，为这一"核心的课程内容"选择"引导探究"类型的课程活动方式。写教案时，教师必须围绕上述主要课程目标、核心的课程内容及其活动方式，构思课程实施过程的框架结构，并依次将其中的课程实施环节写在教案上。

上述三个步骤，只是课程实施过程设计的主要步骤。完成这三个基本步骤后，还得对全部课程活动的安排进行细化与完善。比如，教师在备课中还应思考：非核心的课程内容有哪些？应当为这些课程内容设计哪些课程活动方式？核心、非核心两种课程内容的活动方式如何融合为一个整体？在课程实施过程中可能会出现哪些意外？出现意外时如何解决？怎样兼顾相对次要的课程目标？怎样保持时间利用的弹性？必要时可以将这些问题的解决预案写在教案中。

第三节 教学模式的借鉴

  课程实施方法是个层次、类型和数量都较为可观的庞大家族，这个家族的成员复杂而多姿多彩，这使一线教师面临课程实施方法选择时往往难以抉择。课程实施过程基本环节的安排也有很大的不确定性。这也使课程实施方法与实施过程的设计充满变数。对急于胜任教师工作的新教师来说，这种变数给课程实施的准备工作带来挑战；而对老教师来说，这种变数为他们创造力的发挥、专业的发展提供了宝贵空间。

  一个很有意思的现实问题摆在我们面前：对新教师或业务水准不太高的普通教师来说，面对充满变数、难以把握的课程实施方法与课程实施过程设计，有没有"傻瓜相机"，有没有比较好走的"捷径"？答案是肯定的，那就是学习和借鉴现成的课程实施模式——教学模式。

一、什么是教学模式

（一）教学模式的基本概念

  所谓教学模式，是根据一定教育思想制定的教学基本策略及其实施步骤的样式，是教师组织教学过程的范型。所谓"模"，是"模范""模样"的意思；所谓"式"，是"定式""样式"的意思。只有那些相对定型，从理论依据到实施方法都自成体系，同时具有一定推广价值的课程实施方法与实施过程的组合，才称得上"教学模式"。从课程运筹角度看，"教学模式"指那些结构相对完整并且比较成熟的模式化的课程实施方法与课程实施过程的组合。从课程论视角看，"教学模式"其实应当称为"课程实施模式"。但考虑到"教学模式"这一概念在国内外教育理论与实践研究中早已成为成熟而广为接受的既有概念，强行改称"教学模式"为"课程实施模式"并不妥当，因此本书保留和采用"教学模式"这一概念。但这里必须强调：在课程设计中，就具体专题或课时而言，"教学模式"其实就是课程实施方法与实施过程的模式，即"课程实施模式"。

构成课程实施过程的基本要素有四个：一是教师，二是学生，三是课程内容，四是课程设施。在课程实施过程中，上述四个要素是相互联系、相互制约、缺一不可的。这四个要素的有机结合，构成一个又一个运动着的过程，这就是课程实施过程。

课程实施过程总是由教师来设计和组织的。备课中，教学模式可以为教师解决两个急待解决的基本问题：（1）选择什么样的课程实施方法？（2）构建什么样的课程实施过程？这两个基本问题，正是教学模式所要解决的基本问题。

（二）教学模式的内在要素

总的说来，教学模式包括目标、方法、程序、依据四大内在要素。

目标，指教育者在课程实施过程中要达到的目的。它是教学模式四大要素中最基本的要素。有不同的目标，必然会有不同的教学模式。某些教学模式的目标，指向知识的有效学习；某些教学模式的目标，指向技能的高效传授；某些教学模式的目标，指向探索能力、发现能力的培养；某些教学模式的目标，则能兼顾知识、技能的传授与特定能力的培养。要注意的是，教师所选择的教学模式，其目标指向应当与特定专题的课程目标基本一致。

方法，指课程实施的基本方法或主要方法，在课程实践中，它是以活动方式展示的。它是教学模式四大要素中的核心要素。不同教学模式之间最基本的区别，就在于方法的不同。不同的教学模式，不仅方法不同，而且选择教学方法的思路往往也是不同的。

程序，指课程实施过程的步骤或环节。例如发现法教学模式一般包括引导学生掌握学习课题、制订解决问题的设想、验证设想、总结和发展四个步骤。

依据，指具体教学模式的理论依据。教学模式理论依据，往往是多方面的。这些依据，可以是法律方面的，如《义务教育法》对教育方针的规定；可以是哲学方面的，如哲学对人类认识过程的理解；可以是生理学方面的，如神经生理学对人类学习活动的神经学解释或对学习疲劳的研究成果；可以是心理学方面的，如学习心理学的有关理论；可以是实践研究方面的，如某些教育实验结论或统计、调研结论。

以上这四个要素是不能截然分开的，它们是一个有机统一的整体。

（三）教学模式的基本特性

要深刻认识教学模式，必须理解教学模式的基本特性：

1. 复杂性

我们知道，教学模式是由课程实施方法与实施过程组合而成的，由于二者均非常复杂,且均有很大的不确定性,因此二者的组合变数更大。因此教学模式必然具有复杂性特征。

这里,我们重点讨论一下课程实施方法的多样性,由此可窥见教学模式的复杂性。分析一下可知,常用的课程实施方法大致有以下13种:

(1)以讲授为主。这种策略在大、中、小学广泛使用。这种策略的特征是比较节省时间,但学生学得被动,不利于能力的培养。

(2)以谈话为主。这种策略在小学和初中用得较多。这种策略的特征是在短时间内容易吸引学生的注意力,但大多数情况下传授"双基"的效果不太好。

(3)以学生间的讨论为主。这种策略在义务教育和成人教育中用得较多,效果也较好。其特征是能够使课堂气氛更活跃,使学生加深对课程内容的理解;但比较费时间,讨论时也容易"跑题"。

(4)以演示、实验为主。这种策略在中小学自然科学类课程和大学理工科课程中用得较多。其特征是借助直观手段,提升课程效果;此外采用实验法,还能有效地培养学生的探索能力和操作能力。

(5)以游戏化学习为主。这种策略在小学各类课程和中学体育课程中用得较多。其特征是能使比较枯燥的学习成为相对轻松愉快的活动。要注意的是,"梅花香自苦寒来",在组织游戏化学习时,不要忘记"苦学"教育和艰苦奋斗精神的教育同样是必需的。

(6)以引导和帮助学生自学为主。在小学高年级以上的学校教育中,以引导和帮助学生自学为目标的教学模式得到广泛应用。这一策略的特征,是能有效地培养学生的自学能力。不过采用这种策略,学生在学习自觉性和自学能力方面必须具有一定基础,因而这种策略在小学中、低年级不宜多用。

(7)以新旧知识、技能的统合为主。这一策略的特征是注重知识与技能的迁移。在新旧知识、技能关系密切时,使用效果会特别好。

(8)以引导和帮助学生自主性地解决某一比较实际的问题为主。这类模式通常着眼于能力的培养,尤其是探索发现能力、分析问题与解决问题能力的培养。

(9)以组织和进行系列训练为主。这一策略特别适用于有关技能的训练和相关能力的培养。

(10)以借助直观性的"纲要信号"或图表,理解、概括或巩固所学内容为主。这一策略的特征是能使知识直观化、概括化,并有助于知识的记忆与巩固。

(11)以事先经过周密研究的比较固定的"小步子"的逐步推进为主。这是一种程序化的课程实施策略。其程序既可以在教师的人工引导下推进,也可以在多媒体计算机系统的引导下进行。这一策略的特征是能消除日常教学的随意性和低效性,使教学过程标准化、程式化,同时能为多媒体计算机更深入地介入课程创造条件。

（12）以借助幻灯机、录放机、教学电影、教学电视、多媒体计算机等现代化教学媒体展开教学为主。引进现代化教学手段，能使教学过程直观化、自动化，能有效地减轻教师劳动强度，并促进相关课程资源的交流与共享。

（13）以学生潜能被激发状态下的无意识学习为主。这一策略，可使枯燥而困难的学习变得轻松、愉快、高效。这种策略可能具有十分诱人的效果，但它尚在进一步的开发和研究之中。

以上13种课程实施方法，均能程度不同地用于小学各课程。其实我国中小学教师所能见到或有必要熟悉的，主要是这13种课程实施方法。要注意的是，这些方法不仅不是完全并列、互相排斥的，而且往往是相容的。在实际工作中，往往两种甚至两种以上方法结合使用。

2. 多元性

教学模式的多元性，指多种多样的教学模式可以同时并存，并且不同的教学模式可以结合使用，以便取长补短。显然，教学模式的多元性源于课程实施方法与课程实施过程的多元性。这里我们重点研究一下课程实施过程的多元性。

过去人们通常将课堂课程活动分为"讲""练"两大类。我们可以将"读"从"练"中抽出来，将小学常见课程活动分为教师的"讲"、学生的"读"和学生的"练"三种类型。"讲"指教师的讲授、启发、引导、点拨、板书、设问、答疑、辅导、小结、演示性实验等；"读"指学生的朗读、默读、分角色读等；"练"指讨论、议论、思考、质疑、做题目、实际操作等。由此可以将教学模式的结构分为三组六个类型（每组两个类型）。

第一组，教师先讲。包括"讲—读—练""讲—练—读"两种结构。这两种类型，都由教师先"讲"。

第二组，学生先读。包括"读—讲—练""读—练—讲"两种结构。这两种类型，强调的是学生先读，或者读后练，练后讲；或者读后讲，讲后练。

第三组，学生先练。包括"练—讲—读""练—读—讲"两种结构。这两种结构类型，属于大胆探索型的结构：第一步就让学生练，或者练后讲，讲后读；或者练后读，读后讲。

上述三组结构，第一组比较传统，最为常见；第二组则有一定的时代性，对传统做法作了重要发展；第三组则是对目前普遍采用的做法的逆向选择，具有较大的改革气魄。其实这种结构，与杜威的"做中学"模式、陶行知的"教、学、做合一"模式的指导思想是一致的。

以上对课程实施过程结构的分类是比较宏观的。事实上情况远非如此简单，"讲""读""练"三类课程活动，每一类活动都存在大量变数。例如"练"包括思考、争论、质疑、做题目、实际操作等，到底安排哪些练习活动，怎样安排，相关活动又怎样与"讲""读"这两种各有其丰富内涵的活动相结合，这里面存在着数百种甚至数千种可能的排列与组合。课程实施过程结构的多元化是显而易见的，而课程实施过程结构的多元化必然会导致教学模式的多元化。

教学模式的多元性、复杂性特征，会使不熟悉课程实施方法与课程实施过程的人不知所措；而对有志于课程实施方法与实施过程研究的人来说，这两大特征却为他们提供了宝贵的研究空间与成功机会。

3. 时代性

社会是不断发展变化的，教育现象是一种社会现象，它必然会随社会的发展变化而不断演变。这一演变首先表现在教育价值观方面，其次表现在培养效率的提升方面，再次表现在课程内容方面，最后表现在课程活动手段与方式的更新方面。这四个方面的变化，必然会导致教学模式的发展和变更。

从教学模式发展史角度看，任何教学模式都是时代的产物。任何一种有影响的教学模式，都具有显明的时代性；任何背离时代要求的教学模式，都必然被历史淘汰。换句话说，教学模式只有具有特定的现实意义，才有生命力。

例如凯洛夫模式就是在清除杜威模式轻视书本知识、轻视课堂教学的不良倾向的过程中产生的，它对当时的苏联教育和新中国成立初期的教育曾产生过积极作用；也正因为这一积极作用，它在历史上曾长期作为主流教学模式而被我们广为运用，影响巨大。但是凯洛夫模式由于具有轻视学生主体作用和能力培养的倾向，在改革开放大背景下，它已不能适应社会对教育的要求，其主流地位为新的模式所代替。而大家所熟知的小学语文情境教学模式、小学数学尝试教学模式、小学英语任务教学模式等，之所以能在当代中国的初等教育中流行，就是因为它们适应了当代社会与当代教育改革的需要。

4. 可操作性

教学模式的产生，有两种情况：一种源于一定的教育、教学理论，将教育、教学理论加工成一线教师可以在工作中参照执行的模型，就形成教学模式；另一种来自教师自身的工作实践，对一线教师比较成熟的课程实施套路进行理论提炼和加工，就形成教学模式。对于理论工作者来说，教学模式是具有可操作性的理论框架；而对于一线教师来说，教学模式是具有理论支撑的操作模型。因此无论是对理论工作者而言，还是对教育实践者而言，教学模式都具有较强的可操作性。

二、课程实施方法与实施过程设计中教学模式的借鉴

（一）借鉴他人教学模式的意义

在世界教育史上，对教学模式的研究起步于20世纪70年代初。美国教育家乔以斯（B.R.Joyce）和韦尔（M.Weil）1972年出版的专著《教学模式》（有的译

作《教学模式论》），是最早的研究教学模式的专著。20世纪80年代中期，我国理论界才开始介绍国外的教学模式理论，并研究教学模式的内涵和外延。在当代中国，教学模式概念早已得到理论界、实践界的普遍认可。

教学模式概念及其原理得到认可的主要原因，在于它是沟通课程理论与课程实践的最好桥梁。如果将课程理论划分为基础理论和应用理论两大类，显然应该将教学模式理论归入应用理论类别，但教学模式与基础理论有着千丝万缕的联系。事实上它既基于基础理论，又有很强的可操作性，能在课程理论与课程实践之间发挥桥梁作用。

教学模式通常都是特定时代的产物，它内含特定的价值追求，有着特定的改革目标；其课程实施方法与课程实施过程经历过反复锤炼，体系臻于完善。对于一线教师来说，深入了解教学模式原理，认真学习他人的教学模式，积极吸收既有教学模式的宝贵营养，并在此基础上努力尝试将自己在课程实践中长期探求的成果加工成新的教学模式，对于提升日常教学质量、促进自身专业发展，有着重要意义。

对于理论工作者来说，如果能将反映时代要求的教育理论、课程理论加工成能在课程实践中参照执行的教学模式，这种理论就有可能迅速而成功地转化于教育实践；而对于中小学一线教师来说，如果能将自己在长期课程实践中积极探索的成果加工为教学模式，其探索成果的理论高度就会得到提升，相关教师的业务水准就容易得到认可，其宝贵经验就更有可能得到推广。

对于新教师而言，学会借鉴他人的教学模式有着特别重要的意义。前面说过，教学模式具有目标、方法、程序、依据四大要素。细究一下可知，四大要素中，目标、方法、程序三个要素恰恰也是课程实施方法与实施过程设计中需要特别关注的三个对象：课程实施方法与实施过程是为实现课程目标服务的，教学模式中的"目标"要素，同样是课程实施方法与实施过程设计的出发点；教学模式中的"方法"要素，正是课程设计中的"课程实施方法"要素；教学模式中的"程序"要素，同样是课程设计中"课程实施过程"的"程序"要素。可见教学模式要素与课程实施方法、实施过程设计要素，有着高度的一致性。新教师进行课程实施方法与实施过程设计时，教学模式正是可供参考的样式。一般说来，新教师适应特定课程的教学工作，要经历一段适应期。学习教学模式原理，借鉴既有的教学模式，能帮助新教师有效地缩短适应期，使他们快速成长。由于课程实施方法及其组合异常复杂，课程实施过程各环节的安排也具有很大的不确定性，这就使课程实施方法、实施过程的设计充满变数。这种变数常常使新教师感到课程设计工作十分艰难。如果新教师在课程实施方法与实施过程设计中借鉴既有的教学模式，能大大降低设计工作的难度，同时提升设计质量。

（二）借鉴既有教学模式的基本思路

一般说来，在课程实施方法与实施过程的设计中借鉴既有教学模式的基本思路是：分析自身需求，确定需要借鉴的教学模式的类型，寻找最适用的教学模式，以照搬模式与变通操作相结合为基本要求设计课程实施方法与实施过程。

所谓"分析自身需求"，指教师通过思考与研究，厘清以下问题：本专题的课程，最核心的目标与需要兼顾的目标分别是什么？本专题核心的课程内容有什么特点？与核心的课程目标、核心的课程内容最相配的课程实施方法是什么？这一方法应当与哪些方法结合使用？整个专题的课程实施过程应当先后涵盖哪些环节？探清这些常规性的需求后，设计者还得考虑教师自身条件、学生实际情况、学校客观条件对课程实施方法选择与课程实施过程构思的影响。

所谓"确定需要借鉴的教学模式的类型"，指设计者从教师、学生、课程内容、可用时间、学校条件的实际情况出发寻找需要参考的教学模式时，必须搞清楚自己需要借鉴哪种类型的教学模式。比如，需要借鉴以高效传授知识为目标的教学模式，还是需要借鉴以技能训练为中心的教学模式？需要借鉴以自学能力培养为目标的教学模式，还是需要借鉴以探索、发现能力培养为目标的教学模式？需要借鉴以"讲、读、练"为活动顺序的教学模式，还是需要借鉴以"练、读、讲"为活动顺序的教学模式？

为了"确定需要借鉴的教学模式的类型"，有必要熟悉小学常用教学模式的基本类型。当代小学常见的教学模式大致有下列五种类型。

1."传递-接受"式

"传递-接受"式教学模式是传统模式，也是经典模式。这一教学模式的基本特征，是教师直接向学生传授知识与基本技能，学生主要通过听讲和做练习来获取知识、技能。这一教学模式的主要优点是传授知识、技能的效率较高。主要缺点：一是不利于学生能力的发展；二是不利于调动学生学习的积极性。

赫尔巴特模式是"传递-接受"式教学模式的代表。赫尔巴特模式课程实施的基本策略，是通过教师的讲授和引导，实现新旧知识的"统合"（即凭借旧知识理解新知识，并将新知识纳入已有知识系统）。至于课程实施步骤，赫尔巴特（J.F.Herbart）本人将其分为明了（感知教材，明确所要解决的问题）、联想（将新旧知识联系起来）、系统（对新知识进行概括和整合）、方法（将新知识运用于实际，以掌握解决问题的方法）四个阶段。后来赫尔巴特学派的后继者对这四个阶段进行了更新，将其分为预备、提出、联想、总结、应用五个更为明确的阶段，这就是教育史上著名的"五段教学法"。

凯洛夫模式则是在中国影响最大的"传递-接受"式教学模式。凯洛夫规定，课程实施的基本方法应当是教师讲授，其过程应当包括六个环节：（1）组织教学（1～2分钟）；（2）检查家庭作业（3～8分钟）；（3）讲解新课的标题及与已学知识的联系（5～10分钟）；（4）讲解新教材（10～20分钟）；（5）巩固（10分钟）；（6）详细布置和说明家庭作业（5～8分钟）。后来我国学者以凯洛夫的《教育学》为蓝本自编教育学教材，将凯洛夫的六个环节合并整理为如下五个环节：（1）组织教学（5分钟）；（2）复习检查（10分钟）；（3）讲授新教材（15分钟）；（4）巩固新知识（10分钟）；（5）布置家庭作业（5分钟）。由于这五个环节结构来源于凯洛夫的《教育学》，并且与凯洛夫的六个环节模式大同小异，不少人仍称之为"凯洛夫模式"。

中国当代小学"传递-接受"式的教学模式，一般以讲授和谈话为课程实施基本方法，其课程实施过程大致包括激发动机、复习旧课、传授新知、巩固新知、学习运用等环节。

要注意的是，同样是运用"传递-接受"式教学模式，不同的教师会有不同的课程实施效果。一个高水平、懂教育的好教师，能在"传递"过程中植入启发因素，较好地扬长避短；一个低水平、不懂教育的坏教师，不但不善于在"传递"过程中植入启发因素，还会使学生的听讲不得要领，既不能扬"传递-接受"式之长，更不能避"传递-接受"式之短。在传递知识、技能的过程中，好教师常能深入浅出，将相对复杂的问题说得简单明了，让人一听就懂；坏教师却常常浅入深出，将相对简单的问题复杂化，让听者产生"你不说我倒还明白，你越说我越糊涂"之类的感慨。

从教师类型来看，这一模式比较适用于口才较好并且善于诱导的教师。就课程内容来说，这一模式适用于新知较多、难点较多或知识的前后联系不太紧密的内容。就时间利用来说，这一模式适用于时间较紧、需要赶进度的课程实施过程。

总的来说，这一教学模式较实用，但要注意优化传递活动，以扬长避短；并且要注意与其他模式结合使用，以扬长补短。

2."自学-辅导"式

"自学-辅导"式教学模式，是当代富有特点的教学模式之一，以教师引导学生自学为基本方法，其课程实施过程大致包括布置自学、课堂讨论、教师启发、练习与总结等环节。

这一教学模式的基本特征，是以教师引导学生自学为课程实施基本方法。在这一教学模式中，教师的"传递"作用，被"指导"作用和"促进"作用取代。用长远的观点看，教师选择这一模式，只能凭借学生学习能力的提升来获得成功。事实上，凭借学生能力的提升来提高课程实施过程的效率，正是提高课程实施过程有效性的最佳策略。

"文化大革命"结束后，在百废待兴的情况下，著名语文教育家吕叔湘、叶圣陶两位先生尖锐地批评我国语文教育"少、慢、差、费"，并建设性地提出语文教育之"教"应以"不教"为目的。所谓"不教"，指"用不着教，学生自己能学"。也就是说，语文教育的最终目的应是使学生能够脱离教师而自己学习语文。怎样才能达到这一目的呢？他们二位一致认为，日常的语文教学应当以培养学生的自学能力为着眼点。同一时期，中国科学院心理研究所研究员卢仲衡等人在数学教学领域也进行了以"自学-辅导"为基本策略的教改研究与实验，并取得了丰硕的研究成果，产生了一定的社会影响。在上述语文教育、数学教育领域两大事件的影响下，"自学-辅导"类的教学模式逐渐成为中国当代既具有明显特色，又具有较大影响的教学模式。

这一教学模式的主要优点：一是有助于激发学生学习的主动性；二是有助于培养学生的自学习惯、自学能力和终身学习的能力。其主要缺点：一是对学生的学习自觉性、自学习惯和自学能力有较高要求，其课程实施过程和效果要经过较长时期的有意识锤炼，才能渐入佳境；二是不太适用于低年级学生与中、差生。这一模式也需要与其他模式结合使用。

在小学，这一模式比较适用于高年级。就课程类型而言，它较适用于除品德课程、艺术课程、体育课程以外的各科课程。

3. "引导-发现"式

"引导-发现"式教学模式，也是当代富有特点的教学模式类型之一。这一教学模式的基本特征，是学生凭借探究和发现活动获取知识，发展能力。

这种教学模式，最早是美国教育家杜威提出的。19世纪末，美国社会迅速工业化和城市化，这使传统教育与现实社会不相适应的问题日益突出。在此情况下，杜威主张废弃传统的教师讲授，代之以引导学生自己解决所面临的问题。他所倡导的教学模式，以引导学生自己解决问题为最基本的课程实施方法，其课程实施过程包括创设经验环境、明确问题、制订解决问题的假设、推理、验证五个步骤。这就是教育史上著名的"问题教学法"，又称"杜威模式"。

在冷战时期，出于人才培养的竞争需要，美国教育家布鲁纳也在一片教改呼吁声中提出"发现法"教学模式。他认为教师应当帮助学生像科学家发现科学事实和科学原理那样获取知识，课程实施过程应当以此为基本策略；一个课程实施过程，应当包括掌握学习课题、建立解决问题的设想、验证设想、总结和发展等步骤。这一模式，其实与"杜威模式"大同小异。

20世纪80年代，"引导-发现"式教学模式曾在中国产生过很大影响。这一影响在当前基础教育课程改革中仍在发挥作用。

在中国当代教育中，"引导-发现"式教学模式通常以教师强有力地引导学生探究和发现为课程实施基本方法，其课程实施过程大致包括以下步骤：（1）创设问题情境，引发探究动机；（2）分析问题，明确发现目标；（3）建立解决问题的假说；（4）验证假说；（5）交流、总结与发展。这里的"总结与发展"，其具体内容应当是总结、评价学生在发现活动中的表现，并引导学生将研究成果应用到实际生活中。采用这类模式的主要动因，是为了培养和提升学生的探究、发现能力。对于小学生来说，要达到这一目的，一定要特别重视探究过程的评价。对于小学生的学习来说，关注过程往往比关注结果更为重要。

"引导-发现"式教学模式的主要优点，是能有效地培养学生的思维能力、探究能力、口头表达能力等多方面的能力。其主要缺点：一是传授知识、技能的效率较低；二是不适用于诸多无法发现或没必要发现的课程内容。

在当代小学课程实践中，这一模式的核心意义在于改变教师单方面传授的沉闷局面，将学生从单纯的坐、听、记、背、练中解放出来，让他们投入到充满灵性的创造性活动之中。但这一模式传授知识的速度极慢，也无法用于各科课程基本技能的刻苦训练。所以这一模式适宜作为调节性教学模式使用，不宜将其作为日常课程的主流教学模式。

从课程类型角度看，这一模式比较适用于数学、科学、综合实践活动等课程。从课程内容角度看，这类模式适用于有研究价值，学生经过努力能够取得研究成果的课程内容。但这一教学模式所秉持的价值追求——引导学生自己往前走，是符合教育规律和人才成长规律的，而这一价值追求适用于所有课程的教学。

4."示范-模仿"式

这一教学模式其实是传统的"传递-接受"式教学模式的变式。它与"传递-接受"式一样，十分重视教师的直接传授，因此它也属于经典性教学模式。

这一教学模式的基本特征，是重视教师的示范作用，重视学生的实际练习。

这一教学模式以教师的示范引导学生的实际练习，其课程实施过程大致包括明确任务、讲解与示范、尝试练习、自主练习、总结与提高等阶段。如果在教师讲解与示范后，立即让学生进行独立的自主练习，学生会感到无所适从。在此情况下，需要在"自主练习"之前安排一个"尝试练习"环节。在学生进行尝试练习时，教师要抓住有代表性的问题，进行强有力的指导。在学生进行自主练习时，教师要进行巡回指导。最后的总结与提高，对于升华学习成果十分必要。

"示范-模仿"式教学模式的优缺点，大致与"传递-接受"式相同。其主要优点，是能充分发挥教师的主导作用和示范作用，使学生在知识、技能的学习中少走弯路，有效地提高"双基"教学的有效性；其主要缺点是学生学得被动，不利于学习主动性的调动和智力、能力的发展。

这一模式，主要适用于听、说、读、写，吹、拉、弹、唱，跑、跳、投、舞等诸多技能的训练。从课程类型角度看，它主要适用于语文、数学、艺术、体育等课程的教学，也适用于综合实践活动课程中"信息技术教育"部分的教学。

5."情境-陶冶"式

这一教学模式的基本特征，是重视直观情境的认知作用和情感作用，将课程实施过程置于特设的情境之中。

人的认识是一种复杂的活动，在这一活动中，理智因素与情感因素交织在一起。在课程实施过程中，只注重理智活动，忽视情感活动的杠杆作用，是不高明的举动。再说知识的传授、技能的获得、能力的发展，并不能涵盖全部课程目标。为了促进学生基本素质的全面发展，塑造健全的个性，必须重视情感态度与价值观的培养。因此"情境-陶冶"式教学模式是很有意义的教学模式。小学生年龄较小，情感不及中学生和成人那么稳定，并且情感活动较为激烈，在小学教学中采用"情境-陶冶"式教学模式，更有现实意义。

这一教学模式的课程实施基本方法，是在特设的课程情境中展开教学，借助情境的暗示作用，提高教学的有效性，并促进学生情感的健康发展。其课程实施过程，大致包括创设情境、展开教学、总结转化三大阶段。在创设情境阶段，教师可凭借录放机、教学电影、闭路电视、幻灯机、多媒体计算机、形象语言等，创造饱含情感因素的教学情境。在展开教学阶段，教师要注意通过做游戏、听曲、唱歌、表演、谈话、实际操作等活动方式，保持已有的教学氛围，让学生在潜移默化的环境中学习。在总结转化阶段，教师要通过启发、总结，使学生在领悟知识与技能的同时，理解课程实施过程中的情感基调及其产生原因，以实现感性认识与理性思维的和谐统一。

这类模式的主要优点，是能够有效调动学生的情感活动，提升课程实施过程的人文性和有效性。其主要缺点：一是对教师的艺术才华具有较高要求；二是对学校设备具有一定要求；三是备课工作量较大。

"情境-陶冶"式教学模式虽然优点明显，但因其对教师和硬件设施要求较高，备课费时费力，且较为麻烦，故实际使用率并不太高。但我们不妨吸收"情境-陶冶"式教学模式重视情感影响这一精华，将其灵活运用到日常课程之中。

总的说来，这一教学模式比较适用于品德课程、语文课程、外语课程、艺术课程。对于数学、科学、体育、综合实践活动等课程来说，如果课程内容与物质条件适合，也可以偶尔采用这一模式。

上文介绍了五种常用的教学模式。在"确定需要借鉴的教学模式的类型"时，通常只需要"确定"其中的一种。

所谓"寻找最适用的教学模式"，指在已经确定的教学模式类型中寻找最适合当前课程的具体的教学模式。例如当你确定需要借鉴"自学-辅导"式教学模式时，你还得思考："自学-辅导"式教学模式有多种，我需要借鉴的，是魏书生的"六步教学法"模式，还是黎世法的"六因素单元教学"模式？抑或是卢仲衡的"自学辅导"模式，还是这三者以外的其他模式？

所谓"以照搬模式与变通操作相结合为基本要求"，指在确定借鉴哪一教学模式后，一方面照搬该模式的课程实施方法与实施过程，以此组织课程活动；另一方面根据实际情况对该模式不够适用或不够先进的部分进行适当改造，以期灵活、务实、科学地完成课程实施方法与实施过程的设计。

需要强调的是：学习与借鉴他人的教学模式，一定要从自身实际出发，将照搬与变通运用结合起来。在思想方法上，要使别人的教学模式为自己的课程设计服务，不能反过来削足适履，力图使自己的课程设计适应别人的教学模式。

此外教学模式并不是不可改变的金科玉律；再成功的教学模式，都必须与时俱进，在实践中发展、完善，再发展、再完善。在学习、借鉴他人的教学模式时，完全可以进行补充或修改，使其更适合当前形势与自身的实际情况。

至此，我们已经分别论述了课程目标的设计、课程内容的设计、课程实施方法的设计、课程实施过程的设计。这四个方面的设计最终都要落实于教师的备课中，形成教案。

本章小结与研究性学习

一、本章小结

本章阐述了课程实施方法的设计、课程实施过程的设计、课程实施方法与实施过程设计中教学模式的借鉴三大问题。要注意的是，了解课程实施方法与实施过程设计的原理，只是学习相关设计的第一步，教师的课程设计能力主要是在课程设计实践中形成和发展的。

二、研究性学习

（一）讨论

课程实施方法与课程实施过程，二者有何关系？

（二）专题研究

在普通任课教师的日常工作中，课程设计最终是以教案形式呈现的。而教师们的教案，格式可谓"千姿百态"。教案可分为简案与详案两种类型。简案应至少包括四个条目，一是"基本信息"（含"课程名称""选用教材""教学对象""授课时数""授课时间""教学器具"等子条目），二是"课程目标"，三是"重点与难点"，四是"课程实施过程"。详案可包括七个条目，一是"基本信息"（子条目同简案），二是"课程标准解读"，三是"教材简析"，四是"学情研究"，五是"课程目标"，六是"重点与难点"，七是"课程实施过程"。与简案相比，详案在"基本信息"与"课程目标"之间增加了"课程标准解读""教材简析""学情研究"三个条目。无论是简案还是详案，标题可采用"《×××××》课程设计（或教学设计）"格式。如果有"板书设计"，可以作为附件放在教案最后。

关于上述格式，有的同学认为所有师范生和普通教师都应写详案。有的同学认为详案太复杂了，太费时间，一般说来写简案就足够了。有的同学持中庸态度，认为应当写详案，但写过两三次教案后，详案中就可以省略"课程标准解读"条目了。有的同学认为老教师的书面课程设计可以写得简略些，可以写简案；而师范生与新教师的书面课程设计，应尽量写得详细些，应当写详案，至于是否可以省略"课程标准解读"条目，应视具体情况而定。

请同学们参考上述不同意见，说说自己对教案格式的看法。请与同桌交流意见，并将自己的意见写成"随笔"，题为"谈谈教案格式"。

第四章　小学课程评价

重点概念

- 课程评价
- 课程资源
- 课程资源评价
- 课程设计评价
- 课程实施评价

重点问题

- 课程评价哪些价值取向?
- 新时代课程评价的科学性应表现在哪些方面?
- 课程资源评价的基本内容是什么?
- 课程设计评价的基本内容有哪些?
- 课程实施评价的基本内容有哪些?
- 学生学习过程评价、学习成果评价的基本内容分别是什么?
- 小学课程评价的基本方法有哪些?

情境引导：课程评价可有可无吗？

新学期开始了，六年级语文教研组的老师们集中在一起，研讨如何制订新学期的"语文教学计划"。按照惯例，计划应分六个部分：原有基础分析；本册教材分析；本学期教学目标；教学基本策略；各单元具体要求；进度安排。

黄老师提出，这一计划的格式需要改革。他认为该计划只回答了"为什么教""教什么""怎么教"的问题，没有考虑"教得怎样"的问题，也就是说缺少课程评价预案。

黄老师的意见得到其他几位老师的赞成。张老师还补充说，应当用新的"课程"理念来取代原有的"教学"理念。

经过讨论，大伙儿决定对教学计划的格式进行改革：首先，将"语文教学计划"变更为"语文课程计划"；其次，该计划书主要回答四个问题，这四个问题分别指向"为什么教""教什么""怎么教"和"教得怎样"的问题。

同学们觉得这一改革有必要吗？为什么？

同学们要回答上述问题，必须先搞清以上新、老计划的区别。二者的主要区别是：老计划的名称是"语文教学计划"，新计划的名称是"语文课程计划"；老计划未涉及课程评价问题，新计划内含课程评价预案。新计划不仅有助于建立"大课程观"，而且将不应缺少的课程评价纳入。本章专门阐述课程评价问题。

第一节 课程评价概说

没有评价的课程，科学性是值得怀疑的，其改革、完善与发展也是缺少科学依据的；缺少评价的课程管理更谈不上是科学管理。可以说课程评价是课程运筹过程中不可或缺的重要组成部分。

一、课程评价的基本概念

从学科研究范畴的角度看，课程评价是教育测量与评价的重要组成部分。作为专门性研究领域，教育测量与评价已有100多年的历史。1904年桑代克（E.L.Thorndike）的名著《精神与社会测量导论》的出版，标志着相对独立的教育评价与测量理论的诞生。1934年至1942年，美国进步教育协会组织了课程理论与实践的"八年研究"。在这"八年研究"中，课程评价理论得以形成并趋于成熟。在以后的几十年里，美国课程评价的理论与实践、思想和方法逐渐推广到世界各国，新的评价模式不断涌现。我国大陆的课程评价研究始于20世纪80年代末，后又伴随新一轮基础教育课程改革的推进而逐步成为关注焦点和改革难点。

在课程实践中，人们对课程评价概念的理解，往往是随着对课程的认识而变化的。基于不同的课程观，国内外学者对课程评价的定义也是见仁见智。美国课程论专家泰勒（R.W.Tyler）认为，课程评价的实质是判定课程与教学计划对于教育目标的落实程度。英国课程论专家凯利（Carey）认为，课程评价旨在评估特定教育活动的价值和效果。我国已故学者施良方教授则认为，课程评价过程是研究课程价值的过程，它由判断课程在改进学生学习方面的价值的活动构成。[1]

总体而言，学者们比较一致的看法是：课程评价过程是一个价值判断的过程。不一致之处在于判断角度不同，判断依据各有侧重。

可以认为，课程评价是对课程条件、课程设计与实施的综合评价。对基层学校而言，其评价对象涵盖学校管理者、教师与学生，评价内容涵盖学校课程条件评价、教师课程设计与实施评价、学生学习效果与成绩评价。课程条件即课程资源，指教师设计和实施课程的客观条件。关于课程资源概念，后面将详细解释。

下面从不同角度阐释课程评价概念。

---

[1] 施良方：《课程理论：课程的基础、原理与问题》第149页，教育科学出版社1996年版。

（1）从词源研究角度看，"课程评价"是由"课程"和"评价"两个词组成的偏正词组，意指"针对课程的评价"。由于课程概念的界定众说纷纭，课程评价概念自然没有统一的诠释。这里倾向于从实践角度诠释课程概念与课程评价概念，认为课程是为促成学生的学习与发展、实现学校的培养目标而制订的具有一定学科知能范围的教学序列，其主要文本表现形式是课程计划、课程标准和教科书，其主要活动形式是逐步推进的"课"。课程评价是对课程设计、课程实施过程和课程资源的综合评价。

（2）从评价主体角度看，课程评价主体通常包括课程研制者、课程管理者、课程实施者和课程接受者四个方面。在新课程设计试验阶段，应该由课程专家、学科专家、教育心理学专家及资深教师组成评价群体，对新课程各种设计与设想的合理性进行比较和评判；在新课程推广实施阶段，应该由课程管理者、课程专家、教研人员、一线教师、学生及家长组成评价群体，从不同角度对新课程的实施条件和效果进行评估和反思，以期不断改进。不同的评价主体，因各自的需要和观念不同，对同一课程的价值往往有不同的判断。

（3）从评价对象角度看，课程评价的对象涵盖了诸多课程范畴与课程参与者。从课程范畴角度看，课程评价的对象，通常包括课程条件、课程计划、具体课程设计、课程实施、课程效果等诸种课程要素；从人的角度看，课程评价的对象涵盖了所有担当不同角色的课程参与者，包括课程条件关联者、教育行政管理者、课程管理者、课程设计与实施者、教育对象等。

（4）从评价功能角度看，课程评价的核心功能，在于帮助人们监督课程实施、改进课程管理、推动课程改革。在教育实践中，人们还常常借助课程评价，衡量教师的业务水准与学生的学业成绩。由此可以将广义的课程评价功能，概括为帮助人们监督课程实施、改进课程管理、推动课程改革、促进教师专业发展、促进学生发展五个方面。需要指出的是，这五个方面的功能，已经包含了促进课程资源建设、激励师生积极性这两个方面。

（5）从评价特性角度看，课程评价具有四个特性：一是实践性，即课程评价直接指向课程实践；二是包容性，即课程评价包容了多种课程范畴与众多对象，方法与手段也往往是多样的；三是整合性，即课程评价往往需要整合多种价值取向、评价主体、评价对象与评价手段；四是发展性，即课程评价的理念与方法，应随着社会的发展、课程改革的形势而与时俱进。

无论从哪个角度看，课程评价都是对课程条件、课程设计与实施的综合评价。课程评价最直接、最核心的内容，是检查课程设计结果与课程实施活动对课程目标、培养目标和教育目的的实现程度，为改进课程条件、课程设计、课程实施，促进教师专业发展创造条件。

二、课程评价的主要类型

从不同的角度，基于不同的标准，可以将课程评价分为不同的类型。

根据评价主体的不同，可把课程评价分为自我评价和他人评价两种类型。比如，有些教师上完课后，常在原教案后写上自己对原有课程设计的评价，这一评价就是自我评价。而他人对自己的课程设计、课程实施的评价，则属于他人评价。

根据评价主体身份的不同，又可将课程评价分为学生评价、教师评价、领导评价、社会评价等多种类型。学生评老师的课，属于学生评价；老师评自己、同事或其他老师的课，属于教师评价；教导主任、校长或其他领导评下属教师的课，属于领导评价；家长或其他校外人士评有关学校的老师的课，属于社会评价。

根据评价目的的不同，可把课程评价分为诊断性评价、形成性评价和总结性评价三种类型。诊断性评价，目的是发现问题；形成性评价，目的是了解学生知识、技能的掌握程度和能力的发展情况；总结性评价又称终结性评价，目的是衡量课程实施的阶段效果或最终效果。

根据参照标准的不同，可把课程评价分为绝对评价、相对评价和个体发展评价。绝对评价又称标准参照评价，指参照既有标准进行的评价；相对评价又称常模参照评价，指横向比较性质的评价；个体发展评价，指对被评价者纵向发展程度的评价。

根据评价结果表达手段的不同，可把课程评价分为定量评价和定性评价。前者以数字说话，后者用非数字的文字表达。

三、课程评价的价值取向

什么是价值取向？所谓价值取向，指辨别是非或甄别优劣时所选用的价值标准。价值标准不同，评价结论往往也不同。比如，对于"人是否可以吸烟"这一问题，如果从促进消费、推动经济发展价值角度思考，答案当然是肯定的；但如果从吸烟对健康造成的后果角度思考，答案则是否定的。

什么是课程评价的价值取向？所谓课程评价的价值取向，指评价课程条件、课程设计与实施时所选用的价值标准。课程评价存在帮助人们监督课程实施、改进课程管理、推动课程改革、衡量教师水平和促进学生发展五种功能，这五种功能正反映了课程评价可能存在的五种价值——课程监督价值、课程管理改进价值、课程改革价值、教师专业发展价值和促进学生发展价值。

人们在进行课程评价时，为什么会有不同的价值取向呢？答案是：课程评价的目的不同，课程评价的价值取向自然不同。举例说，如果为了促进师资队伍建设而进行课程评价，自然会看重课程评价的教师专业发展价值；如果为了提升学生的统考成绩而进行课程评价，自然会看重课程评价的促进学生发展价值。要注意的是，在教育实践中，不同的价值取向有时是互相排斥的，有时则是互相兼容的。

教育部颁布的《基础教育课程改革纲要（试行）》指出，课程评价改革的目标应是："改变课程评价过分强调甄选与选拔的功能，发挥评价促进学生发展、教师提高和改进教学实践的功能。"也就是说，基础教育课程评价的改革方向，是淡化课程评价的学生成绩甄别价值，强化其促进教师专业发展、促进课程改革、促进学生发展的价值。但是当前的基础教育课程评价改革，并没有较大突破；在价值取向上，仍然十分强调其学生成绩甄别价值，注重学生之间的成绩比较；在评价手段上，注重量化，注重分数，注重等级。所有这些，无疑会给学生心理造成巨大的压力，妨碍他们健康成长。

所以，必须为新时代的基础教育课程体系建立新的科学化的课程评价机制。新机制的科学性应表现在以下三个方面：

（1）在指导思想上，必须突出课程评价对于促进教师专业发展、推动课程改革的价值与功能，立足学生的成长与发展，着眼于教育质量的提升。

（2）在评价主体上，必须改变评价主体的单一性，调动学生主动参与课程评价的积极性，并注意建立由学校管理者、教师、学生、家长、社会多方面共同参与的评价机制，由此实现评价主体的多元化。

（3）在评价方法上，应从以下四方面进行改革：一是淡化终结性评价，强化形成性评价。要多进行即时性评价、"档案袋"式评价，以促进学生的动态发展。二是以定性评价为主，定量评价与和定性评价相结合。在定性评价中，应注重学习动机、行为习惯、意志品质等方面的评价。三是淡化学生之间的互相比较，强化个体自身的差异比较，包括同一课程不同方面的比较、不同课程成绩与能力的比较和不同时期成绩与能力的比较三个方面。这种评价可以为教师全面了解学生提供动态依据；也可以使学生动态地了解自己的实际情况，从而激发学习动力，改进学习策略，发挥学习潜能。四是淡化绝对评价，强化个体发展评价。绝对评价是对学生是否"达标"或"达标"程度的评价。这种评价是静态而死板的，而学生的发展则是动态和千差万别的，因此"达标"意识必须淡化。个体发展评价是鲜活、动态、贴近学生实际、能随时促进学生发展的评价；多采用这种评价，有利于促进众多学生在"最近发展区"的动态发展。

第二节 小学课程评价的基本内容

小学课程设计与评价课程，是培养或培训小学师资的教育专业课程。鉴于接受培养的未来教师和接受培训的在职教师一般不直接参与小学课程体系的设置与改革，并且有着不同的主修方向，这里所说的"小学课程"指小学各门具体课程，"小学课程评价"则指小学各门具体课程的评价。故小学课程评价应以特定课程的课程条件、课程设计与实施为评价对象。

一、课程资源评价

（一）课程资源的含义

1. 课程资源的概念

什么是资源？所谓"资源"，原指生产资料或生活资料的天然来源，当代人已经习惯于将一切可以利用的条件看作"资源"。

什么是课程资源？有人认为课程资源指形成课程的要素来源和必要而直接的实施条件，是一切对课程和教学有用的物质和人力[1]；有人认为课程资源是课程设计、实施和评价等整个课程编制和运作过程中可资利用的一切人力、物力和自然资源的总和[2]；还有人认为凡是能够促进学生发展的活动以及能被开发与利用的物质、精神材料都是课程资源[3]。这些解释有一个共同问题：只看到课程资源对课程运筹的意义，没有看到课程资源对课程运筹的限制。在普通教师的日常工作中，国家与地方有关部门的课程管理制度、既有的课程标准与教科书、学校的课程硬件设施、校内外的课程软件资源等课程资源，会从不同侧面制约教师的课程运筹。

我们认为，所谓课程资源，泛指影响课程筹划与运作的各种客观条件。这些条件既可用来促进课程运筹，又反过来制约课程的运筹。需要说明的是，有人将课程筹划者、运作者的主观理念也看成课程资源，我们认为如此泛化课程资源的概念，不仅容易混淆，而且对课程条件的优化毫无益处，所以我们仍将课程资源看成课程运筹的客观条件。

2. 课程资源的分类

依据课程资源的重要性，可将课程资源分成两个部分：一为基础资源；二为拓展资源。

---

[1] 钟启泉：《教师专业化：理念、制度、课题》，《研训参考》2005年第1期。
[2] 徐继存等：《论课程资源及其开发与利用》，《学科教育》2002年第2期。
[3] 肖川：《与新课程共成长》第143页，上海教育出版社2004年版。

所谓基础资源，指在通常情况下必不可少、缺一不可的软硬件资源，它包括教师（人力资源）、教室、座位、黑板、粉笔、教科书、课程标准、课程政策和必要的资金等。概括地说，基础资源包括人力资源、财政与硬件资源、软件资源三个方面。这些资源主要由国家及其教育行政部门、地方政府及其教育行政部门统筹解决，或由其创造条件予以解决。对于普通教师的课程设计工作、课程实施工作而言，影响最大的基础资源是课程标准、教科书和硬件设施三大资源。

所谓拓展资源，指基础资源以外可以与基础资源配套使用的各种课程资源，如学校传统、学校课程管理制度与教师专业发展管理制度、各种课程辅助设备、教风学风、各种校外可用资源（或称"社会资源"）等。显然拓展资源的建设者，主要是学校管理者与有关教师。

此外，还可以从其他角度给课程资源分类。

参照课程资源的物态，将课程资源划分为物质性资源和非物质性资源两大类型。物质性资源指具有物理形态的资源，如硬件资源、教科书资源等。由于货币可转化为具有物理形态的商品，而商品又可转化为课程资源，因此可以将财政资源看作特殊的物质资源。非物质性资源指没有物理形态的资源，如生活经验、校风班风、民间习俗、文化传统等。

还可以参照课程资源的来源，将课程资源划分为校内课程资源、校外课程资源和网络课程资源三种类型。校内资源包括校内的图书馆、实验室、标本、挂图、模型、录音、录像、幻灯、计算机、投影仪等各种可用于课程的资源；校外资源包括公共图书馆、博物馆、展览馆、科技馆、研究所、社会传媒、文化传统、民间习俗等可用于课程的社会资源和各种自然资源；网络资源则专指以网络系统为储存与传播载体的丰富多彩、浩如烟海的课程资源。

（二）课程资源评价的基本内容

所谓课程资源评价，指在课程评价过程中对即时性的课程资源利用和常规性的课程资源建设两个方面所进行的评价。

1. 课程资源利用评价

课程资源利用评价指对特定时间段内课程资源的利用情况的评价。如果你评价的是一个单元的课程，"课程资源利用"则指一个单元课程的课程资源利用情况；如果你评价的是一个学期的课程，"课程资源利用"当然指一个学期课程的课程资源利用情况。

为了对即时性的课程资源利用进行恰当的评价，评价者必须了解课程资源利用的基本要求。我们认为，课程资源利用应满足以下基本要求：

（1）充分利用可用资源。一般说来，课程资源的利用程度，不仅与课程内容的丰富性与吸引力高度相关，而且与实现课程目标的效率成正比。因此任课教师在课程设计与实施中，必须注意充分利用一切可用的课程资源，以丰富课程内容，增强课程的吸引力，提升课程的效率。如果放着唾手可得的资源不用，将课上得空洞而枯燥，这样的课程肯定是失败的课程；如果注意了课程资源的利用，但利用得不够充分，这样的课程仍然算不上优秀。为此，任课教师在课程设计中，有必要专门思考一下课程资源的充分利用问题。

（2）注意挖掘隐性资源。一般说来，实验室、图书馆、博物馆、教参、白板、多媒体计算机等物质性课程资源比较引人注目，比较受重视，利用率较高。而民族传统、风俗习惯、故事传说、方言俚语、社区风尚、学生父母的生活经历等具有重要意义和特殊意义的非物质性课程资源，往往具有不同程度的隐性特征，容易被人们忽视。因此在课程设计与实施中，必须注意挖掘隐性课程资源，以发挥其重要价值与特殊价值。

（3）注意采用媒体资源。媒体，通常指大众传播媒介。这里所说的媒体资源，包括报纸、杂志、广播、电视、互联网等生活中常见、常用的传播媒介。这类资源的特征：一是能随时反映社会生活热点；二是传播速度快；三是更新速度快；四是信息量大；五是信息的获取较为容易。由于具有这些特征，媒体资源对于课程设计与实施来说，具有特殊价值。刻意采用媒体资源，可以增大课程的信息量，并促进课程活动与社会生活的紧密结合。

（4）科学利用各种资源。这里的"科学利用各种资源"具有两层含义：其一，任何类型的课程资源都有其特点、优点与局限性，应当根据课程与资源的实际情况，将不同类型的课程资源结合起来利用，以实现不同资源之间的相互映衬、相互补充，促进学生的全面发展；其二，应从组建符合教育规律的课程实施过程、实现既定课程目标的需要出发，卓有成效地利用各种课程资源。

应从上述四个方面综合衡量课程资源利用的成败。

2. 课程资源建设评价

多数课程资源需要学校管理者与普通教师长期经营，努力建设。反之，学校无法高效而方便地享用课程资源。因此课程资源建设评价，应当成为课程资源评价的重要内容。

什么是课程资源建设？所谓"课程资源建设"，通常泛指学校管理者及有关教师为本校各门课程或特定课程的筹划与运作，创造、发掘、整理、优化、储存各种课程资源的行为或活动。所谓"创造"，指原来没有，由于课程建设者的创新性劳动，才将其创造出来。例如新校风的创造、教具的创造、课件的创造、试题库或教案库的创造，都属于课程资源的"创造"。所谓"发掘"，指发现和开掘早就存在，但没有引起重视或没能充分利用的课程资源。所谓"整理"，指将看似杂乱的课程资源整合进可直接利用的课程资源库。所谓"优化"，指对特定资源或整个资源库进行加工处理，使其更有内在价值，使用起来更为方便。所谓"储存",指借助特定的方式,将经过"创造、发掘、整理、优化"的课程资源,储存于课程资源库。需要指出的是,由于基础资源主要由国家及其教育行政部门、地方政府及其教育行政部门统筹解决,或由其创造条件予以解决,而拓展资源的建设者主要是学校管理者与广大教师,所以我们所说的"课程资源建设",主要指拓展资源的建设。

要评价课程资源建设,首先得了解课程资源建设的基本要求。我们认为,课程资源建设必须遵循以下基本原则:

(1)目标性原则。目标决定行动,课程资源建设只有有明确的目标,才能根据目标确定行动方向。对于普通教师而言,课程资源建设的目标通常指向特定课程的课程内容的丰富性与有效性,其最终目标是较好地实现该课程的课程总目标。

(2)经济性原则。就课程运筹而言,课程资源建设只是非核心的工作内容之一。在课程运筹过程中,这项工作不可能耗费过多的人力资源、物质资源与财政资源。因此在课程资源建设中,必须尽可能凭借最少的投入,获得最理想的效果。

(3)开放性原则。在课程资源建设中,必须以开放的心态对待大自然的各种馈赠和人类创造的一切文明成果,兼收并蓄各种有价值的资源。

(4)积累性原则。古人云:"不积跬步,无以至千里;不积小流,无以成江海。"课程资源建设的成就是不可能一蹴而就的,只有通过长年累月的不懈追求和由少到多的逐步积累,才能取得较为突出的成就。

(5)创造性原则。这里的"创造"有两层含义:一指在发掘、整理、优化、储存课程资源时,要注意发挥自己的创造性;二指通过制作教具、课件等行动直接创造课程资源。需要注意的是,课程资源建设中的创造,是不能单独进行的,它必须与各种非创造性的行动结合起来,共同为既有的课程资源建设目标服务。

(6)特色性原则。任何成就突出或成绩斐然的建设,都必然具有鲜明的特色,课程资源建设亦不能例外。事实上,课程资源建设在很大程度上是依靠特色取胜的。比如对于具体教师而言,可以凭借课程资源的丰富性取胜,可以凭借课程资源与既有教材的高度配套取胜,也可以凭借课程资源的高度信息化取胜,还可以凭借课程资源与当地经济、文化特征的融合取胜。需要注意的是,课程资源建设的特色,应尽可能与学校的办学特色或教师的兴趣爱好、个性特长相结合。

可从上述六个方面综合衡量课程资源建设的成败。

二、课程设计与实施评价

上文讨论了课程资源的评价,现在我们来讨论课程设计与实施评价。所谓课程设计与实施评价,指对一线教师的课程设计与课程实施表现的评价。

由于课程的实施活动通常是依课程设计进行的，可以说课程设计是课程实施的前提与基础，因此课程设计评价也是课程实施评价的前提与基础。由于这一原因，我们的讨论必须以课程设计评价为重点。

（一）课程设计评价

需要指出的是，普通教师的课程设计通常都以专题课程为设计单位，其课程设计主要是专题课程设计，因此常见的课程评价者所评价的，也应当是专题课程设计。在日常课程评价中，评价者应根据评价任务与需要，可以是专题课程、单元课程、时间段课程的评价。

由于课程设计是从课程目标设计、课程内容设计、课程实施方法设计、课程实施过程设计四个方面展开的，课程设计评价也应以这四个方面的设计为基本内容。由于不少教师课程设计方案的表述形式存在着这样或那样的问题，有必要在"课程设计评价的基本内容"中增加"表述形式评价"项目。由此可见，所谓课程设计评价，指对课程目标设计、课程内容设计、课程实施方法设计、课程实施过程设计、课程设计方案表述形式的评价。换句话说，这五个方面的评价，应是课程设计评价的基本内容。

本书第二章、第三章分别论述了课程目标设计、课程内容设计、课程实施方法设计、课程实施过程设计的基本要求，可以参照这些基本要求，评价这四者的成败。

1. 课程目标设计评价

一般说来，对课程目标设计的评价，其主要内容应包括以下三个方面：

（1）课程目标设计是否较好地贯彻了课程总目标与学段目标的基本精神？

特定课程的课程总目标与学段目标，是为满足社会需要与儿童发展需要，实现培养目标服务的，它们规定着特定课程的根本宗旨与基本任务，是特定课程全部教育活动的出发点与最终归宿。二者的不同之处在于：课程总目标更为概括，学段目标更切合特定年龄段儿童的身心发展水准。在评价专题目标的设计时，首先必须评价该目标与课程总目标、学段目标基本精神的一致性。

在评价过程中要注意的是，就一个专题课程的课程目标设计而言，不可能总是一一对应地落实课程总目标、学段目标中所界定的课程任务，设计者所能做到的只是相对灵活地贯彻课程总目标与学段目标的基本精神，有重点地落实课程任务。只有经过长时间、多专题课程的积累，才能全面而具体地贯彻课程总目标与学段目标的基本精神，落实和完成这两大目标中所规定的课程任务。

（2）课程目标设计是否从教材与学生的实际出发？

在进行课程目标设计时，设计者必须注意分析当前既有教材能帮助我们实现什么样的课程目标。在评价课程目标设计时，必须注意评价这一设计与既有教材的匹配程度。

另外，评价者要关注课程目标的设计是否从学生的实际出发。首先，课程目标的设计必须符合学生学习与成长的基本规律；其次，课程目标的设计必须注意满足学生最紧迫的需求；最后，课程目标的设计应面向大多数学生（尤其是中差生）。在评价课程目标设计时，必须注意判断这一设计是否切合学生的实际情况。

（3）课程目标设计是否简明、具体、可操作？

课程目标设计应当简明，让人一目了然；应当具体，以便将目标转化为任务；应当可操作，以便形成恰如其分的课程行动。

在进行课程目标设计评价时，必须注意衡量其简明性、具体性与可操作性。

2. 课程内容设计评价

一般说来，对课程内容设计的评价，其主要内容应包括以下四个方面：

（1）课程内容设计是否从课程目标出发？

课程目标包括受教育者的知识、技能、能力、情感态度与价值观四个方面的学习与发展，课程内容也应包括这四个方面的具体内容。但课程评价者需要注意：一个专题的课程内容设计，不可能在上述四个方面平均使用力量，必须有所侧重；人们所能做的，只能是既有所侧重，又尽量兼顾上述四个方面的学习与发展。

（2）课程内容设计是否以教材为基础？

这里的"教材"，指教科书，也就是课本。在绝大多数情况下，课程内容设计都应当以发到学生手中的课本为基础。

课程评价者需要注意的是，在课程内容设计中，对教材进行必要的处理，不仅是可以的，有时甚至是必要的；在选择和组织课程内容时，暂时性地脱离教材，也未尝不可。我们反对的是，经常性地过多地游离教材。

（3）课程内容设计是否以生活为源头活水？

课程评价者应检验其课程内容与生活的紧密程度。回归生活，是课程改革的重要指导思想。课程内容的设计，必须尽可能以社会生活与儿童生活为源头活水。

（4）课程内容设计是否兼顾学生的心理需求？

这里的"心理需求"，第一，指学生的兴趣指向；第二，指学生心理健康发展的实际需求。

当前我国正在进行的基础教育课程改革的目标指向是"为了中华民族的振兴，为了每位学生的发展"。[①] 只有注意兼顾学生的心理需要，课程内容的设计才有较强的针对性，才能获得较好的教育效果。

---

① 钟启泉、崔永漷、张华：《为了中华民族的复兴为了每位学生的发展：基础教育课程改革纲要（试行）》，华东师范大学出版社2001年版。

3. 课程实施方法设计评价

一般说来，对课程实施方法设计的评价，其主要内容应包括以下三个方面：

（1）课程实施方法设计是否以课程目标为依据？

目标与任务，决定方法与手段；有什么样的目标与任务，就有什么样的方法与手段。课程实施方法是为实现课程目标服务的，课程评价者应关注其选择与设计是否从实现课程目标的需要出发。

（2）课程实施方法设计是否从客观条件出发？

这里的"客观条件"指教师的从教条件、学生的学习条件、课程内容的性质与容量、可用于教学的时间、所在学校的课程实施条件等五个方面的条件。对于具体教师的具体课程而言，没有最好的课程实施方法，只有最适用的课程实施方法。课程实施方法的设计评价，必须从上述五个方面的实际条件出发。

（3）课程实施方法设计是否注意不同方法的结合？

任何课程实施方法都有其特点、优点与局限性，都有其适用范围，只有将不同课程实施方法的使用结合起来，打"组合拳"，才能扬长补短，提升课堂教学的有效性。

4. 课程实施过程设计评价

一般说来，对课程实施过程设计的评价，其主要内容应包括以下三个方面：

（1）课程实施过程设计是否从实现课程目标的需要出发？

就特定的专题课程而言，其课程目标总是有重点的。要从实现重点课程目标的需要出发，构建课程实施过程。

（2）课程实施过程设计是否从课程内容的实际出发？

课程实施过程的组构元素，是有特定课程内容的单项课程活动。由于每一单项课程活动都有特定的课程内容，构思单项课程活动，并将不同的单项课程活动组合为相对完整的课程实施过程，都得从课程内容的实际出发，因此评价者对课程实施过程设计的评价，必须从课程内容的实际出发。

例如，较难理解的课程内容，需要形象化、直观化的课程实施环节和由浅入深的课程实施过程；技能培养类的课程内容，需要生动活泼的多形式的反复训练；能力培养类的课程内容，需要围绕学生的自主活动，构建问题解决性质的课程实施过程。

（3）课程实施过程设计是否从学生的学习规律出发？

设计课程实施过程，旨在科学引导学生学习，以高效率地促进学生的成长与发展。为了达到这一目的，课程实施过程的设计必须从学生的学习规律出发。

评价课程实施过程设计，首先从学生学习的普遍规律出发，其次从不同年龄段儿童的学习规律出发。

学生学习的普遍规律是：每一专题的学习，通常都要经历感知学习内容、理解学习内容、巩固新获知识与技能、运用知识与技能四个阶段。课程实施过程的设计者必须注意把握和利用这一规律。

不同年龄段的学生，其学习条件也是不同的。小学低年级儿童的注意能力、逻辑思维能力、自学能力、学习习惯等，与高年级儿童相比，有较大差距。设计课程实施过程时，必须注意这种差距。

5. 课程设计方案表述形式评价

专题课程的设计落实于书面，就形成我们常说的教案。不少书面课程设计，设计本身挺好，有的甚至称得上"优秀"，但表述形式却有明显问题。我们所见到的书面课程设计，常见问题有：

（1）格式不统一。关于教案格式，没有特定的统一的格式，但一个基层学校、一个教研组甚至一个人，其教案格式可以大体统一使用同一教案格式。

（2）格式条目不合逻辑。一些教案，或格式条目的设置不合逻辑，或格式条目的顺序不合逻辑，或者条目、子条目的序号不合逻辑，或者兼而有之。

（3）内容陈述格式混乱。在教案中，不同性质的设计，其文字表达都应当有不同的格式。例如，课程内容应当直接表述；注意事项应当用括号注明；板书设计或者用括号标注（板书内容应加引号），或者用方框标示，或者借助专门条目，置于教案最后。在不少教案中，不同性质的设计，其文字格式常常是混乱的。

（4）句、字、标点有问题。一些教案，或者句子不通顺、规范，或者有错别字，或者标点符号使用不当。

综上所述，在进行课程设计评价时，有必要专门评价一下：同一教研组或同一个人，教案格式是否大体统一？教案格式是否妥当？不同性质的内容的陈述，是否有不同的格式与合理的区别？文句是否通顺、规范？是否存在错别字与错误的标点？这四个方面的评价，正是课程设计方案表述形式评价的主要内容。

这一评价，对于提升教师素养，促进教师专业发展，具有重要意义。

（二）课程实施评价

前文曾介绍过：对普通教师来说，所谓课程实施，指立足既有资源条件，按既有课程设计展开日常教学的教育实践。

课程的实施，受课程资源、课程设计、教师基本素质与业务水平三大要素制约。上文已经系统而深入地讨论了课程资源的评价、课程设计的评价，现在讨论课程实施评价。

课程实施的重要因素是教师素质与业务水平。毋庸讳言，同样的资源条件，同一份课程设计，不同的教师会有不同的课堂表现，会有不同的教育效果。通俗地说，所谓课程实施评价，指对教师课程实施临场表现的评价。在课程实施评价过程中，可以透过教师的临场表现，间接评价教师的基本素质与业务水平。事实上，在评价教师课程实施临场表现时，如果只就事论事，不涉及教师素质与业务水平，这种评价就没有多少意义。因此我们认为课程实施评价的基本内容，应包括教师临场表现评价、教师基本素质与业务水平评价两个方面。

1. 教师临场表现评价

教师临场表现评价可以从以下两个方面展开：

（1）课程活动的引导是否切合学生学习的心理规律？学生的感知、注意、思维、想象、记忆等活动，都是有规律的；知识的掌握、技能的形成、能力的发展、情感态度与价值观的培养，也是有规律的；学生的阅读、听讲与讨论，观察、模仿与创造，同样是有规律的。教师在课程实施过程中的临场表现，应当切合这些规律。

（2）能否妥善处理预设与生成的辩证关系？

预设与生成是两个相对的概念。预设即预先设计，生成指临场产生。课程实施过程中的课程目标、课程内容与师生活动方式，应当是预设的，即事先设计好的；但事先设计好的，不等于是不可变更的，如果在课程实施中发现原有设计有问题或不适用，或者在课程实施过程中突然产生事先没有料到的更好的教育机遇，教师可以视情况临场调整课程目标、课程内容或师生活动方式，以收到更好的教育效果。

要注意的是，在日常教学实践中，教师首先得尊重原有的课程设计，不能经常地或过多地临场更改课程实施计划。其次，只有在确信有必要更改课程实施计划，且更改后能收到更好教育效果情况下，才能临时生成新的课程目标、课程内容或师生活动方式。

课程目标、课程内容、师生活动方式的预设与生成，既反映了课程的计划性、系统性，又反映了课程的偶然性、艺术性，二者应相互补充、相辅相成。

2. 教师基本素质与业务水平评价

教师的基本素质，包括知识素质、职业技能素质、能力素质、心理素质、品德素质和身体素质六个方面。在课程实施评价中，可以透过教师的临场表现，对教师这六个方面的素质进行简要评价，以促进教师基本素质的提升。

教师的业务水平，包括学科专业水平与教育专业水平两个方面。所谓学科专业水平，指主修学科的专业水平，如语文水平、数学水平、英语水平等。所谓教育专业水平，指作为教育者的教育教学水平。在课程实施评价中，可以通过教师的临场表现，从特定角度对教师的学科专业水平和教育专业水平进行简要评价，以促进教师的专业发展。

三、学习过程与成果评价

课程资源评价，针对的是学校管理者与普通教师；课程设计与实施评价，针对的是普通教师；而学习过程与成果评价，针对的却是被教育者。

（一）学习过程与成果评价的意义

为什么要对学生的学习过程与学习成果进行评价？可以说对学生学习过程与成果的评价，具有多方面的意义；对不同的人来说，这一评价有不同的意义。

对学校管理者来说，评价学生的学习过程与学习成果，是为了了解学生的学习情况与课程效果，以改进和完善管理理论、管理机制与管理制度。

对普通教师来说，评价学生的学习过程与学习成果，是为了更准确地把握学情，更准确地了解学生的平均成绩与学习成果方面的个别差异，以促进课程资源的建设，改进课程设计，提升课程实施质量，促进自身的专业发展。

对学生来说，评价其学习过程，可以帮助他们了解自身学习行为的优劣，为改进学习行为创造条件；评价其学习成果，可以激发其学习积极性。

对学生家长来说，评价其子女的学习过程与学习成果，可以帮助他们了解孩子的学习情况与学习成果，以促使他们重视家庭教育，帮助他们端正教育理念，优化教育策略。

上述四个方面的意义，也是学习过程与成果评价中可能存在的四种价值取向。这四种价值取向，既可以独取其一，又可以兼而有之。

（二）学习过程与成果评价的基本内容

1. 学习过程评价的基本内容

（1）学习动机评价。即对学生是否有学习动机、有什么样的学习动机、有多强烈的学习动机做出判断与评价。

（2）学习积极性与参与热情评价。

（3）学习方法评价。可以静态地评价其学习方法的合理性，动态地评价其学习方法的成长性。

（4）协作精神与合作能力评价。团队精神与合作能力，对学业的成败、事业的成功、人生的幸福具有重要意义。学生的学习，既需要与教师协作，又需要与同学合作，因此有必要对学生学习中的协作精神与合作能力进行简要评价。

2. 学习成果评价的主要内容

（1）常模参照评价。常模参照评价又称"相对评价"，指横向比较性质的评价。在学习过程与成果评价中，有必要通过横向对比，判断被评价者学习过程与成果的优劣。

（2）标准参照评价。标准参照评价又称"绝对评价"，指参照既有标准进行的评价。在学习过程与成果评价中，这种"既有标准"应反映在课程标准规定的课程目标之中。应当参照课程目标，评价学生的学习过程与学习成果。举例来说，如果要评价某单元教学中学生的学习过程与学习成果，你应当参照单元目标来评价。

（3）个体发展评价。个体发展评价，指对被评价者纵向发展情况的评价。应当将学生当前的学习过程与学习成果同其过去的学习过程与学习成果进行有的放矢的比较，以判断其进步的快慢与成长的优劣。对学生的学业进步与身心发展来说，这一评价比前两种评价更有实际意义。

对于课程评价来说，上述三种不同类型的评价有着不同的内容与意义。在课程评价实践中，这三种评价应当相互配合、相互映衬，以更好地促进学生的学习与成长。

本节详细而深入地讨论了课程资源评价、课程设计与实施评价、学习过程与结果评价。在课程评价实践中，这三种评价应当是一个相辅相成、互为补充的整体。

需要强调的是，在一般情况下，课程评价应以课程设计为切入点和重点，应以提升课程质量为直接目标，以提升管理水平、促进教师专业发展、促进学生成长为间接目标。在课程评价实践中，还应根据需要，将全方位评价与专项评价结合起来，以达到既定的评价目的。

第三节 小学课程评价的基本方法

所谓课程评价方法，指在课程评价中为达课程评价目的而采用的工作手段或行为方式。在宏观层面，它泛指各种旨在了解和评价课程的方法；在中观层面，它与某些专家所说的"课程评价模式"相通；在微观层面，它指具体的操作手段。

关于课程评价的基本方法，人们做过各种各样的研究，有着各种各样的表述。在课程评价实践中，相对常见、相对实用的课程评价方法，有资料查阅法、问卷调查法、听课评课法、座谈访谈法、考试考查法等方法。

一、资料查阅法

所谓资料查阅法，是指通过查阅学校课程管理文档、教师课程运筹计划、课程设计方案、试卷、学生学业档案、学生课堂笔记、课堂与课外作业、教师成绩记载等资料，了解和掌握直观而生动的第一手资料。

显然，可以查阅的资料很多，到底需要查阅什么资料，或者应当重点查阅什么资料，取决于课程评价的目的。

如果为了了解和促进各校的课程管理而进行课程评价，学校的课程管理文档就应当成为查阅的重点；如果为了促进各校课程质量的提升而进行课程评价，那么学校的课程管理文档、教师的课程设计方案应当成为查阅重点；如果为了提升本校教师的业务水平、推进师资队伍建设而进行课程评价，那么本校教师的课程设计方案、试卷等应当成为查阅重点；如果为了了解学生的学习、促进学生的学习与成长而进行课程评价，那么学生的学业档案、课堂笔记、课堂与课外作业等应当成为查阅重点；如果两种或多种目的兼而有之，则需要查阅多种资料。

二、问卷调查法

问卷调查法，简称问卷法，指借助书面调查，了解课程意见与课程实施效果的方法。

可以根据调查内容的不同，将问卷调查分为意见调查与事实调查两种类型。前者调查学校管理者、普通教师、学生及学生家长对课程资源、课程设计、课程实施、课程评价的意见；后者调查事实上的课程实践与课程实际效果。如果既有意见调查，又有事实调查，可称为混合调查。大多数问卷调查属于混合调查。

一份完整的问卷，通常包括标题、前言、指导语、问题与答案、结束语六个组成部分。"标题"要高度概括调查内容，同时不能使用刺激性的词句。"前言"说明事情原委，概括调查目的与调查内容，解释可能存在的疑问，激发被调查者的答题热情。"指导语"指导被调查者填写问卷，并说明注意事项。"问题与答案"是问卷的主体。"问题"的设计要具体、简明、通俗、逻辑严密。其基本类型有封闭式、开放式两种。封闭式问题应附两种至四种可选"答案"；开放式问题只有问题，没有"答案"，以便被调查者自己写"答案"。"结束语"一方面指导被调查者陈述额外的事实与意见，另一方面向被调查者表达谢意。

一般说来，问卷的基本内容应当包括"基本资料""行为表现""意见资料"三个组成部分。"基本资料"部分收集被调查者的基本情况。为了提高调查的可信程度，一般不要求被调查者在"基本资料"里注明自己的姓名。"行为表现"

部分收集有关人士在课程活动中的行为表现。这种行为表现可以是被调查者自己的，也可以是被调查者所目击的。"意见资料"部分收集被调查者对有关课程的各种看法、意见与建议。在课程评价中，如果收集学生的"意见资料"，则可以顺便调查学生的人生理想、学习动机、兴趣爱好与学业难题。

在课程评价中，如果需要采用问卷调查法，问卷的编制最好在课程专家与教育科研专家的指导下进行。

三、听课评课法

（一）听课

听课有两种听法，一是听随堂课（又称"随堂听课"），二是听公开课。听随堂课，具有随机抽样调查特性，事先既没有时间约定，又没有约定听谁的课，因此听随堂课带有检查色彩或实时实地调查色彩。公开课是带有示范特性或专题研究特性的课，这种课由谁上，什么时候上，都是事先约定好的，因此绝大多数的公开课是经过精心准备的（极少数专家级教师的课有可能例外）。听公开课，要么是为了学习，要么是为了研究。对于课程评价者来说，听课的目的并不是学习与研究，而是调查课程实施情况，因此课程评价者所听的课，应当是随堂课。

在课程评价中，听随堂课的数量，主要取决于评价目的与可用时间。如果为了了解和评价某校的课程实施情况而听课，应当多听几节随堂课，并且注意听不同的课、不同教师的课。如果为了了解某个教研组的课程实施情况而听课，则应选听该教研组几位具有代表性的教师的随堂课。要注意的是，听随堂课具有随机抽样调查的特性，而随机抽样需要足够的样本容量，因此如果时间允许，应当多听几堂课。

在听课前与听课中，要做好如下三项工作：

其一，设计课堂评价指标体系。在听课之前，要设计好评价指标及各指标的评判标准，并确定各项指标的权重。

其二，制订课堂观察计划。在课堂观察中，课程评价者将长时间聚焦于师生的课程活动，这种聚焦应有周密的计划、务实的操作。在进入课堂前，应制订切实可靠的课程观察计划。在课程观察计划中，要注明观察目标、追踪重点、使用工具、观察程序、注意事项等。

其三，做好实时记录。为了便于做实时记录，课程评价者进入课堂时，要选择好观察位置和角度，准备好记录工具。在观察过程中，要认真做好课堂实录，以尽可能收集到比较详尽的第一手资料。

（二）评课

在课程评价中，听课的主要目的是为评课打基础，因此听课后一定要有评课。

评课角度的选择，取决于课程评价的目的。如果是为了促进教师业务水平的提升而进行课程评价，就应当从教师角度评价课程实施情况；如果是为了提升课程管理水平而进行课程评价，则应当从管理理念、管理机制、管理制度角度评价课程实施情况；如果是为了促进学生的学习与发展而进行课程评价，则应从学生学习与发展角度评价课程实施情况；如果兼有不同目的，则应分别从不同的角度评价课程实施情况。

在常见的小学评课实践中，某些一线教师和课程管理者往往从课程目标、施教过程、课程实施效果角度评价教师的授课质量。他们首先看课程目标定位是否准确、具体、清楚；其次看课程实施过程是否具有科学性、艺术性和教育性，课程实施方法的使用是否合理；最后看课程实施效果是否达到预定目标，是否有效促进学生的知识、技能、能力的发展和情感态度与价值观的培养。这种评价着眼于"目标—过程—效果"，简明而易操作，比较通用。在常见的小学评课实践中，除了"目标—过程—效果"评价模式外，还存在着其他类似的模式。

不过对于比较专业的课程评价来说，此类模式过于简单了。在比较规范的课程评价中，评课前要做好以下工作：

其一，处理好听课时所获得的数据。课堂观察结束后，课程评价者应及时统计、分析所得数据，为形成评价结论做准备。对于简单具体的行为观察数据，可以根据记录直接推算出频数与百分比。对于复杂的行为观察数据，可以借助计算机进行数据分析，并绘制比较直观的图表。

其二，进行归因分析。在归纳基本数据的基础上，参考各类资料，分析师生的课堂表现主要特征的产生原因。

其三，形成评价意见。要根据评价目的，在归纳观察数据、分析内在因果关系的基础上，经过讨论，形成有理有据的课程评价意见，并顺理成章地提出建设性的建议。在这个过程中，要注意以事实为依据，以促进发展为目的，既不可主观臆断，又不可过多贬斥。

四、座谈访谈法

通过谈话方式，可以更深入、更全面地了解学校或教研组的课程资源建设、教师的课程设计与实施、学生的学习过程与成果，更中肯、更全面地进行课程评价。在课程评价中，这种"谈话方式"包括座谈法与访谈法两种形式。

所谓座谈法，指召集学校管理者、教师、学生或其他人员，以座谈会方式了解和评价学校或教研组的课程资源建设、教师的课程设计与实施、学生的学习过程与成果。这种方法便于有关人员畅所欲言，有助于课程评价者全面而深入地了解课程实施效果及其产生原因。

所谓访谈法，指借助随机性访谈或专门性约访，了解课程实施效果及其产生原因的方法。这种方法的特点，一是方便，二是话题灵活，三是随机性与随意性较强。由于具有这些特点，访谈法不宜用作主要的课程评价方法，只能用作其他方法的补充。

五、考试考查法

这里的考试考查，指特定时间段内对学生学业成绩或学习成果的考试与考查。在课程评价中使用这一方法，能相对客观地了解课程实施效果。

考试法，是大家再熟悉不过的方法了。要注意的是，考试法是有很大局限性的。首先，考试并不能全面衡量课程的实施效果与学生的学习结果。例如学生在情感态度与价值观方面的进步，就很难通过考试来衡量；学生口头表达能力、观察能力、创造能力、合作学习能力、自学能力的发展，也很难通过考试来衡量。其次，考试具有较大的偶然性，仅凭一次考试往往很难准确地测量到学生的真实水平与学习成果。最后，过多地运用考试法，会不同程度地损害学生的心理健康，影响其基本素质的和谐发展。因此我们反对在课程评价中过多地运用考试法。

运用考查法可以在相对宽松的气氛中检查和评定学生的学业成绩或学习成果。所谓考查法，指通过综合性作业评价、专题作业评定、实践成果查验、口试、开卷考试等形式检查学生学业成绩或学习成果的方法。这种方式，既能像考试一样检查和评定学生的学业成绩和学习成果，又能相对减轻学生的思想负担。

上述五种常用的课程评价方法，各有其特点、优点与缺点，因而也各有其适用范围。到底采用何种评价方法，一要从需要出发，二要从可能出发。为了扬长避短，应注意将各种方法结合起来使用，使不同的课程评价方法能够相互补充。

本章小结与研究性学习

一、本章小结

本章阐述了课程评价的基本概念、主要类型与价值取向，论述了课程评价的三大基本内容——课程资源评价、课程设计与实施评价、学习过程与成果评价，介绍了小学课程评价的基本方法。希望同学们、老师们能够在理解课程评价内涵的基础上，凭借宽广的视野、科学的方法，尝试性地评价当代小学课程实践与我国基础教育课程改革。

二、研究性学习

（一）讨论

1. 什么是"资源"？你所知道的课程资源有哪些？这些资源应如何分类？评价课程资源的目的应是什么？

2. 课程评价常用的资料查阅法、问卷调查法、听课评课法、座谈访谈法、考试考查法，各有何优点与缺点？怎样才能扬长避短？

（二）专题研究

当今信息时代，存在着大量网络化课程资源。互联网的普及，使广大中小学教师能够自由、方便、快捷地获得大量可选、可加工的课程资源，学生也能较方便较自由地获得学习资源；但是网络也会带来许多问题与挑战，甚至带来严重危害。请同学们就此话题相互交流一下自己的看法和切身体会。

第五章　小学语文课程的设计与评价

重点问题

- 本章分别介绍了哪些阅读课程实施方法、习作课程实施方法?
- 阅读课程实施过程、习作实施过程(含写话、记实作文、想象作文、应用文的写作),分别包括哪些基本步骤?
- 语文课程资源评价的基本内容有哪些?
- 学生语文学习的基本规律是什么?
- 语文课程设计与实施评价的应有思路是什么?
- 学生语文学习过程与成果评价的应有思路是什么?

情境引导：语文教师的职责

一天，几位语文教师在办公室聊天。

李老师说："我这儿有一份2010年9月8日出版的《教育文摘周报》，上面刊登了一篇报道：根据2009年对21个国家的调查，中国孩子的计算能力排名第一，想象能力排名倒数第一，创造力排名倒数第五。在中国的中小学生中，认为自己有好奇心和想象力的只占4.7%，而希望培养想象力和创造力的只占14.9%。"

王老师说，她曾看到过一个报道，说曾有心理学家对中国人、美国人、犹太人的记忆能力、想象能力进行对比研究，发现中国人记忆能力优秀，想象能力一般，美国人想象能力优秀，记忆能力一般，而犹太人二者都优秀。王老师还说，她前些时看《20世纪的伟大发明》，发现没有一项伟大发明来自中国人。

张老师认为，中国人的想象力确实是智力结构中的短板，语文教师必须重视想象力的培养。

赵老师则认为，中国人想象力的缺乏，原因是多方面的。语文教师的首要职责不是培养学生的想象能力，而是培养他们的听、说、读、写能力。

同学们怎么评价上述讨论？对这一问题的看法，与我们的语文课程设计理念有关。同学们仔细思考一下，也许会发现：张老师与赵老师的观点并不矛盾。

本章阐述小学语文课程的设计与评价。

第一节 小学语文课程的设计

什么是"语文"?"语文"是语言、文字、文学的合称或简称。

由于语文具有两大基本要素,一是工具要素,二是人文素养要素,语文课程也相应地具有两大基本教育使命,一是帮助学生掌握语文工具,二是提升学生的人文素养。换句话说,语文教育的基本使命,一是培养和发展学生的语文能力,二是发展和提升学生的基本素质。

一、语文课程设计的准备

语文课程标准、教材和学情这三个词语,是语文课程设计准备的"主题词"与"关键词"。

(一)学习语文课程标准,准确把握语文课程性质

语文课程标准是语文课程活动的出发点,它规定了语文课程的基本目的、基本内容与基本要求。必须在语文课程标准的统领与规范下,进行语文课程资源建设、语文课程设计、语文课程实施与语文课程评价。

2011年颁布的《义务教育语文课程标准(2011年版)》(以下简称《语文课程标准》),重新回答了"语文课程是什么课程"的问题,认为语文课程"是一门学习语言文字运用的综合性、实践性课程"。这句话可作如下理解:

1. 语文课程的使命是引导学生学习语言文字的"运用"

语文课程不只是学习"语言"和"文字",而是学习语言文字的运用。

《语文课程标准》的导语说:"语言文字的运用,包括生活、工作和学习中的听、说、读、写活动以及文学活动。"也就是说,"语言文字的运用"包括实用性的运用和艺术化的运用两个组成部分。

实用性的运用具有实用特征,其目的是应对生活、工作和学习中的实际事务。换句话说,在日常生活中,人们需要运用语言文字获取信息,与他人交流、沟通,如听取某个方面的报道或演讲,阅读某个产品的使用说明书或某个课题的研究报告,向别人表达学习、工作、生活上的要求,陈述自己的意图,讲述自己的建议,等等。所以在语文课程中,应引导学生借助语言文字,准确、熟练地从别人的语言材料中获取相关信息,借助语言文字恰当地表达自己的想法,以进行有效的交流与沟通。

艺术化的运用具有艺术特征,其目的是形象化、创造性地运用语言文字,表

达自己对人、事、物、景的感受、体验和思考，并抒发自己的情怀。日常生活中的文学阅读、文学欣赏、文学创作与文学评论，都离不开语言文字的艺术化运用。文学阅读、欣赏、创作与评论，有利于提升语言文字的运用水准，有利于增强对语言文字的敏感性和感受力，有利于发展对语言文字的感受能力和驾驭能力。例如仔细阅读《珍珠鸟》《桂花雨》《爱如茉莉》等课文后，必然会对作品的语言有所体味，对作品的表达意向、情感态度、审美旨趣和思想内涵有各种各样的丰富的感悟。从事文学欣赏，是为了满足认知需要与审美需要。在文学欣赏中，人们常常在理解文学作品的基础上，学到很多东西。文学创作则通过富有创意的语言文字，准确、细致、艺术地表现作者所要展现的现实世界与想象世界，表达独特的精神诉求。

学习语言文字的运用，是为了发挥语言的固有功能与基本功能。在语文课程中引导学生学习语言文字的运用，应使其工具目标"落地生根"，使人文目标"如影随形"，以促成学生对母语及其文化的深刻理解和认同，将课程标准所说的"语文素养的发展"落到实处。

2. 语文课程是综合性、实践性课程

语文课程成为综合性课程，是因为语文课程涉及了人与社会多方面的物质生活和精神生活，涉及了语言、文字、文学、艺术、科学、道德、宗教、法律、历史等多种文化要素，综合着拼音、文字、阅读、写作等多方面的课程任务，内含着听、说、读、写多方面的技能训练。

语文课程成为实践性课程，一方面是因为学习语文的目的是为生活实践与社会实践服务，另一方面是因为语文学习只能在听、说、读、写的实践中进行。

（二）熟悉教材体例，分析教材内容

语文教材是依据语文课程标准编写的。教材有广义和狭义之分。广义的教材是指供教师参考或儿童阅读的各种书籍、资料，包括课本（教科书）、教参、练习册、活动册、音像资料等各种教学材料。狭义的教材就是课本。这里所讲的教材指狭义的教材，即课本。它是语文课程的核心教学材料。国内的语文教材版本比较多，包括人民教育出版社的语文教材，简称人教版语文教材；江苏教育出版社的语文教材，简称苏教版语文教材；北京师范大学出版社的语文教材，简称北师大版语文教材；等等。

我国义务教育语文课程，包括识字与写字、阅读、习作、口语交际和综合性学习五大领域。这一分类通常也体现在语文教材之中。

不同语文教材的编排体例也有所不同。比如，人教版语文教材通常围绕专题整合教学内容。每册有八个专题单元。每个专题单元都有特定的训练目标和训练重点。专题不同，课文也各显风格与特色。苏教版语文教材的内容序列，包括

"培养良好的学习习惯"、"汉语拼音"（一年级）、"识字与写字"（低年级）、"课文"与"习作"、"单元练习"（含口语交际和综合性学习）等项目。每一个单元都有隐性线索，以帮助教师形成整体结构理念。北师大版语文教材以"主题单元"为编排单位，"主题单元"由"主体课文"和"语文天地"两部分构成。其单元体系是一种相对独立的综合性语文学习体系。

虽然各种版本的教材编排体例不同，但分析教材总可以从语文课程的五大领域入手。

在识字与写字领域，应思考和分析特定时间段内能给多大的字词量，怎样才能帮助学生掌握字的读音、含义、字形结构与用法。在阅读领域，应思考和分析如何借助所要学习的语言、文字和作品，引导学生掌握语言文字的运用规律，使他们学会根据目的、对象和语境，有效地获取信息，恰当地表达与交流。在习作领域，应思考和分析如何引导学生"自主表达""自由表达""创造性表达"，引导学生掌握哪些独特的表述方法与表述技能，如何把意思表达得清楚、完整、通顺、连贯、生动。在口语交际领域，应思考和分析如何在具体的交际情境中进行听与说的训练。在综合性学习领域，应思考和分析如何借助综合性学习专题，引导学生自主设计学习活动，如何引导他们卓有成效地开展自主性学习实践。

在制订课程计划时，要充分考虑教材内容的系统性，并把握好课程内容的重点与难点。

（三）了解学生的发展状况，熟悉学生的学习背景

在进行课程设计前，还得了解我们的教育对象，了解学生的身心发展状况，熟悉学生的学习背景（即学习基础）。

什么是"发展状况"？在教育学中，人的"发展"指身心的发展；对于基础教育来说，学生身心的"发展"与基本素质的"发展"是一回事。在上一章，我们讲过，教师的基本素质包括知识素质、职业技能素质、能力素质、心理素质、品德素质和身体素质六个方面。在基础教育中，学生的身心发展或基本素质发展同样包括知识、技能、能力、心理、品德、身体六个方面。如果忽略身体素质，并且将心理素质、品德素质合称为"情感态度与价值观"，就形成包含知识、技能、能力、情感态度与价值观四大核心要素的素质结构。毫无疑问，语文课程的设计必须从学生的身心条件出发，必须切合其基本素质的发展水准。在进行语文课程设计之前，必须了解学生与语文学习有关的知识（如课文背景知识），技能（如有关听、说、读、写的技能），能力（如思维能力、自学能力、合作学习能力），情感态度与价值观（对语文学习的情感态度或对有关人物、事件的情感态度与价值观）的发展现状。

什么是"学习背景"？"学习背景"泛指影响学习的各种因素，包括身心发展状况、社会背景、社区背景、家庭背景、学校背景、班级背景等。不同学段的

学生，其学习背景是不同的。即使在同一学段，不同学生的学习背景也存在差异。了解学生的学习背景，既要面向全班学生，也要面向每一个独立的个体。

学生的语文学习背景，包括语文知识背景、语文能力背景、语文学习方法与习惯背景、语文群体学风背景、语文学习家庭环境背景五个方面。在设计语文课程时，必须充分考虑这些背景因素。

二、语文课程目标的设计

在熟悉语文课程标准、分析语文教材、掌握学生学情后，我们就可以进行语文课程设计了。在进行语文课程设计时，首先得回答"我的课要达到什么目的"或"我要完成什么任务"问题，这就牵涉到课程目标的设计。

普通语文教师要设计的课程目标，主要是单元目标和专题目标。

（一）单元目标的设计

单元目标，指一个相对独立的课程单元的教学目标。

对于语文教材来说，一个单元应当包括一组精读课文、若干略读（或称"泛读"）材料、一至两次专题口语交际练习、一至两次习作练习、一至三次综合性学习。例如人教版小学《语文》三年级上册的第一单元，包含了《我们的民族小学》《金色的草地》《爬天都峰》三篇精读课文；略读材料有《槐乡的孩子》《语文园地》；口语交际专题是《我们的课余生活》；习作任务是"写课余发生的有趣的事，高兴的事，或者愿意写的其他事情"；综合性学习共有三次，分别安排在《我们的民族小学》《爬天都峰》《语文园地》的学习之中。

上述单元的课程目标，可以从如下五个方面陈述：

1. 在识字与写字领域，引导学生会认12个生字，会写37个生字和46个词语。要理解词语的意思，并且熟练运用。

2. 在阅读领域，引导学生读懂课文，体会童年生活的多姿多彩，感受大自然的生活乐趣；学习略读、粗知文章大意的方法；抄写和尝试使用课文中用到的优美词语；能分角色朗读课文，会复述课文，且能背诵课文中的精彩段落。

3. 在习作领域，组织学生写一写自己的课余生活。要求他们不拘形式地清楚地写下自己的感受和想象，鼓励他们将文章写得新奇、有趣，力争给别人留下深刻印象。

4. 在口语交际领域，引导学生围绕"我的课余生活"，用普通话与同伴交谈，能清楚明白地讲述自己的故事，敢于说出自己的感受和想法，并学会简单评价自己和他人的叙述。

5. 在综合性学习领域，引导学生学会做生活记录。要引导学生掌握记录的方法，使他们能够借助文字、表格、图画记录生活中的实情实景，并学会整理这些资料。

也可以按照本书第二章的介绍，从知识学习、技能训练、能力发展、情感态度与价值观培养四个方面论述单元目标。不过，从上述五个方面论述语文课程的单元目标，更切合语文教材的体例，更符合语文教育的客观规律。

（二）专题目标的设计

专题目标，指一篇课文或一篇作文的全部课程的教学目标。

专题目标可从知识、技能、能力、情感态度与价值观四个方面设计，也可从知识与能力、过程与方法、情感态度与价值观三个维度设计。

下面是从知识与能力、过程与方法、情感态度与价值观三个维度，为苏教版三年级下册《语文》教材中的《小露珠》一文设计的专题课程目标：

1. 知识与能力目标：学会各生字，会读、写这些字，并理解其含义；能用"越……越……"说一段话；能正确、流利、有感情地朗读课文。

2. 过程与方法目标：通过情境教学，体会作者细致观察、抓住事物特点进行描写的写作方法；在阅读过程中展开丰富的想象。

3. 情感态度与价值观目标：了解小露珠生动活泼、充满生机的特点，热爱大自然，享受大自然给予的乐趣。

《语文课程标准》不仅原则性地阐述过课程总目标，也分别较为具体地阐述了学段目标。设计专题目标时，应注意参考课程标准所设计的课程总目标与学段目标。这两种目标的区别在于：课程总目标是原则性的目标，它建设性地界定了语文课程改革与发展的方向；学段目标不仅体现语文课程改革与发展的方向，而且更具体，更可操作，需要我们仔细研读。比如，关于阅读文学作品，低年级的目标是"阅读浅近的童话、寓言、故事，向往美好的情境，关心自然和生命，对感兴趣的人物和事件有自己的感受和想法，并乐于与人交流"；中年级的目标是"能复述叙事性作品的大意，初步感受作品中生动的形象和优美的语言，关心作品中人物的命运和喜怒哀乐，与他人交流自己的阅读感受"；高年级的目标是"阅读叙事性作品，了解事件梗概，简单描述自己印象最深的场景、人物、细节，说出自己的喜欢、憎恶、崇敬、向往、同情等感受"。比较一下就能发现，不同学段的课程目标，既有连续性，又有层次区别。设计专题目标时，有必要查阅一下所在学段的学段目标。如果对学段目标的精神实质不够理解，或者对语文课程改革方向的认识不够清晰，可以进一步查阅课程总目标。

由于专题课程的教学时间是有限的，专题目标的设计不可能面面俱到，一定要有所侧重。如果目标贪多求全，什么都想抓，结果是什么都抓不住，样样都抓不好。

专题目标的设计应从学生的实际出发，应贴近学生的"最近发展区"；应具体实在，避免高而空，大而泛，难以落实。

此外，专题目标的实现与课后练习有关，在设计专题目标时必须考虑这些练习能使学生得到什么收获。

三、语文课程实施方法的设计

对于普通教师而言，课程实施方法是最具创造性和生命力的课程范畴。

对语文学习方式的认识与运用，应体现以人为本、以学生为主体的理念。应让语言文字带着母语的温润情感走进学生的心灵。语言文字的运用，总有一定的语境，总有一定的意义场、审美场；语文课程中的学习，总有一定的教育环境，总有一定的心理场、交流场。语文课程应让这种语境、环境与场域成为学生发展与成长的催化要素。因此语文课程应较少地关注死的语言知识，较多地关注活的人；较少关注教育者，较多关注被教育者；较少关注成绩，较多关注成长。这些应是语文课程实施方法改革的基本方向。

（一）阅读课程实施方法的设计

阅读课程实施方法的设计，其基本原则是着眼于听、说、读、写基本技能的提升。

对于青年教师而言，学习他人的成功经验，借鉴名家的阅读课程实施方法模式（教学模式），是提升阅读教学效率的捷径。新中国成立以来，曾出现很多有影响的小学语文阅读教学模式，现介绍三种模式。

1. 李吉林"情境教学法"

李吉林老师是南通师范高等专科学校第二附属小学语文特级教师，情境教学法的创始人。

情境教学法借助直观手段与语言描绘，创设情境交融的课程实施情境，使儿童在认识活动与情感活动的协同作用中学习与成长。

运用情境教学法，必须把握如下五大要义：

要义一，以"美"为情境特征。应选择美的教学手段，运用美的教学语言，再现"美"的课程内容,在学生面前展示美妙的世界。

要义二,以"思"为活动核心。应在审美情境中引导学生的思维;在和谐的师生关系中,借助情感活动点燃智慧的火花;在特设的典型场景中拓展学生的思维空间,发展学生的思维能力;在获得丰富表象的基础上,发展学生的想象力。

要义三,以"情"为联系纽带。对于情境教学法而言,"情"是重要的动力要素。运用情境教学法,整个课程实施过程必须以伴随着理性思维的情感活动为纽带。

要义四,以"活动"为课程中心。应让学生在特设的情境中主动展开学习活动。应引导他们主动探究,主动体验,主动比较和鉴别,主动判断正误,主动表达、表演和交流。应根据需要,安排丰富多彩的学生活动。活动形式应不拘一格,朗读复述、角色表演、见闻陈述、演示操作、专题辩论、主持裁决等是常见的活动形式。

要义五,以"世界"为情境来源。情境教学中的"情境",应来自真实世界,来自真实世界的大自然与社会生活。

在进行阅读课程实施方法设计时,可借鉴李老师的情境教学策略(参见李吉林:《情境教学实验与研究》,四川教育出版社1990年版)。

2. 于永正"五重教学法"

于永正老师是徐州市鼓楼区教研室的小学语文特级教师。所谓"五重",指在课堂教学中重情趣、重感悟、重积累、重迁移、重习惯。

(1)重情趣

"情",指情感。于老师强调,教师对学生要有情,对语文教学要有情,对上课要有情。"趣",指课要上得有趣味性,从而让学生乐意学,乐此不疲。

(2)重感悟

于老师认为,要重视对课文的感悟。首先要悟其义,课文内容要读懂,至少要粗知大意。其次要悟其情,悟其法,体会文章表达的思想感情和表达方法,领悟作者遣词造句的妙处。感悟到的东西,有时是说不出来的,有时也不需要说出来,能意会就行了。阅读的根本手段是读书感悟。

(3)重积累

这儿的积累,不仅指语言的积累,也指生活的积累和感受的积累。要达到积累的目的,首先要十分重视读和背,其次要重视课外阅读。于老师认为,只有当学生的阅读量达到了课本容量的四至五倍时,才能形成语文自学能力。此外,还应注意引导学生做读书笔记,以促进生活感受的积累。

(4)重迁移

在语文教学中,要引导学生学会举一反三,将学习活动由课内拓展到课外,使学生能够得法于课内,得益于课外。自学能力的形成与迁移能力有密切关系。

（5）重习惯

这儿的"习惯"，一指学习习惯，二指运用语言的习惯。必须重视这些习惯的培养。

在进行阅读课程实施方法设计时，可借鉴于老师的"五重"课程理念。

3. 薛法根"组块式教学法"

薛法根老师是苏州市盛泽实验小学语文特级教师。所谓组块式教学，指以培养学生的语文运用能力为主线，将零散的语文训练项目整合成综合的语文实践板块，使学生在生动活泼的语文实践活动中获得充分和谐的整体发展。组块式教学法的要义有三：一是"重组课程内容"；二是"整合实践活动"；三是"优化教学结构"。

"重组课程内容"指打破教材局限，引领学生将语文学习与社会生活融合为一体，从生活中选择适合的学习内容，组建三种动态、即时、开放的课程内容板块。这三种板块分别以语文核心知识为"内核"，以学生语文能力为"内核"，以语文问题解决为"内核"。

"整合实践活动"指将零散的语文实践活动整合成综合性活动，在整合中构建三种层次的语文实践活动板块。第一层次是读写一体化活动板块；第二层次是探究性学习活动板块；第三层次是综合实践活动板块。各层次的板块自成序列。

"优化教学结构"指以学定教，删繁就简，构建读、悟、习课堂教学基本结构。

组块式教学的基本课型，有诵读感悟型、情境运用型、研读探究型、主题活动型四种。

在进行阅读课程实施方法设计时，可借鉴薛老师的组块式教学思路。

（二）习作课程实施方法的设计

习作课程实施方法的设计，其基本原则是着眼于写作能力的提升。为了达到这一目的，应特别注意多写多练，及时反馈，适时鼓励。

就一篇习作的课程而言，常见的实施方法有：

1. 谈话引导法

教师可以通过谈话方式，引导学生从事写作练习。比如，在引导学生以书面形式"介绍一种美味"时，可通过谈话方式引导学生说说自己最喜欢什么美味，该美味有什么特征，是怎么做出来的，有什么相关故事与传说。学生会兴奋地介绍自己所喜欢的北京烤鸭、云南米线、街头臭豆腐、乡间米花糖……会说到这些食品的形、色、香、味，会陈述这些食品的原料配制与烹饪方法，会叙述与这些食品有关的故事、习俗与传统。有了上述基础，再让学生以书面形式"介绍一种美味"，就水到渠成了。

可以说，谈话引导法既能活跃课堂气氛，激发学生的习作兴趣，又能高效率地解决"写什么"和"怎么写"的问题。

2. 观察引导法

生活中的每一处景物、每一样东西、每一件事情，都有值得观察和思考的地方。在习作前或习作时，引导学生根据习作目的与任务，观察具有代表性的人物、事物、事件，可为习作打下良好基础。为了使习作素材更为丰富，可引导学生边观察边进行相关联想。

比如，在引导儿童写"家乡的树叶"时，可先组织学生收集各种树叶，然后引导他们按照一定的顺序仔细观察这些树叶。在观察树叶时，应边观察边想象：树叶的形状像什么？动物们会把树叶当什么？当动物遇上树叶时，会发生什么故事？树叶对人有什么意义？人是怎样对待树叶的？这些问题的解决，会为习作奠定良好基础。

3. 范文引路法

所谓范文引路，指先向学生提供范文，让学生模仿范文的写法，进行习作。这种方法的要领，是模仿迁移、举一反三。比如，写"我喜爱的小动物"，可以将《我家的鸽子》作为范文。在欣赏这篇范文时，可引导学生分析该文如何有顺序地描写鸽子的外形、颜色，如何有重点地描写鸽子的叫声和飞行，如何做到段与段之间的自然衔接，如何表达自己对鸽子的喜爱之情。这种引导，可为学生剖解习作"密码"。

上述三种习作指导法是最常见的习作课程实施方法。各种方法都有其优缺点，如果两种或多种方法综合运用，就能扬长避短，提升习作教学的效果。

总的说来，无论是阅读课程实施方法的设计，还是习作课程实施方法的设计，都应以课程目标为依据，并从教师、学生、课程内容、可用时间、学校条件等方面的实际情况出发，将不同方法的运用有机结合起来。

四、语文课程实施过程的设计

（一）阅读课程实施过程的设计

阅读课程旨在教会儿童阅读，涉及"听、说、读、写"。阅读课程一般以"读"为基础和突破口，通过"思"把"读"和"听、说、写"有机结合起来，由此形成综合性、整体性教学。在阅读课程实施过程中，还应将"听、说、读、写""双基"的传授，与能力的发展、情感态度与价值观的培养结合起来，促进学生基本素质的提升。

阅读课程实施过程通常包括以下基本步骤：

第一步，通读课文，学习字词，理解脉络，捕捉作者思路；

第二步，细读各段，有重点地推敲文章的意趣，品味作者表达思想感情的方式；

第三步，深读全篇，剖析语言内在的逻辑联系，认识文章的特征、意义与价值。

以上三步，只是阅读课程实施过程的基本步骤，体现着最基本的阅读课程实施规律。事实上，不同的语文教师常常采用不同的阅读教学模式，因此往往有着不同的阅读课程实施过程。

必须指出，无论你如何设计阅读课程的实施过程，都应当以"读"带"听"，以"读"带"说"，以"读"带"写"，应当充满听、说、读、写基本技能的训练。听、说、读、写训练的安排，不仅应频率紧凑，还应生动活泼。此外，听、说、读、写四种基本技能的训练，应当与探究发现能力、合作学习能力、问题解决能力、自主学习能力等能力的培养结合起来，与情感态度及价值观的培养结合起来。

（二）习作课程实施过程的设计

小学阶段的作文练习，低年级叫写话，中、高年级叫习作。所谓写话，指运用学到的词语和标点符号，写自己想说的话，写生活中或想象中的事物。关于习作，中、高年级的要求是有区别的：中年级应能用平时积累的语言材料和陈述形式，写自己的见闻、感受和想象，重点写新奇有趣、印象深刻、最受感动的事物或事件；高年级应能写简单的"记实作文和想象作文"，会分段表述，内容要具体，感情要真实。

1. 写话指导过程的设计

写话一般应从写一句话开始，由此训练遣词造句的基本功，并在此基础上逐渐加大"话"的容量与写话的难度。

以下三种写话指导过程，是最常见的写话指导过程。

一是先说后写。开始进行写话指导时，可以根据学生的生活经验设计句型，让学生说一句完整的话。假如你引导学生说"谁在轻轻地干什么"，学生会学着说"我在轻轻地唱歌""小猫在轻轻地走路"。当学生能较好地说、写一句话后，再引导他们说、写两句话、三句话，由此发展其写话能力。

二是先观察后写话。可在学生能写一两句话的基础上，带领学生观察周围的事物，然后引导他们将看到的东西写下来。也可以引导学生把自己曾经观察过的、经历过的、思考过的事物写下来。教师要提供学生感兴趣的话题，同时给出表达句式，如"有的……有的……还有的……"，引导他们按句式写话，以便降低写话的难度。

三是自由自主写话。可在练习说的基础上，指导学生就自己感兴趣的话题，自由自主地写一句话或两三句话，把看到的、听到的、想到的、做过的事物或事件，用一两句话表达出来。可以写人，也可以写事；可以写景，也可以写物。采用这种手法，其指导过程大致包括教师引导、学生自主写话两个步骤。

此外，看图写话、想象写话也是常见的写话。前者大致包括看图说话、自主写话两个步骤；后者大致包括想象说话、自主写话两个步骤。

2. 记实作文指导过程的设计

记实作文的要旨，是写真实的生活，写自己亲眼看到、亲耳听到、亲身经历的东西，写真情实感。

记实作文的指导过程，大致包括观察准备、进行观察、引导思考、写作练习、总结与提高五个基本步骤。

记实作文的重点，应是写人。为此要注意提醒学生观察人物细节，关注人物特征，捕捉其眼神、动作与言语，为人物描写打基础。

记实作文不仅要讲究真实，还要重视观察感受的表述，应使文章有凭有据，有情有义，有血有肉。

3. 想象作文指导过程的设计

想象作文对于提高学生的想象能力与写作能力具有重要意义。

想象作文的指导过程，大致包括创设情境、想象与指导、写作练习、总结与提高四个步骤。

想象作文的要旨之一是无拘无束想象、自由自主表达。

想象作文可以与自主阅读结合起来，让学生通过对他人作品的改写、续写、补写等，创造性地完成想象作文。

记实作文和想象作文的区分是相对的：记实作文不排除想象性写作，想象作文也以真实的生活为基础。

4. 应用文写作指导过程的设计

应用文的特征是简洁、概括、实用，具有浓厚的实物说明、实景介绍特性；因而应用文不能过多描摹，不能抒发情感，不能自由表述。对小学生来说，应用文的写作是相对枯燥而有一定难度的。

课程标准要求中年级学生学写简短的书信、便条，要求高年级学生学写读书笔记和常见应用文。

应用文写作的指导过程，大致包括文体介绍、范文阅读、写作指导、写作练习、总结与提高五个步骤。

在进行写作指导时，要注重应用文格式的指导。比如在指导学生写读书笔记时，应要求学生写清楚书名、作者、主要内容、读后主要感受；如果有必要，可在文章最后附"格言、佳句摘录"。

上文论述了阅读课程、习作课程的课程实施过程设计。要注意的是，课程实施方法与课程实施过程并不是截然分开的，二者有着密切的联系：有什么样的"方法"，就有什么样的"过程"，因而课程实施方法影响着课程实施过程的构思；"过程"属于方法论范畴，因而课程实施过程的构思必然体现课程实施方法的运用。

第二节 小学语文课程设计实例研究

现在我们来看课程设计实例。本节列举了识字与写字、阅读、习作、口语交际、综合性学习五种课程设计实例。每一实例均分"实例""简析"两部分。

一、识字与写字课程设计实例研究

（一）实例

《识字8》课程设计

一、基本信息

课程名称：语文（识字与写字）。

选用教材：苏教版小学《语文》二年级上册。

课程设计：江苏省江阴市中小学教研室黄雅红、邵国凤。

二、课程标准解读

《语文课程标准》规定：在识字教学中，在注重识字数量、质量的同时，应注意培养学生主动识字的兴趣，引导他们探索和掌握识字的方法；为促进学生情感态度与价值观的和谐发展，还应关注学生在识字过程中的认识与体验。

三、教材简析

教材安排了"包、苞、饱、炮、泡"等字以及由这些字组成的词语，并配有精美的图画。字的上方还注了拼音。这既是情境识字、集中识字、注音识字，也是韵语识字。

四、学情研究

二年级学生充满识字的兴趣，学生已经初步认识了形声字的构字规律，掌握了由熟字带生字的学习方法。

五、课程目标

（一）学习生字新词，比较独体字"包"与合体字"抱""跑"等字的写法；写好"包"字，正确书写其他生字。

（二）采用多种活动方式，学习新字新词，自主积累词语，增加词汇量。

（三）朗读韵文，培养语感，培养识字的兴趣。

六、重点与难点

教学重点：以"包"字作声旁，组形声字。

教学难点：主动识字；自主认识生字的音、形、义。

七、课程实施过程

（一）认读生字词，读准字音

1. 认读偏旁"氵""⻖""火""艹"。

2. 认读加上述偏旁后组成的生字新词，重点读准"饱满"。

（二）活动探究，理解字义

1. 学习"泡"字，拓展词汇，体会"三点水"的趣味。水会形成圆溜溜的东西，如水泡、泡泡；长时间浸在水里形成"泡"，如泡茶、泡菜、泡澡；生活中有像水泡一样透亮的东西，如灯泡。

2. 学习"饱"字，通过表演理解其字义。让学生做"吃饱"时肚子鼓鼓的样子；做上课时"精神饱满"的样子；观察稻穗颗粒饱满的样子；想象遇到美食—饱口福、遇到美景—饱眼福、听到音乐—饱耳福的样子。

3. 学习"炮"字，看图口头组词，积累词语。图的内容：战场上炮弹爆炸，火光冲天，浓烟滚滚。引导学生说出"炮火连天""炮声隆隆"等词语。

4. 学习"苞"字。看图理解"含苞欲放""花苞"。

5. 巩固认读生字，积累词语。

（三）朗读韵文，巩固字词

1. 练读韵文。引导学生读"水下两条小金鱼，水上两朵荷花苞。小金鱼吐泡泡，荷花苞咧嘴笑"。要求读正确，读通顺。

2. 观察插图，说说你看到了什么。

3. 在荷塘情境中朗读生字。要读出情趣。

4. 练习有感情地朗读韵文。

（四）组织游戏，学用生字

游戏名为"摘苹果"，要求学生在游戏中分别把写有"泡、炮、苞、饱"的"苹果"放到以下句子中：

> 一朵朵含（　　）欲放的菊花真美呀！
> 春节那天，家家户户都会放鞭（　　）。
> 小猪的肚皮圆溜溜的，吃得真（　　）啊！
> 活动课上，同学们在操场上开心地吹（　　）（　　）。
>
> （五）临帖描红
> 学习书写"包、泡、饱、苞、炮"。

（二）简析

1. 该课程设计，从低年级儿童的学习心理出发，采用了在活动中识字的方法。内容充分；教材处理灵活务实；借助教材和直观演示创设情境，展开游戏性教学，对于激发学生的识字兴趣，提高其识字能力，丰富其词汇量，具有重要意义。

2. 能注意利用韵文进行韵语识字，提升识字与写字的效果。利用韵文，能字不离词，词不离句，便于朗读，便于记忆，便于在语境中培养语感。

3. 能利用汉字规律帮助学生识字与写字。汉字是表意文字，象形、指事、会意、形声等是汉字造字的基本方法。该课程设计能根据汉字的造字规律，由熟字引出生字，引导学生利用形旁和声旁认读形声字。有些词汇在学生正式学习之前就成为其心理词汇，如"饱满"，学生只是不认识表示这个语汇的符号。教师借助生活中的实例，将他们已有心理词汇与现实词汇统一起来，建立起已有概念与当前符号之间的联系。

4. 从低年级的识字需要出发，将"识"与"写"分开，"识"得较多，"写"得较少，这样做，是为了留出时间多认字，以迅速提高其阅读能力。这样处理，是妥当的。

二、阅读课程设计实例研究

（一）实例

> **《开天辟地》阅读课程设计**
>
> 一、基本信息
> 课程名称：语文（阅读）。
> 选用教材：苏教版小学《语文》四年级上册。
> 课程设计：江苏省海门市东洲小学祝禧。
> 二、课程标准解读
> 《语文课程标准》为四年级"阅读"设计了10条课程目标。显然

这10条目标不可能在一个专题的课程中都得到较好落实。本专题的课程设计，应遵循"能复述叙事性作品的大意，初步感受作品中生动的形象……关心作品中人物的命运……与他人交流自己的阅读感受""积累……在课外阅读和生活中获得的语言材料"等要求。

三、教材简析

《开天辟地》讲述了中国的创世神话，介绍了创世英雄盘古开天辟地、垂死化生的传奇故事。故事通过口耳相传的方式流传下来，表述了先民们对世界来源的本真追问和大胆幻想。故事十分生动，充满吸引力。

四、学情研究

创世神话是人类奉献给儿童的"金果"。它能满足儿童追问"这是什么""那是什么""我从哪里来""他到哪里去"的心理需要。儿童天生喜欢有生气、富情趣的学习活动，喜欢学习方式的常换常新。学习这篇课文，儿童一定有较高的积极性。

五、课程目标

（一）认真阅读课文，能表演性地讲述故事，发展倾听与讲述故事的能力。

（二）通过讨论，了解创世神话的叙事特点，追问"世界从哪里来"，发展思维能力与想象能力。

（三）拓展阅读具有代表性的外国创世神话，通过比较性阅读，领略神话富含幻想、永恒不朽的特征。

六、重点与难点

重点：完整叙述盘古开天辟地、垂死化生的传奇故事。

难点：不同创世神话之间的比较。

七、课程实施过程

（一）形象层的聆听与讲述

1. 聆听故事

学生自读课文，说说"开天辟地"的大概意思。

教师引导：这是一个关于世界是怎么来的神话，又叫创世神话。它是怎么传下来的呢？我们来口耳相传讲故事。听老师讲故事，说说你对故事中的什么最感兴趣。

2. 讲述故事

请学生说说对故事中的什么最感兴趣，由此提炼出三大母题：蛋、大神、化生。

自主阅读课文，说说"混沌的大鸡蛋""盘古开天辟地""垂死化生"什么地方最有意思。

讲述故事，注意把最有意思的地方讲清楚。

（二）形式层的还原与阐释

1. "开天辟地"创世神话和别的神话故事相比，有什么不同？

2. 故事中为什么会有这么多无法解释的问题？请走到故事背后去想象。

（三）情感层的想象与追问

1. 引导想象：在很久以前，先民们在地球上生活。忽然有一天，有人问了一个问题：我们天天生活的世界是怎么来的呢？天和地是怎么产生的呢？于是先民们开始大声问天空，问大地，问山川，问河流。

2. 表演想象：学生扮演先民不停地追问，问天问地问自然；不停地想象，想到各种答案。

3. 深化想象：先民们找不到问题的答案，于是就猜想：也许在很久以前，天和地是合在一起的，像一只混沌的大鸡蛋，也许……也许……也许……于是就有了开天辟地的故事。

4. 想象评价：同学们觉得这种想象怎么样？这就是幻想！这种幻想不仅奇特、形象，而且合理、周全。在很早的时候，人们就常常将自己的身体与自然作比较。内含这种比较的作品，读来那么真实、生动。

（四）价值层的拓展与冥想

1. 小组合作学习：从《圣经·创世纪》《印度创世神话》《北欧创世神话》《古希腊创世神话》中选择一个神话，认真阅读，认识创世神话的三大母题在不同神话中的表达特点。组内要认真交流。

2. 全班交流：比较不同创世神话的异同。

3. 小结：创世神话反映了先民们对于世界来源的本真、纯朴的追问。世界的起源应该用科学来解释，神话的解释是不科学的；但是先民们大胆的追问精神是不朽的，我们也要像先民们一样不停地去叩问未知世界。

（五）自主识字，并抄写本课生字

（六）课后作业

1. 选择一个创世神话，练习讲述。

2. 抓住"蛋、大神、化生"三大母题，试写一份简单的创世神话研究报告。

（二）简析

上述课程设计，其目标的设计具体而简明，有重点更有层次，可称得上精当。

阅读活动的组织也是成功的。设计者积极营造亲密而活泼的课程实施环境，通过讲述与聆听、移情与想象、对话与冥想等方式，在"点拨""启发""引导"

与"激励"活动中,引导学生经历"阅读""理解""领会""品味""感悟"过程,使学生接受情感熏陶,获得思想启迪,享受审美乐趣。

在阅读课程中,学生是阅读主体,教师是学生阅读的引导者。课程实施过程应该是学生探索与创造的过程,是学生与作品与作者对话的过程。在这个过程中,应充满思考和探究、发现与质疑。学生的阅读能力与基本素质,是在讲述、追问、比较、交流中发展的。上述课程设计,较好地处理了师生关系,较好地引导了学生的主体性活动,其设计理念符合阅读能力与基本素质发展的基本规律。

文化传统知识的积累和认知结构的建构,在很大程度上依赖广泛阅读,也在一定程度上依赖比较阅读。上述课程设计,特别关注了扩展阅读与比较阅读,值得肯定。

三、习作课程设计实例研究

(一)实例

《习作7》课程设计

一、基本信息

课程名称:语文(习作)。

选用教材:苏教版小学《语文》五年级下册。

课程设计:江苏省海门市东洲小学祝禧。

二、课程标准解读

《语文课程标准》强调自主习作,提倡自由表达和有创意的表达,鼓励写想象中的事物。这些值得我们注意。

根据《语文课程标准》的要求,要让学生知道任何文体的习作都有取材、立意、构思过程。因此应要求学生学习列提纲,甚至画思维导图。

三、教材简析

本次习作提供了美妙的幻想情境:"晴朗的夜空中有许多有趣的现象,月缺月圆,繁星点点,流星飞逝……面对浩瀚的星空和皎洁的月色,你肯定也有过无穷的遐思和美妙的想象:或是神秘的仙境,或是动人的故事……将它们写下来,一定能打动人。自己给习作定个题目。"

根据教材的教学提示可知,此次习作的体裁是文学作品,或散文,或故事。

四、学情研究

学生喜欢幻想,喜欢天马行空地想象,但是往往容易"脚踩西瓜皮，滑到哪儿写到哪儿"。为此，必须重视整体构思的引导。

五、课程目标

（一）认识故事的叙事结构，学习故事的一般写法，初步完成一个有主题的幻想故事，提升儿童的习作能力。

（二）借助"无垠星空"幻想"平台"，激活儿童的想象天赋，激发儿童的幻想乐趣，提升儿童的想象能力。

六、重点与难点

重点：幻想故事的构思。

难点：幻想故事叙事结构的把握。

七、课程实施过程

（一）创设情境，插上幻想的翅膀

1. 漫谈：写幻想故事，你有哪些经验分享？

2. 故事的灵魂是主题。故事由主题、人物、开头、中间情节、结尾组成。

3. 今天我们创作一个幻想故事，它诞生在一个特定的背景中。请大家闭上眼睛，在音乐声中想象自己来到星空，看到许多神奇的东西，产生很多奇特的想法。

（二）读写结合，学习叙事方式

1. "一颗颗流星从空中飞逝而下"，请想象：它为什么会下来？下来干什么？

2. 用"也许……也许……"句式回答想象中的问题。

3. 幻想故事主人公叫什么名字，有什么本领。想好了再写下来。

4. 学生介绍故事的主人公，并说说选择主人公的缘由。

（三）借助范文，构思故事情节

1. 出示《三借芭蕉扇》的情节结构图，欣赏其故事情节的一波三折。

2. 构思自己的故事，借助思维导图，将故事情节罗列出来。

（四）自主实践，经历创作环节

1. 请几位学生展示自己的思维导图，口述自己的故事。集体评议与修改。

2. 学生独立创作幻想故事。

（五）交流总结，分享创作经验

引导学生交流自己的故事，总结创作经验。

要求学生课后将故事写完整，并加上题目，字数不限。

（二）简析

上述习作课程设计，重点是想象的引导、故事结构的把握与情节的构思。学生写幻想故事，常见问题是想象能力不足，主题不明，结构不清且不完整。可见上述课程设计是有针对性的。

根据设计，学生的创作活动经历了"作家式"的创作过程，这能帮助学生获得创作感觉和创作体验，感受习作的乐趣。

文章的成熟，与修改活动关系密切。应要求学生参考他人的意见，反复而耐心地修改自己的习作。

四、口语交际课程设计实例研究

（一）实例

《学做小导游》口语交际课程设计

一、基本信息

课程名称：语文（口语交际）。

选用教材：苏教版小学《语文》六年级下册。

课程设计：江苏省海门市东洲小学高郁红。

二、课程目标

（一）学做小导游，学会有条理地介绍景点，言语要有条理，语调要适当。

（二）在口语交际训练中培养表达信心，激发对学校、家乡、祖国的热爱。

三、重点与难点

重点：清楚而有条理地讲解，有礼貌地表达。

难点：导游角色的扮演。

四、课程实施过程

（一）导入新课，明确目标

教师谈话：同学们，四月份是我们家乡的油菜花盛开的月份。瞧（出示图片），田野里，小河边，房前屋后，到处一片金黄。来自美国的山姆大叔又要来做客了。五年前山姆大叔曾经来过这里，这回他要在观赏美丽风景的同时了解我们家乡的变化。他想请我们班的同学为他做导游，你们能行吗？

(二)创设情境,学习交际

1. 回忆自己听导游讲述的经历,说说做导游要有哪些本领。

2. 导游本领总结。导游主要本领:讲解内容有计划,有层次;讲解时观察对方反应,随时满足对方的需要;讲解时用语礼貌,语调、节奏与音高适中。

3. 出示四幅图,提供四个不同的场景:一畦畦油菜花;一个个蔬菜大棚;一排排整齐的小楼;一片片盛开的桃花。

分四人小小组,各组选择一个场景,讨论先说什么,再说什么,最后说什么。

4. 大组交流,模拟介绍。请一个学生扮演导游,其余学生扮演现场提问的山姆大叔。表演结束后,评价其讲解的内容是否有层次,语言和节奏是否合适,用语是否礼貌。

5. 引导学生分别为四个场景设计导游路线。

6. 以四人小小组为单位,模拟景点导游。按照导游路线,一人讲解一个景点。互相倾听,寻找不足。

(三)大组扮演,总结提高

教师扮演山姆大叔,请一个小组的同学做导游。老师适时发问,引导学生清楚地表达,有重点地表达,语气适当地表达,使交际气氛轻松而活跃。每个学生表演完毕后,教师要作简要总结。

(二)简析

上述口语交际训练,借用了儿童感兴趣的角色扮演。课程的重心,在于口语交际实践的引导。

为了便于展开口语交际实践,教师成功地创设了生动的交际情境。

课程的设计者,为口语交际活动设计了四人小小组合作学习形式,鼓励每个学生参与到交际实践之中。这样安排有利于提升教学效率。

此外设计者设计了多轮交际训练,使学生的口语交际训练经历训练、评价、再训练、再评价过程,这种安排有利于不断提升学生的口语表达水平。

听与说是重要的语文能力,必须重视听、说的训练与提升。口语交际的形式很多,讲故事、说悄悄话、复述、扮演角色、讲述见闻、访问、介绍、解说、讨论、演讲、自由交谈等都是常见的口语交际形式。在日常教学或日常生活中,可以借助这些形式提升学生的口语交际能力。

五、综合性学习课程设计实例研究

（一）实例

《节约用水》综合性学习课程设计

一、基本信息

课程名称：语文（综合性学习）。

选用教材：苏教版小学《语文》五年级下册。

课程设计：江苏省海门市东洲小学徐颖。

二、课程目标

（一）认识淡水资源的重要性，了解当今世界面临的水资源问题，树立并宣传节约用水的环保理念，学习节约用水的方法。

（二）将语文学习与节水护水专题社会调查相结合，提高搜集和处理信息的能力和语言实践能力。

三、重点与难点

重点：了解当今世界面临的水资源问题。

难点：撰写调查报告。

四、课程实施过程

（一）开门见山，点明主题

教师点明：今天综合性学习的主题是"节约用水"；我们的学习就从"水"出发。

（二）审视生活，畅所欲言

1. 借助视频，欣赏"水"的美丽风光。请学生用学过的诗句或自己创作的句子，赞颂美丽大自然，赞美给人带来无穷利益和启迪的水。

2. 回味生活中的水。水是生命之源，说说生活中哪些地方、什么时候不能离开水。

3. 反思生活中水资源的浪费和水污染。

（三）专题演示，激发情感

1. 借助计算机演示，介绍淡水资源的储存量与利用情况，引导学生畅谈观看感受。

2. 激发保护水资源的责任感和紧迫感。

（四）合作学习，调查研究

1. 教师布置任务，要求学生撰写"水资源的保护与利用"调查报告。

2. 大组讨论应调查的对象、内容和方法，调查报告的写法。

3. 以四人小小组为单位，通过讨论选择调查对象，设计调查的内容、过程和方法，初步构思调查报告的形式与内容。
　　4. 大组交流小小组讨论的结果。教师交代调查报告写作的完成时间与注意事项。
　　5. 各组展开调查，并撰写和修改调查报告。
（五）交流总结，拓展提高
1. 交流，总结。
2. 引导学生设计节水、护水的公益口号，畅谈节水、护水的金点子。

（二）简析

生活拥有丰富的综合性学习课程资源。"节约用水"素材是提高学生观察能力、发现能力、社会实践能力的优秀主题。

上述设计选择自主、合作和探究学习方式，重视学生主动积极地参与，重视学习兴趣和热情的激发。其中的探究实践，主要是由学生自主设计的；专题探究与社会实践的主体，也是学生自己。

此外设计者还兼顾了策划、组织、协调能力的培养，交流、合作能力的提高和探究能力的提升。

课程标准规定，在五、六年级综合性学习中，必须让学生"尝试写简单的研究报告"。要注意的是，研究报告（包括调查报告）的撰写是有难度的，有必要设法降低其难度，循序渐进地提高其能力。

第三节　小学语文课程的评价

产品制造需要质检，人的塑造也需要质检。评价语文课程，其目的是了解语文课程的教育质量，反思和改进语文课程的管理与运筹。

语文课程的评价，其基本内容包括语文课程资源评价、语文课程设计与实施评价、学生学习过程与成果评价三个方面。

一、语文课程资源评价

（一）语文课程资源评价概述

本书第四章说过，所谓课程资源，泛指影响课程筹划与运作的各种客观条件。这些条件既可用来促进课程运筹，又反过来制约课程运筹。本书所说的课程资源，只涵盖影响教师从教、学生学习的各种客观条件，并不包括教师从教的主观条件，也不包括学生接受教育的内在条件。

语文课程资源的分类有两种方式：第一，根据资源物态的不同，可以将语文课程资源划分为物质性资源和非物质性资源两大类型。物质性资源指具有物理形态的资源，包括课程指导手册、教科书、语文教参、练习册、报纸杂志等最常见的物品，也包括时常使用的教学挂图、录音设备、录像设备、投影设备等常见设备，还包括图书馆、阅览室、计算机硬件、网络硬件等常见硬件。非物质性资源指没有物理形态的资源，政府主管部门或学校管理者的管理理念、校风班风、民间习俗、文化传统、父母学习经验、计算机软件、网络软件等，都属于非物质性资源。第二，根据课程资源来源的不同，可以将语文课程资源划分为校内课程资源、校外课程资源、网络课程资源三种类型。

语文课程资源的评价要达到两个目的：一是促进语文课程资源的合理利用；二是促进语文课程资源的建设。

（二）语文课程资源评价的基本内容

语文课程资源评价的基本内容包括以下三个方面：

1. 是否充分利用了可用资源

语文课程的可用资源种类繁多，内容丰富，语文教师应当注意充分利用可用资源，以丰富课程内容，激发学生的兴趣，扩大学生的眼界，促进其智力、能力的发展。

在语文课程的运筹实践中，课程资源利用常见问题有三个：其一，充分利用课程资源的意识不强；其二，民族传统、风俗习惯、故事传说、方言俚语、社区风尚、家史国事等具有隐性特征的课程资源每每被忽视；其三，报纸、杂志、广播、电视、互联网等大众传播媒体能及时反映社会生活热点，语文教师对此类资源的利用却往往不够。

在语文课程资源的评价中，应当有的放矢地、有重点地评价课程资源的充分利用。

2. 能否科学利用课程资源

常言道：生活中处处有语文。语文课程资源既丰富，又庞杂；不同的课程资源，可以相互补充，相得益彰，也可能相互矛盾；有的课程资源能够促进儿童的健康成长，有的课程资源则可能是有害的。这就告诉我们：在量的方面，语文课程资源的利用并不是多多益善的，必须讲究"适量"利用；在质的方面，必须学会甄别资源的真伪、优劣、适用性；在思想方法方面，语文课程资源的利用应当为课程目标的实现服务，不能让课程资源的利用影响和妨碍课程目标的实现。可以从这三个方面评价语文课程资源的科学利用。

需要注意的是，当前网络资源异常丰富，它已经成了除教科书以外的第二大课程资源。它的方便快捷让语文课堂充斥着"快餐"意味。网络资源的利用固然丰富了语文实践的内涵；但是无筛选、无节制地利用网络资源，不仅无助于语文能力的实质性提升，而且会浪费儿童的时间与精力，甚至会对儿童的身心发展造成负面影响。此外网络的普及还带来一个没有引起足够重视的问题：网络的普及，会不同程度地改变人们的生活习惯与阅读习惯，使图书馆、阅览室及书报行业受到相对冷落。在中小学语文课程中，如果过多、过于频繁地利用网络资源，必然会冲击传统的课外阅读。因此需要强调，在语文课程中，网络资源的利用应当有目的，有筛选，有节制。其目的，一是为教科书提供补充性、映衬性材料，丰富语文课程的内涵；二是为自主学习提供专题材料。我们认为，语文课程应以"有目的""有筛选""有节制"为利用网络资源的基本准则。

3. 是否重视课程资源建设

本书第四章说过，所谓"课程资源建设"，通常泛指学校管理者及有关教师为本校各门课程或特定课程的筹划与运作，创造、发掘、整理、优化、储存各种课程资源的行为或活动。作为常规性的资源建设，语文课程资源建设的主要内容，既包括相关教材、教参、课件、配套课外书籍、挂图、音像资料等资源的筹建与整合，也包括乡土资源、社会资源、自然资源的准备。语文课程资源的建设者，主要是学校的语文教研集体。语文教师个人在课程资源建设方面也可以大有作为。

一些语文教师只重视教材和教参的使用，很少利用其他课程资源，更谈不上重视课程资源建设。一些教师重视校内资源的开发和利用，轻视校外资源的研究与整合。另一些教师则重视从教资源的建设与利用，轻视学习资源的建设与利用。这些都是语文课程资源建设中的常见问题。

语文课程评价者，应当透过语文教师的课程设计与实施，审视和评价其课程资源建设情况，通过有针对性的评价，促进其课程资源建设。

二、语文课程设计与实施评价

语文课程的设计，往往体现设计者的思维能力与业务水准；而根据既有课程设计展开教学，体现的是教师的素质与应变能力。不同的教师往往有不同的课程设计；而同一课程设计也会有不同的课堂表现与教育效果。因此语文课程的设计评价与实施评价，应当分开进行。

（一）语文课程设计评价

语文课程设计评价，其基本内容应包括课程目标设计评价、课程内容设计评价、课程实施方法设计评价、课程实施过程设计评价、课程设计方案表述形式评价五个方面。

本书第四章分别讨论过课程目标设计评价、课程内容设计评价、课程实施方法设计评价、课程实施过程设计评价、课程设计方案表述形式评价的基本内容。语文课程设计的评价，除了必须符合课程设计评价的基本规律外，还得符合学生的语文学习基本规律。

什么是语文学习基本规律？我们认为语文学习的基本规律表现在如下三个方面：

（1）语文学习必须以传授听、说、读、写基础知识，训练这四方面的基本技能为直接目的，以基本素质的发展为间接目的，因此语文课程设计必须着眼于听、说、读、写"双基"的传授，同时兼顾基本素质的发展。在语文学习中，最需要关注的基本素质是能力素质与情感态度及价值观素质。在能力素质中，最需要关注的是思维能力、想象能力的培养与发展。

（2）由于听、说、读、写基本技能训练的效果与训练的量成正比，语文技能的训练必须有足够的容量。由于这个原因，脱离听、说、读、写训练，将大量时间浪费于课文细节讨论或其他讨论的课程设计，必然是充满"泡沫"的课程设计，肯定是失败的课程设计。

（3）无论是语文"双基"的传授，还是能力与情感态度及价值观的培养，都必须以学生为学习主体。因此语文课程的设计，必须立足学生学习活动的组织与引导。"灌输"式的课程设计，"牵牛"式的课程设计，都将学生看作被动的学习者，因而都是失败的设计。

语文课程设计必须符合上述三条语文学习基本规律。

（二）语文课程实施评价

所谓"语文课程实施"，指立足既有资源条件，按既有语文课程设计展开日常教学的语文教育实践。

语文课程的实施，受语文课程资源、既有课程设计、语文教师基本素质与业务水平三大要素制约。在语文课程实施评价中，可以参考第四章的阐述评价语文教师的临场表现，可以透过其临场表现评价其基本素质与业务水平。

由于语文课程与语言、文字、文学关系密切，语言素养、文字素养、文学素养是语文教师的重要素质（也可以将这三者看作衡量"业务水平"高低的基本内容）。语言素养好的人，话语生动而形象，灵活而富有情感色彩，容易吸引人和打动人心，使学生喜欢语文与语文课程，乐意学习语文。文字素养指汉语文字方面的素养。语文教师只有成为汉语文字的行家里手，才能根据文字学习规律灵活而深入浅出地教授汉语文字。文学素养主要表现两个方面：一是对文学和古今中外文学作品的了解；二是语言表达的文学特色。这两种表现不仅会直接影响文学作品的教学，也会直接影响教师的课堂表现；两者都会间接影响学生文学素养的培养。在语文课程实施评价中，可以有重点地评价语文教师的语言素养、文字素养与文学素养。

三、学生学习过程与成果评价

第四章已经系统论述过学生学习过程与成果评价的意义、学习过程评价的基本内容、学习成果评价的基本内容，这里不再赘述。

语文学习有自身的特点。对语文学习过程与成果的评价，应兼顾学生学习过程与成果评价的普遍规律与语文学习的固有特点。语文学习是以听、说、读、写基本技能的发展为首要目标的，必须及时对学生的听、说、读、写单项活动表现和综合性学习表现作形成性评价，以促进其语文能力的发展。下文逐项阐述听、说、读、写单项活动的形成性评价与综合性学习的形成性评价。

（一）朗读形成性评价

可以从是否有添字、漏字、错字、换字、回读，标点与段落停顿的处理是否得当，感情色彩的处理是否合理，普通话是否标准，朗读是否流畅等角度，评价学生朗读技能的发展。

（二）阅读形成性评价

一般说来，应采用笔试方式检查学生阅读能力的发展情况。试卷中供学生阅读的短文，最好来自课外。应考查学生在阅读过程中提取信息、理解词句、把握要点、领会意旨、体验情感的能力。

（三）书写形成性评价

习字是小学语文学习的重要内容。对学生的书写，要及时评价其书写姿势是否端正、规范，字体是否适当、整齐，字迹是否清晰、整洁，架构是否匀称、稳重，风格是否流畅、统一。

（四）口语交际形成性评价

可以借助专门话题，评价学生的口语交际活动与口语交际能力。可以从仪态是否大方、合适，话语是否清楚、连贯，内容是否适当、有条理，是否能倾听并理解他人的意见，是否能适度回应等方面，评价其口语交际能力。

（五）习作形成性评价

小学生的习作，不应追求写得长，也不要过分追求写得精彩；应明确要求学生将文章写得清楚而规范，正确而流畅，切合生活而富有逻辑性。

习作的形成性评价，可从习作态度、素材组织、框架构思、写字造句、标点应用等方面展开。

（六）综合性学习形成性评价

语文综合性学习的基本特征，是以特定语文学习任务为中心，以听、说、读、写技能的实际运用为活动内容，以培养综合性语文能力，促进基本素质发展为目的。在语文课程中，这一学习具有非常重要的特殊价值。语文课程评价者，不能忽视综合性学习的评价。

为了培养学生的责任意识、探究精神、合作态度与综合性语文能力，综合性学习的形成性评价应主要着眼于学生在学习过程中的表现。也就是说，应当对学生是否积极参与活动，是否认真搜集和整理材料，能不能主动思考、探究和提问，是否能与同学团结协作等，作出中肯的评价。

以上六项形成性评价，都要既评价其学习过程，又评价其学习结果。

需要特别说明的是，语文学习与课外阅读关系密切。在语文学习过程与成果评价中，必须对学生课外阅读的量、阅读的品位、审美的趣味、课内学习与课外阅读的结合等，作全面而有重点的评价。

第四节 小学语文课程评价实例研究

上一节，我们从理论层面探讨了语文课程的评价。本节立足实例，从实践层面分别探讨语文课程设计与实施的评价、学生语文学习成果的评价。前者是对教师的评价，后者是对学生的评价。

一、语文课程设计与实施评价实例研究

在语文课程设计与实施实例研究中,我们将分别阐述语文课程设计与实施评价的应有思路与常见问题。

(一)对窦桂梅《落叶》教学片段的评价

请欣赏小学语文特级教师窦桂梅的《落叶》教学片段[①]:

师(指着黑板上的小虫、蚂蚁、小鱼、燕子图片):你们就是这些可爱的小动物。(指一生)你是……?

生:我是小虫。

师(指另一生):你是……?

生:我是小鱼。

师:你是……?

生:我是燕子。

师:你是……?

生:我是蚂蚁。

师:好可爱的小动物,我好喜欢你们!你们有的游来,有的爬来,有的飞来……

师:快爬来呀,来呀……

(学生开始有点犹豫,继而个个做起爬的动作。)

师:都爬起来啦!小朋友们有的爬得好优美,有的爬得难看!

(老师顺势学起某些学生爬的动作。学生劲头陡涨,爬得更起劲了。)

师:刚才是做慢动作,现在做快动作。爬!游!飞!坐!

(学生随着教师的口令,迅速地做着各种动作。课堂十分活跃。)

师(突然指着讲台前的空地):这儿有一片落叶,小蚂蚁们快坐上来!

(学生霎时将空地坐满。)

师(指着下面的学生座位):看!那边也有好多树叶,快坐那边去!

(学生纷纷回位。)

师:听好了!藏!

(学生纷纷躲到桌子下面。)

师:哎呀,我看不见了!还有一个词——躲藏!

(有些学生稍稍动了一下,大家仍然躲在桌下。)

[①] 雷玲:《听名师讲课·语文卷》第1-2页,广西教育出版社2004年版。格式、文句与标点略有调整。

师:"藏"和"躲藏",动作一样,看来不同的词有时是一个意思。

师:躲开!

(大部分学生先一愣,继而马上直起身子,纷纷向一边躲开。)

师:看来"躲藏"和"躲开"虽然都有"躲"字,还是有不一样的含义。还想再玩吗?

生:想!

师:做"躲藏"的"躲"。再做"躲开"的"躲"。

(学生分别按老师的口令,正确地做这两个动作。)

师:最后一个动作——坐!

该如何评价窦老师的上述课程行为?这个问题请同学们思考和讨论。这里作一简要提示:(1)如果要评价上述教学片段的科学性,必须了解整个《落叶》课程的实施过程;(2)必须思考窦老师这样教的目的是什么;(3)必须思考有没有必要设计上述目的,有没有达到上述目的;(4)必须思考窦老师这样教,有什么好处,会带来什么问题。

江苏省兴化市的王以璟、唐兆勤两位老师,以专文形式,用较大文字篇幅,对这个"五分多钟"的教学片段进行了赞赏性评价。[①]

两位老师的课程评价,其主要内容是推测、评价、赞赏执教者的三大"用意":其一,"把浅层表象变成深层积淀";其二,"在语言积淀的过程中体验情感";其三,"为教学内容向纵深处延展作铺垫"。

该课程评价短文感叹地说:"这五分多钟就是一个'读得进'的过程,窦老师正是从这个'读得进'引导出了学生们的'用得出'。'用得出'是'读得进'基础上的深化,从'学教材'提升到了'用教材'的高度。"

最后的结束语是:"课堂是个包罗万象的空间,只窥其中一隅,就能令人叹为观止。相信如果将探究进行到底,那将是怎样地无限精彩呢?"

上述课程评价,又该如何评价?

我们认为,上述课程评价注意评价执教者的课程设计"用意",这是应该肯定的。值得肯定的原因是,可以凭借课程设计"用意",追溯执教者的课程理念,以促进执教者、欣赏者业务水准的提升。可惜的是,评价者并没有追溯窦老师的课程理念。

课程问题,本质上是个科学问题;而科学问题的评价,必须从科学目标、科

[①] 雷玲:《听名师讲课·语文卷》第2—3页,广西教育出版社2004年版。

学研究目标与科学规律的应用出发。可见在课程评价领域，是没有多少可以自由发挥的余地的。上述课程评价的第一个问题，正是没有从语文课程目标与语文课程研究目标出发，没有从语文课程的基本规律出发。其自由发挥式的评价，实际价值值得研究。

课程评价必须采用准确、明确、简洁、观点鲜明的语言。上述课程评价的第二个问题，是采用了比较模糊的评价语言，让人不知所云。例如从其评价专文中，读者无法理解"语文积淀""教学内容向纵深处延展"等词句的真实含义。再看其结束语："课堂是个包罗万象的空间，只窥其中一隅，就能令人叹为观止。相信如果将探究进行到底，那将是怎样地无限精彩呢？"这段话让人十分费解：谁"窥"课堂之"一隅"就会"叹为观止"？什么东西会让人"叹为观止"？为什么会"叹为观止"？"将探究进行到底"一句中的"探究"指什么？谁在"探究"？"无限精彩"的确切含义是什么？读者如果想知道这些问题的答案，只有猜测。

缺乏正确抓手，语意不明或语言不当，是语文课程设计与实施评价中的两个常见问题。

（二）对于永正谈话的评价

请欣赏小学语文特级教师于永正的课堂教学开场白[①]：

师：小朋友们好。很高兴和大家见面。你们认识我吗？
生：不认识。
师：那我得自我介绍一下（板书"于永正"）。你们应该怎么叫我……？
生：于老师。
生：于爷爷。
师：还可以怎么叫呢？（学生默然）谁敢叫我的名字？
生：于永正。
师（立正）：到。还有谁愿意叫的？
生：于永正。
师（双手抱拳）：在下便是。（笑声。）
师：名字就是给人叫的。你们可以叫我于老师、于爷爷，也可以对我直呼其名。这不是没礼貌，因为我是你们的大朋友。总之，你们想怎么叫就怎么叫。

该如何评价于老师的上述谈话？这个问题也请同学们思考和讨论。同学们在思考和讨论时要注意，这段开场白的背景是：对学生来说，于老师是陌生人。

[①] 雷玲：《听名师讲课·语文卷》第9–10页，广西教育出版社2004年版。

江苏省盐城市的王玉剑老师,对上述开场白作过专文评价①。王老师的评价是:"于老师一句'你们想怎么叫就怎么叫'说得是那样轻轻柔柔,却又是那样振聋发聩,启人深思。语文是一门人文内涵极为丰富的学科,而要想给学生人文精神的启蒙教育,教师必须首先给学生人文的关怀。教学是教师的教和学生的学的统一,这种统一的实质是交往。交往论承认教师和学生都是教学过程的主体,都是具有独立人格价值的人,两者在人格上完全平等,即师生之间只有价值的平等,而没有高低、强弱之分。教师只有走下'神坛',走进学生的生活,走进学生的心灵,真正成为'平等中的首席',才能唤起学生心灵的微笑。课堂上,老师不是法官,不是传道士,而是指导者、服务者,更是学生学习的伙伴。……"

上述评价,是值得注意、值得阅读、值得借鉴的。其价值与意义,在于借于永正老师的开场白,辩证地论述了师生关系与师生课程角色。其观点中肯、正确。

然而作为课程行为评价者,王老师的上述评价值得研究。我们认为,上述评价具有两个主要问题:

首先,上述评价没有抓住问题的关键,未能切中事情的要害,有"偏题""敲边鼓"或"自说自话"的嫌疑。于永正老师为什么会有那样的开场白?其原因有二:其一,上例中的师生原为陌路人,于老师需要借助活泼而反常的语言,鼓动学生大胆而出格地说话,以便活跃课堂气氛,迅速消除师生之间的心理隔阂,为下面的课程创造必要条件;其二,于老师性格幽默,教风诙谐,亲近学生。这种风格,是引导学生学好语文的良好条件。王老师的评价,没有抓住上述两大关键或要害,而在教育哲学层面大谈师生关系与师生的课程角色,有不得要领之嫌。

其次,对于永正老师所说的"你们想怎么叫就怎么叫"的单纯赞扬,值得研究。于永正老师可以对学生说"我是你们的大朋友,你们想怎么叫我就怎么叫我",我们却不可以说"学生想怎么叫于老师就怎么叫于老师",学生更不可以说"我想怎么叫于老师就怎么叫于老师"。中国是尊师重教之国,讲究礼仪之邦。如果我们的学生不愿意对老师、长辈、领导使用尊称,或不知道如何使用尊称,这些学生能否受到师长、领导与社会的欢迎?能否得到人们的尊重?只赞扬于老师所说的"你们想怎么叫就怎么叫"这句话,不说明于老师这么说的原因,不说明相关的礼仪教育的必要性,是片面的。

抓不住关键,观点片面,也是语文课程设计与实施评价中的两个常见问题。

---

① 雷玲:《听名师讲课·语文卷》第10页,广西教育出版社2004年版。

（三）对孙双金《天游峰的扫路人》教学片段的评价

请欣赏小学语文特级教师孙双金的《天游峰的扫路人》教学片段[1]：

师：老人为什么离不开这里？

生："因为喝的是雪花泉的水，吃的是自己种的大米和青菜，呼吸的是清爽的空气，而且还有鸟儿做伴。"

师：谁能用上文中的句式"喝的是……吃的是……呼吸的是……还有……做伴"来说说我们的生活？

生：我们喝的是自来水，吃的是美味佳肴，呼吸的是不太新鲜的空气，还有父母、亲友做伴。

生：我们喝的是各种饮料，吃的是可口饭菜，呼吸的是被污染的空气，还有书本做伴。

生：我们喝的是牛奶，吃的是面包米饭，呼吸的是浑浊的空气，还有老师、同学做伴。

师：是啊！我们享受的是现代文明，城市文明。它给我们带来了便捷，但也给我们带来了不少弊端。而老人享受的又是什么呢？

生：大自然！（脱口而出。）

师：这大自然……

生（情不自禁地）：真美！真好！

师：怪不得老人退休了仍舍不得离开这里。老师想听大家读读这段话。

（学生朗读，十分投入。）

师：听着你们的朗读，我也对大自然心驰神往了。大自然真好！

该如何评价上述教学片段？这个问题仍请同学们自己思考和讨论。我们的提示是：上述教学片段中最值得品评的，是模仿课文的现场造句。

江苏省江都市的朱勇老师，对上述教学片段作过专门评价[2]。朱老师的评价是："老师引导学生用上文中的句式'喝的是……吃的是……呼吸的是……还有……做伴'来说说自己的生活，这一设计可谓独具匠心。一方面，可以使文中的句式在活用中得到内化；另一方面，激活了学生的生活体验，让学生在自己与老人生活的对比中深切感受大自然之美好，从而对大自然产生由衷的热爱。这样，既进行了语言文字的训练，又激发了学生对大自然的热爱之情；既学到了'文'，又悟

---

[1] 雷玲：《听名师讲课·语文卷》第43—44页，广西教育出版社2004年版。
[2] 雷玲：《听名师讲课·语文卷》第44页，广西教育出版社2004年版。

到了'道',工具性和人文性有机地融为一体。这正是语文教学所追求的境界。"

这段评价,虽篇幅不长,却抓住了孙双金教学片段中最值得评价之处。其点评,既简明,又恰如其分。作为小学语文教师,能有这样的眼光与写作功底,算得上难能可贵。

不过还是能发现问题的。问题在于评价深度不足,或者说立足点不够高,不能居高临下地审视与评价教师的课程行为。这也是语文课程设计与实施评价中的常见问题。具体些说,朱老师肯定和赞扬孙双金老师引导学生用"喝的是……吃的是……呼吸的是……还有……做伴"句式描述自己的生活,是因为"既进行了语言文字的训练,又激发了学生对大自然的热爱之情;既学到了'文',又悟到了'道'"。这一评价虽不能算错,但深度不足。我们认为,应当从"听、说、读、写结合""提升语文教学效率"的高度,评价孙双金老师的上述课程行为。

上面我们研究了三个语文课程设计与实施评价实例。基于理论探讨与实践研究,我们可以给出下述研究结论:

小学语文课程设计与实施评价的应有思路是:以课程目标的实现为价值标准,以是否符合语文学习基本规律为衡量标准。

小学语文课程设计与实施评价的常见问题是:缺乏正确抓手;语言使用不当;把握不住关键;观点片面;缺乏深度。

二、学生语文学习成果评价实例研究

课程设计与实施评价,是对教师的评价。下面研究学生语文学习成果评价实例。

根据评价者身份的不同,可以将学生语文学习成果的评价分为教师评价、同学互评、自我评价三种类型。在学生语文学习成果评价实践中,应当以教师评价为主导,将三种评价有机结合起来。限于篇幅,这里只研究教师评价实例。

请看下面的习作评价实例。

(一)习作眉批实例

例一:

题目新鲜,像春天的竹笋,又嫩又脆。这题目很有意思,让人忍不住想看下去。

挺不错的评价！老师借用眉批形式，肯定了题目的"嫩""脆""有意思"。"嫩"，大概指含有童真；"脆"的含义，应该是干脆利落。不过这儿的"嫩"，是成年人才会有的感觉，儿童自己难以体会习作标题之"嫩"。

上述眉批最值得肯定之处，是践行了"鼓励为主"的教育原则，有助于激励儿童的习作积极性。另外，使用比喻，不仅生动，有意思，而且示范了比喻的用法。

例二：

题目老一套，人家就没多大兴趣看你的作文了。这样的题目人人都会用，太一般。动脑筋想一想，换个啥题目更合适。我看题目不如叫"……"更恰当一些。

同样是对标题的眉批，这位老师的评价值得研究。

首先，标题是否一定要新颖，是否不能"一般"，"一般"是否就一定不"恰当"，值得研究。中国四大文学名著，书名均"一般"。毛泽东的《湖南农民运动考察报告》、鲁迅的《记念刘和珍君》等，都是举足轻重的，标题也很"一般"。鲁迅名作《一件小事》，标题"一般"得不能再"一般"。莎士比亚的四大悲剧，标题也都很"一般"。

其次，上述评价没有做到"鼓励为主"。应当先寻找该标题的亮点，加以肯定，再指出其不足，以免打击习作者的写作积极性。

最后，教师在批语中直接为学生代拟习作标题，似乎也不妥当。应当启发学生自己思考，诱导学生修改或重拟标题。

（二）习作总批实例

例一：

用词优美，是篇令人赏心悦目的作品。如能注意语意衔接，用好"幸好""虽然"等词，文章便能更流畅自然。

该总批较为适宜。肯定其主要优点，指出其主要存在问题，是简单而高明的做法。

例二：

这篇比上一篇写得好，继续加油啊！

能对学生进行纵向发展比较，值得肯定。遗憾的是，没有指出好在哪儿，哪个方面进步了，有多大程度的进步；也没有指出应在什么地方"加油"，怎样"加油"。

例三：

透过几则小故事，阐述你和爸爸的亲子之情，使文章情真意切，令人感动。

肯定文章的主要优点，这是正确的。没有指出存在的主要问题或努力方向，不妥。

"透过……阐述……"是个容易产生问题的句式，不如改为"通过……表达……"。"你和爸爸的亲子之情"，应为"你与爸爸的父子之情"。不少语文教师的语文功底让人失望，其中的原因较为复杂，值得深思。

前面说过，小学生的习作，不应追求写得长，也不要过分追求写得精彩；应明确要求学生将文章写得清楚而规范，正确而流畅，切合生活而富有逻辑性。教师对学生的习作作评价，可从习作态度、素材组织、框架构思、写字造句、标点应用等方面展开。每次评价，都应当有重点，有针对性。

基于理论探讨与实践研究，我们给出下述研究结论：

学生语文学习成果评价的应有思路是：以促进学生语文能力与基本素质的发展为基本目的；单项评价注重针对性，阶段性或总结性评价兼顾重点发展与全面发展。

学生语文学习成果评价的常见问题是：不能坚持"鼓励为主"的教育原则；要求不当；内容不够具体；相对忽视个体发展评价；文句不够通顺、规范。

需要补充说明的是：学习成果评价，应与学习过程评价相结合；教师评价，应与学生自评、互评相结合。

本章小结与研究性学习

一、本章小结

本章第一节从语文课程的课程设计准备、课程目标设计、课程实施方法设计、课程实施过程设计四个方面，阐述了小学语文课程设计的过程；第二节在第一节的基础上，研究了识字写字课程设计实例、阅读课程设计实例、习作课程设计实例、口语交际课程设计实例和综合性学习课程设计实例；第三节阐述了小学语文课程的课程资源评价、课程设计与实施评价、学生学习过程与成果评价；第四节在第三节的基础上，研究了小学语文课程的课程设计与实施评价实例、学生语文学习成果评价实例。

二、研究性学习

请阅读下面的教学实例：

一位小学语文教师在教"菜"字时，问学生"怎样才能记住这个字"。

第一位学生回答说："上面是草字头，下面是个'采'字。"

教师又问："还可以采用什么方法，记住这个字？"

第二位学生说："草字头，加个'彩'字，去掉三撇。"

第三位学生说："上面是'花'字去掉'化'，下面是个'采'字。"

第四位学生说："上面是'芹'字去掉'斤'，下面是'彩'字去掉三撇。"

这位教师肯定了同学们的独立思考精神后，就结束了这个字的教学。

对于这一教学片段，有着各种各样的评价。

第一种看法是：这种教法将简单的问题复杂化了，学生最终并没有掌握记住"菜"字的方法。

第二种看法是：这种教法鼓励学生的独立思考与创新精神，这是值得肯定的；但最终学生还是不知道应该怎样记住"菜"字，这令人遗憾。正确的做法是，既肯定学生的独创精神，又告诉学生，最科学、最简便的记忆方法是"'草'字头表意，'采'字底表音"。

第三种看法是：这一教法是科学的，因为不同的儿童，对于同一事物的识记往往有着不同的方法；教师通过提问，引起学生对"菜"字结构的注意和识记方法的思考，这就足够了。

请同学们评述上述三种意见，并说说自己对这个教学片段的评价。

第六章　　小学数学课程的设计与评价

重点问题

☐ 数学课程实施方法的设计,必须遵循哪些基本要求?

☐ 一般而言,数学新授课、练习课、复习课,分别包括哪些课程环节?

☐ 数学课程资源评价的基本内容有哪些?

☐ 数学课程设计与实施评价的应有思路是什么?

☐ 学生数学学习过程与成果评价的应有思路是什么?

情境引导：如何激发学生的探究欲望

一节"分数的基本性质"课伊始，老师给同学们讲了一个"猴王分饼"的故事：话说唐僧西天取经路上，大家饿得眼冒金星，沙僧化缘到一块大饼。孙悟空对猪八戒说："八戒，来！咱们把饼平均切成4份，你吃一份。"八戒听了连连摇头说："太少了，太少了！我这么大肚子，吃这一份怎么够啊！我要多一点。"孙悟空眨了眨眼睛说："那我把饼平均切成8份，你吃两份，怎么样？"八戒眼珠一转，得寸进尺："猴哥，能不能再多给俺一份啊？"孙悟空一拍桌子，显得很慷慨大度的样子说："行！那我就把饼平均分成12份，给你3份，这下总该满意了吧！"八戒笑得很开心，连声说："谢谢猴哥！谢谢猴哥！"孙悟空手指八戒，朝师父和沙师弟"嘿嘿"直笑。

听完故事，孩子们也情不自禁地笑了。老师顺势开始引导学生探求分数的基本性质。

请同学们说说，这位老师创设的情境是否充满情趣？情境中是否暗含着数学问题？能否激发学生的探究欲望？

数学是研究数量关系和空间形式的科学，是人类文化的重要组成部分。数学素养是现代社会每个公民都应该具备的基本素养。小学数学是培养公民素养的基础课程，具有基础性、普及性和发展性特征。

数学课程的宗旨，是使学生掌握必备的数学基础知识、基本技能，培养学生的抽象概括和逻辑推理能力，培养学生的创新意识和实践能力，促进学生情感态度与价值观的发展。数学课程与教材通常以单元为基本单位，其基本内容涵盖"数与代数""图形与几何""统计与概率""综合与实践"四大学习领域。每个单元又划分为若干专题，每个专题都重点解决一个相对独立的数学问题。

本章重点阐述小学数学课程的设计，兼顾小学数学课程评价问题。

第一节 小学数学课程的设计

数学课程设计，以相对完整、相对独立的数学专题（如"万以内数的大小比较""圆柱体积的应用"）为基本单位。这些专题常常是一课时完成的，故数学课程设计又常常是以课时为单位的。要注意的是，特定专题（课时）的设计，只是总课程、学段课程、单元课程设计的一部分，四者是关联的。我们不可能孤立地进行课时或单元课程设计，必须立足学生的持续发展，从整体着眼，从专题着手。

一、数学课程设计的准备

（一）解读课程标准

1. 研究课程标准的总要求

2011年颁布的《义务教育数学课程标准（2011年版）》（以下简称《数学课程标准》）提出的核心理念是："人人都能获得良好的数学教育，不同的人在数学上得到不同的发展。"

《数学课程标准》注重义务教育数学课程的整体性与发展性，统筹考虑九年的课程内容，根据学生发展的生理和心理特征，将九年的学习时间划分为第一学段（1—3年级）、第二学段（4—6年级）、第三学段（7—9年级）三个学段。

在课程内容方面，《数学课程标准》提出了包括基础知识、基本技能、基本思想、基本活动经验在内的"四基"概念，要求引导学生掌握数学基础知识，训练数学基本技能，领悟数学基本思想，积累数学基本活动经验。根据《数学课程标准》的规定，各学段的课程内容都包括数与代数、图形与几何、统计与概率、综合与实践四大领域。

在课程总目标方面，《数学课程标准》提出"四能"：能发现问题，能提出问题，能分析问题，能解决问题。"四能"体现了"培养学生创新精神和实践能力"的价值取向，是贯彻《国家中长期教育改革和发展规划纲要（2010—2020年）》基本精神的表现。《数学课程标准》还在总目标的基础上，从知识技能、数学思考、问题解决、情感态度与价值观四个方面阐述了各学段的课程目标。

《数学课程标准》还提出了十个核心概念：数感、符号意识、空间观念、几何直观、数据分析观念、运算能力、推理能力、模型思想、应用意识和创新意识。把握这些核心概念的内涵，是我们进行课程设计与课程评价的前提条件。

2. 从课程设计需要出发解读课程标准

在开始进行专题课程设计前，必须思考以下问题：

（1）在课程目标方面，《数学课程标准》所规定的本学段课程目标是什么？本单元的具体目标是什么？

（2）在课程内容方面，本学段四大领域的课程内容分别是什么？本单元的课程内容有什么特征？

（3）怎样践行《数学课程标准》所倡导的课程理念？

（4）怎样平衡各种课程要素，构建既继承优良传统，又与时俱进的数学课程？

（二）分析教材内容

每面临一个单元的课程设计，应重点分析一次教材内容。

分析教材内容，主要是为了确定"教什么"和"教到什么程度"，同时为"如何教"作准备。分析本单元各专题的教材内容时，还要注意分析整个单元的编排思路和本专题课程内容的特点，以便抓住关键，把握重点，确保课程活动的针对性。

对教材内容的分析，可从以下三方面展开：

（1）参考教师教学用书，在分析和把握教材内容框架与编写特点的基础上，了解本单元的教学任务与课程内容。

（2）依次研读本单元的教材细节，揣摩其编写思路，了解各专题的重点。

（3）思考各专题重点内容背后的数学思想。例如，对于"平面图形面积的计算"这样的课程内容，应理解其背后蕴藏的化归思想和问题转化策略。

（三）研究学情

1. 探寻儿童的思维规律和特征

根据皮亚杰（J.Piaget）的观点，大多数小学儿童的思维处于具体运算阶段。他们能够遵循逻辑规则进行推理思维，但其推理思维往往局限于眼前的具体情境或熟悉的经验，也就是说需要借助具体形象进行思维。这一规律，在不同学段有不同程度的表现。低年级儿童的思维，对具体形象的依赖性最强；到了中年级，对具体形象的依赖有所减弱，抽象思维的能力逐渐增强；到了高年级，抽象思维能力进一步增强，但其思维仍需要事物表象的支撑。

数学课程的设计，必须从上述思维规律出发，必须切合不同学段学生的思维特征。在思想方法上，必须学会从儿童视角思考数学的思维方式，防止用成人思维代替儿童思维，把教师思维强加于儿童。

2. 了解儿童数学学习的现有能力

根据维果茨基（Lev Vygotsky）的"最近发展区"理论，日常数学课程的任务是将学生的"潜在发展水平"转化为"现有发展水平"；当这一目的达到后，又会产生新的"潜在发展水平"与"现有发展水平"，学生的数学能力就是这样滚动发展的。根据上述原理，数学教师在开始进行课程设计之前，必须先了解学生的"现有发展水平"。这种"现有发展水平"，就是上述小标题中所说的"儿童数学学习的现有能力"。

了解儿童的"现有发展水平"或数学学习的现有能力，应主要从了解知识基础、经验储备和思维水平三个方面入手。

二、数学课程目标的设计

《数学课程标准》对义务教育数学课程的总目标和各学段的课程目标作了明确规定。数学教师应在理解和把握上述目标的基础上，根据本单元、本专题的课程实际情况，设计单元目标和专题目标。

数学专题目标的设计，原则上应从知识技能、数学思考、问题解决、情感态度等方面展开。但在实际工作中，专题目标的设计不可能面面俱到，只能有所侧重。

例如，"间隔排列中的规律"专题课程，可这样设计目标：

（1）探索间隔排列规律，能利用所发现的规律解决实际问题；
（2）在探索活动中进一步培养比较能力和归纳能力；
（3）加强数学与生活的联系，进一步体会数学知识的实用价值，激发学习与探索的兴趣和积极性。

教师设置的课程目标毕竟是预设目标，在实际教学中，总会出现预设外目标的生成。这就需要教师对既定课程目标进行临时性、临场性的动态调整。例如，一位老师为"平行四边形面积"专题课程预设的目标之一，是"经历观察、操作、讨论、归纳等活动，探索平行四边形的面积计算公式"。但在"借班"上课时，他发现不少学生事先已经通过各种途径知道了平行四边形的面积计算公式，可是，仅仅是知其然而不知其所以然，于是他及时将课程目标调整为"通过动手操作和合作交流，验证平行四边形的面积计算公式"。在课堂上，他直奔主题，说："既然同学们都知道了平行四边形的面积计算公式，那咱们就发挥自己的聪明才智，利用手中的材料和工具，想办法证明为什么可以用'底×高'方法来计算平行四边形的面积。"于是，师生将精力投入到公式的多样化验证。通过验证，学生对化归思想有了更深刻的体悟，课堂效果更佳。

上述实例提醒我们：课程设计者对课程目标的生成，必须具有思想准备；课程目标的设计，应当具有一定的弹性和可变性。

三、数学课程实施方法的设计

所谓数学课程实施方法，在单元和专题课程中，即我们平常所说的数学教学方法。

新课程理念下的数学课程，强调学生的积极参与，重视师生的交往互动和共同发展。在新时代的数学课程中，学生应是学习的主体，教师只是课程活动的组织者、引导者和学生探究活动的合作者。这一理念，必须贯彻于数学课程的设计之中。

概括地讲，数学课程实施方法的设计必须遵循以下基本要求：

（一）以儿童生活为源头

数学产生于现实生活，儿童则在现实生活体验中成长，可见数学与儿童的交集离不开现实生活。数学课程要寻找数学知识、技能的产生源头与儿童生活的交集，并将之作为课程的源头与课程实施方法设计的逻辑起点。

具体些说，以儿童生活为源头，其意义主要表现在如下两个方面：

首先，只有贴近儿童生活，才能调动儿童学习数学的积极性。

数学问题的引入，是否切合儿童的生活积累，对儿童学习的主动性、探究性和发展性具有重大影响。当前的数学课程，从非生活视角或成人生活视角引入数学知识的情况相当普遍，这难以唤起儿童的学习需要。事实证明，只有贴近儿童生活，才能调动儿童学习数学的积极性。

其次，只有贴近儿童生活，才能较好理解和运用数学知识、技能。

数学规律，通常是概括性、抽象性的规律；而儿童的生活则是具体直观的，儿童的生活体验也是生动活泼、丰富多彩的。数学课程只有贴近儿童生活，才能化无趣为有趣，化抽象为形象，化生涩为熟悉，化不解为理解，化无用为可用。

此外，以生活为源头，还可以帮助儿童理解生活，培养其观察、分析和解决生活实际问题的能力。

小学数学教材中，有不少贴近儿童生活实际的应用题，这值得我们注意。但必须强调，不仅应用题应以儿童生活为源头，数学问题的引入和解决，数学知识的理解与应用，都应当贴近儿童生活实际。

（二）以数学化探究过程的引导为着力点

弗赖登塔尔（H.Freudenthal）有一个著名的观点：与其说让学生学习数学，不如说让学生学习数学化[①]。根据这一理念，数学课程的着力点，应是引导学生进行数学化探究。

小学数学教师有必要追问：对于小学数学课程来说，这个"数学化"应在什么情况下进行？该如何进行？应进行到什么程度？我们认为，在数学化进程与儿童的认知发展之间寻找平衡点，是成功解决上述问题的关键。也就是说，小学数学课程的数学化探究，应当在儿童的探究中自然发生，应根据儿童的生活经验与现有的认知发展水准，还原数学知识、技能的产生过程与应用过程。郭思乐教授曾说过："儿童生产了知识，他就爱知识，也就能出色地用知识。"[②]

例如，在教"三角形内角和"时，教师的着力点应是引导学生通过测量求和、拼角成直线、重复验证、归纳结论等学生力所能及的方法，经历数学化探究过程，寻找规律性结论，并尝试运用规律性结论解决生活中的实际问题。

（三）以数学思想方法的理解与运用为价值支柱

数学发展史，说到底就是数学思想方法发展史。儿童对数学知识、技能的学习与认识，是极其有限的，这些知识、技能在生活中的直接应用也很有限，但数学知识、技能背后的数学思想方法，对其基本素质的形成和可持续发展却有着十分重要的影响。小学阶段的数学知识，内容虽然简单，但却隐含着丰富的数学思想。教师只有深入挖掘数学知识背后的数学思想，并以儿童能够理解的方式呈现这些数学思想，才能给儿童思想的滋养。总之，数学课程应着眼于儿童发展，以数学思想方法的理解与运用为价值支柱。

例如，当我们引导低年级学生填写表6-1时，应当引导他们观察被减数、减数的变化情况，推测差的变化规律，并进一步验证其规律。最终要让学生能说出：谁是不变的？是谁的变化引起了谁的变化？由此渗透函数思想教育。

表6-1

被减数	80	80	80	80
减数	12	22	32	42
差				

[①] 弗赖登塔尔：《作为教育任务的数学》（陈昌平等译）第4-5页，上海教育出版社1995年版。
[②] 郭思乐：《教育走向生本》第28页，人民教育出版社2001年版。

（四）以促进儿童生长为终极目标

让儿童直接学习作为科学工具的数学，并没有多少实际意义，这早已经成为共识。对于小学数学教育来说，我们需要看重数学对于儿童成长与发展的意义。

儿童的成长与发展，从生命的角度看，就是生长。对于生长速度较快的小学生来说，以内涵生长性的数学教学应成为数学课程的核心追求。而在实际工作中，数学课程促进儿童生长的功能，往往淹没于成人的理解和数学知识的严密推演之中。这提醒我们：教师必须从儿童生长的视角选择数学探究的活动方式，以促进儿童的有效生长。

例如，对于"平行四边形面积的计算"这样的课程内容，应该先引导学生回顾已掌握的长方形面积计算公式，然后将长方形框架稍稍拉动变成平行四边形，引导学生猜想：这个平行四边形的面积大小可能与什么有关？有什么样的关系？如果有人猜测"平行四边形的面积等于相邻两边长度的乘积"，教师不妨进一步压扁平行四边形，以证明此猜测的错误。当学生根据其高度的变化猜测到"平行四边形的面积可能等于底乘高"时，教师应启发学生思考：这一猜想是否符合普遍规律？如何得到验证？由此可引导学生寻找符合普遍规律的证明方法。需要指出的是，平行四边形面积计算公式的成功证明，不应成为本次探究的终点，还应当引导学生梳理探索过程，反思以下问题：（1）刚开始，我们为什么会认为平行四边形的面积是相邻两边之长的乘积？在拉动框架的过程中，什么没有变，什么变了？（2）如果将框架拉回成长方形，能不能用平行四边形的面积计算公式来计算长方形面积？（3）今后再遇到同类问题时，我们需要吸收什么经验教训？这种课程实施方法，才是"以促进儿童生长为终极目标"的课程实施方法。

四、数学课程实施过程的设计

本书第三章说过，所谓课程实施过程，指教师与学生围绕特定课程展开的双边互动过程，它通常由若干具有有机联系的课程环节组合而成，整个过程的各个环节都是以课程目标的实现为核心的。绝大多数课程都是以专题为基本单位的，由于数学课程多用一课时完成一个相对独立的专题课程，故一个数学课程实施过程多占用一课时。

新授课、练习课与复习课，是数学课的常见课型。下面分述这三种课型的课程实施过程。

（一）新授课

新授课是数学课最常见的课型，也是教学流程最富含变化的课型。新授课最常见的结构，包括如下课程环节：

1. 新授准备

有的新授课先进行一些基本口算训练；有的新授课先复习与新课有关的旧知识与旧技能；有的新授课先出示准备题，以提供先行组织载体。新课程实施以来，准备环节更注重创设情境，唤起经验，激发兴趣，为整节课奠定思维方向与情感基调。

2. 引入课题

要在上述准备的基础上，提出新课要研究的问题，由此揭示课题。可通过情境激发、旧知演变、提示问题、审问教材标题等方式引入新课题。

3. 展开探究

这是新授课的中心环节。为了较好地体现《数学课程标准》所倡导的课程理念，应多引导学生主动地观察猜想、分析综合、推理概括、实验验证，充分发挥学生群体在自主探索、交流合作、反思验证等方面的潜能，把课上得生动活泼、富有灵性、富含创意。教师在新课推进过程中，要注意激发学生主动参与的热情与解决问题的信心。

4. 应用拓展

新知探究的基本完成，并不意味着新知的掌握。应通过对新知的应用，促进学生将新知纳入已有的认知结构。《数学课程标准》强调：仅进行简单的重复练习，并不能真正掌握新知；应当引导学生在新问题的解决中，对新知进行富有个性的解释、应用与拓展。只有这样，学生才能真正学到活的数学知识、技能、经验和思想。在这个环节，教师应注意引导学生逐渐独立地练习、应用与拓展新知。

5. 总结提升

在这个环节，应组织学生进行课堂回顾与反思，提升已有认识，并将学习延伸至课后。可通过教师概括、学生质疑、小组交流等形式，概括知识要点，反思探究策略，提炼数学思想。

需要说明的是，上述流程并不是一成不变的。在实际工作中，就应根据课程内容、教材特征、学生情况、可用时间等方面的实际条件，相对灵活地设计课程环节。

（二）练习课

练习课是小学数学课的重要课型。在完成单元全部新授课或部分新授课后，通常需要安排一至两节练习课。其主要任务，是帮助学生理解和巩固新授知识，灵活掌握相应的技能、方法与策略，发展其分析和解决实际问题的能力。

练习课的课程环节主要包括：

1. 复习旧知

回忆以前所学知识、技能，同时进行一些基本训练。

2. 揭示课题

明确练习的内容和要求。

3. 练前指导

练习课应避免安排过多机械重复的练习，应该多安排变式练习，使学生通过含有新意的练习，发展数学技能，掌握数学方法，感悟数学思想。教师的指导，应主要着眼于思路、方法、策略的选择，同时应提醒学生注意哪些地方容易出错。教师可借助组织板演、评讲错题等方式，进行有重点的练习指导。

4. 课堂练习

这是练习课的主体部分，应安排充分时间让学生练习。练习的安排要体现层次性、灵活性、应用性和开放性。应精心选择练习题，力求举一反三，提高练习的整体效果。在练习过程中，教师要加强巡视，及时了解学生练习的情况，在做好个别指导的同时收集学情资料，为下一步的评讲做好充分准备。

5. 练习评讲

在这一课程环节，应对练习中出现的普遍性问题进行评讲，以修正存在的问题，提升知识、技能的学习质量和策略的运用水平。要力求当堂解决问题，不留"后遗症"。在练习讲评中，教师应适当采用"兵教兵"的策略，但关键处要进行必要的质疑与点拨。

6. 课堂小结

可先让学生自己思考：通过练习，我认清了什么？掌握了什么方法和策略？教师应在学生总结的基础上，进行必要的点拨或概括。如果有必要，可布置适量的课后作业。

以上只是练习课的基本结构。在练习课的实践中，往往将练习分为四个层次：练一段，评讲一段，再练一段，再评讲一段。

在进行练习课课程设计时，可根据实际需要，逐步组织不同层次的练习，最终将基本练习、专项练习、对比练习、变式练习、探究练习、综合练习、发展练习等不同的练习有机结合起来。

（三）复习课

复习课的主要任务是梳理所学知识，将知识系统化、结构化、条理化，以达到加深理解、归纳方法、整合知识、提升能力等目的。可根据课程进度，将复习分为单元复习、期中复习、期末复习和毕业前总复习等类型。

复习课的课程环节包括：

1. 宣布复习内容和要求

2. 系统回顾

教师引导学生系统回顾和整理所学知识，并寻找知识之间的纵横联系，借此形成结构化理解，优化方法和策略，发展思维，提升能力。对易于遗忘、容易出错、未能自主整合的课程内容，要重点复习，为有效运用相关知识解题作准备。

3. 练习

应选择需要综合运用所学知识、能够体现知识系统性的复习题组，供学生练习。既要安排基本练习，也要安排有针对性的练习，还要安排综合性的练习。练习题的选择，要突出重点，针对难点，不可"眉毛胡子一把抓"。

4. 评讲

应及时向学生反馈其练习成果，并有的放矢地进行系统评讲，以促进认知结构的优化与综合能力的形成。评讲的重点，应是学生在练习时出现的常见问题。

5. 小结

应注意多引导学生进行自主小结，以促进学生自觉地提升认知结构。教师可在学生自主小结的基础上，作必要提炼与引申，并针对性地布置少量的课外作业，以巩固和提升学习成果。

复习课的结构具有较大的灵活性，可根据实际情况，相对机动地设计其课程实施过程。

设计复习课的课程实施过程，需要注意以下问题：首先，复习课不是练习课，教师应注意精心梳理知识结构，强化纵横联系。教师应借助有计划、有系统的板书，纲举目张地呈现知识结构。其次，应注意激发学生的复习兴趣，想方设法激发其重温"冷饭"的兴趣。再次，平时要注意搜集学生的常见错误，以提升复习效果。最后，习题的选择，应体现综合性、发展性与趣味性。

第二节 小学数学课程设计实例研究

对一线数学教师来说，设计数学课程是自己的日常工作。研究不同课型的课程设计实例，能够促进课程设计理论与课程设计实践的结合，有利于理论水平的提高与实践能力的提升。下面本着理论与实践相结合的原则，研究三个数学课程设计实例。每个实例研究，均含"实例"与"简析"两个组成部分。

一、新授课课程设计实例研究

（一）实例

《近似数》新授课课程设计

一、基本信息

课程名称：数学（新授课）。

选用教材：苏教版小学《数学》四年级上册。

课程设计：江苏省如皋高等师范学校附属小学汤卫红。

二、课程标准解读

《数学课程标准》把估计能力看作公民数学素养的重要组成部分，十分重视估计能力的培养。在阐述什么是"数感"时，《数学课程标准》指出："数感主要是指关于数与数量、数量关系、运算结果估计等方面的感悟。建立数感有助于学生理解现实生活中数的意义，理解或表述具体情境中的数量关系。"由此可见，对运算结果的估计能力，与数感有着密切的关系。

理解"近似数"，是提升估计能力、增强数感的重要基础。认识"近似数"，有助于用数学眼光认识生活中的近似数据。根据《数学课程标准》的规定，应结合鲜活的现实情境，引导学生感受、理解"近似数"的意义，使他们能在具体情境中辨别、使用近似数，增强数感。

三、教材简析

教材注意联系生活实际，让学生感受近似数的现实意义，有利于培养学生的数量直觉和估计意识，发展数感。

教材先结合日常生活经验，引导学生判断哪些数是准确数，哪些不是，使学生意识到人们有时不用准确数表示事物数量，而用一个比较接近的数来表示，从而引出"近似数"概念。在此基础上，引导学生观察例题中的四个数，找出其中的近似数，由此体会"近似数"的含义。接着引导学生根据数据特点和实际需要，尝试用"四舍五入"法求近似数。

教材中的"试一试"，引导学生自主探索大数近似数的简便记法，提示近似数的实用价值。

教材中的"想想做做"，布置了填数作业，以增强学生对近似数的理解，并发展学生的发散思维能力。

教材还要求学生"从报纸、杂志或网上收集一些近似数，在班级里交流"，将专题学习延伸至课后。

四、学情研究

学生在学习近似数前，已经认识了含有万、亿的大数，会以"万"或"亿"为单位表示较大的数，并初步意识到大数目在生活和学习中的价值。

对准确数和近似数的运用，学生也有一定的生活积累。学生有时能用"差不多""接近""超过""大约"等词描述数量，甚至能较为熟练地使用"几十""几百""几千"等词汇。

上述两个方面的基础，为近似数的学习创造了条件。

五、课程目标

（一）在具体情境中认识近似数的含义、价值；能根据要求求近似数；会以"万"或"亿"为单位，求一个大数的近似数。

（二）借助几何直观手段，自主认识"四舍五入"法，并学会运用。

（三）认识社会生活与科学研究中的近似数，能用辩证的眼光认识准确数、近似数的区别与不同价值，培养其辩证思维能力。

六、重点与难点

重点："近似数"概念与实用价值。

难点：用"四舍五入"法求近似数。

七、课程实施过程

（一）情境导入

1. 出示教科书第96页例1，请学生自由读题。

2. 讨论：画线的这4个数的含义有什么不同？

3. 结合实例说说准确数和近似数的不同。

4. 辨别：下面横线上的数，哪些是近似数？

某实验小学共有学生 1 439 人。

到2004年末，全国共有医院、卫生院约 62 000 个。

沪宁高速公路全长约 274 千米，投资近 62 亿元。

小华体重 36 千克，身高 152 厘米。

地球赤道全长 4 万千米左右。

地球赤道全长 40 075 千米。

（二）直观探究

1. 谈话：怎样求一个数的近似数？我们以前曾学过"192÷39"的计算方法，对这个算式，你会把除数当成多少来试商？如果算式是"192÷32"呢？

质疑：39和32都是30多，为什么一个数约等于40，而另一个数约等于30？

2.（出示数轴）提问：31到39这9个数，选择最近的路，分别会去哪个整10数的家?

谈话:31接近30,我们就说31的近似数是30,记作"31≈30",读作"31约等于30"。35位于30与40的中间,两家都可以去。为了不让35为难,我们就规定它去40的家。记作"35≈40"。

3. 引导观察:请同学们观察黑板上的这些式子,看看有什么发现。(观察结论:个位是1、2、3、4的时候就舍去,个位是5、6、7、8、9的时候就向十位进1。)看来,将一个数近似到十位,关键是看个位上的数。

教师指出:把数字保留到十位,个位上的数称为尾数。

概括总结:个位上的尾数,如果是4或比4小,怎么办?如果是5或比5大呢?(根据学生的回答引出"四舍五入"的概念。)

4.(将数轴向右延长至50)追问:(1)除了35至39的近似数是40,还有哪些数的近似数是40?(2)在头脑中将数轴向左延长,想一想,除了31至34,还有哪些数的近似数也是30?

5.(出示四件羽绒服的价格图片)应用:(1)说说每件羽绒服大约几百元?(2)为什么都约等于500元呢?

6.(从小到大改变541的个位数)应用追问:这些数的近似数为什么都是500?如果想让这个数约等于600,该改变哪一位上的数?本题在求近似数时,只要看哪一位上的数?

7. 扩展思考:把539 180保留到千位大约是多少?保留到万位呢?为什么求出的近似数不一样?

(三)深化理解

1. 把下面的数保留到千位:4 500和5 499。

2. 提问:怎么理解"省略万位后面的尾数"?下面的数,请省略万位后面的尾数,写出近似数:284 999和285 001。

扩展研究:在数轴上找找这两个数的位置,说说它们分别接近多少万?你觉得用"四舍五入"法求近似数是否合理、方便?

3. 请省略最高位后面的尾数,写出下列数字的近似数:705、385、1 994、3 208、9 775。

追问:为什么9 775约等于10 000?

4.(出示教科书第96页例2)提问:把484 204和489 685保留到万位,要看哪位数?

尝试:我们也可以用"万"作单位写出近似数。试着把上面两个数写成用"万"作单位的近似数。请说说,尾数用0占位或以"万"作单位,你更喜欢哪一种方法?

比较：对于489 685这个数，省略千位后面的尾数与省略万位后面的尾数相比，有什么不同？490 000这个近似数，与近似数49万相比，有什么不同？

比较归纳：当我们省略"万"或"亿"后面的尾数求近似数时，为了方便，可以写成用"万"或"亿"作单位的近似数。

5. 用"万"或"亿"作单位写出下面各数的近似数：

283 000 ≈ （　　　）万　　1 970 000 000 ≈ （　　　）亿

6. 说说方框内可以填哪些数字：

9□875 ≈ 10万　　3 9□0 000 000 ≈ 39亿

（四）拓展应用

1. 用合适的近似数复述：

张叔叔的月收入是6 084元，李叔叔的月收入是6 499元。

姚明身高226厘米，汤老师身高171厘米。

追问：为什么不把两位叔叔的收入都说成大约6 000元？如果把姚明和汤老师的身高都说成大约2米合适吗？上述两例的数字，分别精确到哪一位比较合适？

2. 辨析：你约一位朋友到你家玩，用近似数告诉他你家的门牌号大约是70，行吗？你和朋友约好8:50在公园门口见面，你9时左右到，行吗？

3. 拓展：如果用"四舍五入"法，取整十数计算"15+25+35+45"，会发生什么问题？怎样避免误差过大？

学生发表意见后，教师介绍"四舍六入五成双"法。

（五）总结延伸

（略。）

（二）简析

上述课程设计是成功的。它给我们的启示是：

1. 探究准备应与新课高度融合，为新课的展开铺好引桥

复习与探究准备，应与新课无缝融合，应当为新知的获得提供生长点。数学教师应灵活创设生活化问题情境，在特定问题情境中激活学生已有的知识与技能，因势利导地引入新课。

近似数与现实生活有着十分密切的联系，在生产和生活实践中，人们经常会遇到一些无法用精确数字或不需要用精确数字表示的数据，人们有时也会主动地使用近似数。借助内含近似数的生活化问题情境来揭示新课课题，能使学生感受到近似数的现实意义，并产生认识近似数的内在需求。

在引入环节，引导学生判别近似数与准确数，不仅有利于认识近似数的特殊意义，也有助于发展学生的数感。

2. 核心概念的教学，必须基于其数学特性的把握

"四舍五入"是以上专题课程的核心概念之一；用"四舍五入"法求近似数，也是以上专题的核心性课程内容。从数学的角度看，"四舍五入"并不只是一种约定俗成的生活经验，而是一种内含数学思维的相对合理的数学规则。引导学生经历"四舍五入"的创生过程，认同其合理性，不仅能帮助学生深刻理解这一规则，也有利于发展学生的数感。

另一方面，该课程设计在引导学生认识"四舍五入"法和利用此法求近似数时，分别借助直观性的数轴展示数字的数学特性，让学生经历直观化的探求过程，达到了化抽象为形象、化难为易的目的。

3. 数学知识、技能的学习，必须以儿童为主体，并着眼于儿童的发展

如何将科学形态的数学转化为教育形态的数学，是小学数学课程所要解决的重要问题。对科学形态的数学进行教育化改造时，必须尊重儿童的主体地位，同时放眼于儿童的长远发展。

该专题课程涉及众多的数学专业概念，除"近似数""四舍五入"外，还有"准确数""尾数""省略""精确""以'万'或'亿'作单位的近似数"等。课程设计者以儿童为学习主体，遵循儿童的认知特点，采取"逐层推进，各个击破"的策略，步步为营、扎实有效地传授这些基本概念，为儿童未来的学习与发展打基础。教师还引导学生比较"省略尾数后用'0'占位"与"用'万'作单位写近似数"，使学生认识到后者不仅简便，而且更合理，为中学学习科学记数法埋下伏笔。

该设计还联系社会生活实际，让儿童认识到：是否使用近似数，近似数应精确到什么程度，都取决于当时的实际需要。这样教，有利于深入理解所学知识，发展其应用意识，提升其应用能力，也有助于提升其认识、分析和解决实际问题的能力。

二、练习课课程设计实例研究

（一）实例

《圆柱体积的计算》练习课课程设计

一、基本信息

课程名称：数学（练习课）。

选用教材：苏教版小学《数学》六年级下册（练习七）。

课程设计：江苏省如皋高等师范学校附属小学汤卫红。

二、课程目标

（一）通过练习，较熟练地掌握圆柱体积计算方法。

（二）在解决实际问题的过程中，进一步理解圆柱体积的计算公式。

（三）在具体情境中，学习多角度观察事物，并学习"由大推小"的问题解决策略，发展分析和解决实际问题的能力。

三、重点与难点

重点：圆柱体积计算公式的理解与运用。

难点：切拼成的长方体与原有圆柱的联系；"由大推小"策略的理解与运用。

四、课程实施过程

（一）集体复习

1. 回顾公式

提问：我们已经学习了圆柱体积的计算。谁来说说圆柱的体积计算公式是什么？圆柱体积的大小由哪两个量决定？

回忆：同桌两个人利用手中的模型，共同回忆圆柱的体积公式是怎样推导的。

观察：仔细观察，说说切拼成的长方体与原有圆柱存在哪些联系。

深究：拼成的长方体的长和宽，有什么特殊关系？（长总是宽的 π 倍。）

自主练习：把一个底面半径为2厘米、高5厘米的圆柱切拼成近似长方体（图略）。完成下面的填空：

（1）长方体的长是（　）厘米，宽是（　）厘米。

（2）长方体前面的面积是（　）平方厘米，左面的面积是（　）平方厘米。前面的面积是左面面积的（　）倍。

（3）长方体的体积是（　）立方厘米。

2. 用公式计算上述圆柱体积

（略。）

（二）基本练习

1. 求下面各圆柱的体积

（略。）

2. 选择题

（1）一个圆柱的底面积不变，高扩大3倍，则它的体积扩大（　）倍。

A. 3　　　　B. 6　　　　C. 9

（2）一个圆柱的高不变，底面半径扩大3倍，则它的体积扩大（　　）倍。

　　　　A. 3　　　　B. 6　　　　C. 9

（3）圆柱体的底面半径和高都扩大3倍，则它的体积扩大（　　）倍。

　　　　A. 3　　　　B. 6　　　　C. 9　　　　D. 27

（个人自主探索后，小组交流。）

（三）应用练习

1. 动手实践

估计、测量、计算圆柱形茶杯的容积（略）。

2. 考考眼力

观察图1中的三个饮料杯，判断哪个杯里的饮料最多。

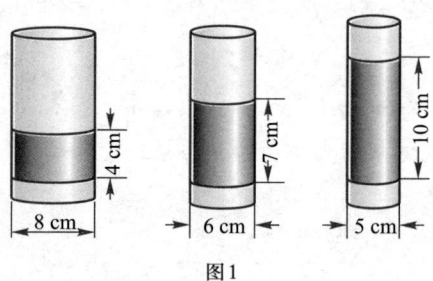

图1

（学生猜测，变换角度观察，计算并比较，反思。）

小结：我们正面看到的饮料是长方形的。根据平面图形推测立体图形的体积，往往容易形成错觉。要相对准确地比较体积大小，首先得看底面的大小。此外，从不同角度观察、比较，往往能让我们得出比较准确的判断。

3. 巧妙推算

思考：怎样测算一枚硬币的体积？

启发：如果直接测算一枚硬币的体积，算出的结果精确吗？采用什么办法，可使测量与计算的结果更精确？

（引导学生通过测量和计算，算出10枚硬币的体积，再推算一枚硬币的体积。）

反思：由10枚硬币的体积推算1枚硬币的体积，与直接测算1枚硬币的体积相比，其计算结果有什么区别？如果用50枚硬币推算，情况会发生什么变化？

拓展应用：生活中我们也经常运用"由大推小"的策略。比如，要知道1粒米的重量，就可以先称出100粒米的重量，再推算1粒米的重量；要测量1张纸的厚度，可以先量出50张或100张纸的厚度，再推算

1张纸的厚度。

（四）综合练习

1. 题组练习

谈话：小刚、小明和小芳都喜欢在做中学，在玩中学，让我们一起去看看他们在做什么，会出现哪些问题。

（1）小刚把一圆柱形木块沿底面直径垂直劈开（如图2），得到的长方形长12厘米，宽8厘米。求圆柱形木块的体积。

（2）小明先裁出一张面积约为314平方厘米的长方形纸片，以此作圆柱侧面，再用圆规在纸上画出两个半径为5厘米的圆，以此作圆柱底面（如图3）。做出的圆柱体积是多少？（提醒学生注意，此题有简便的计算方法。）

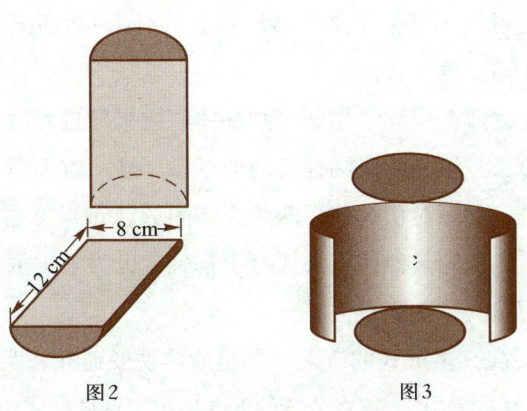

图2　　　　　　　图3

（3）小芳用一张长31.4厘米、宽15.7厘米的长方形纸卷成圆柱的侧面（不浪费），再配上相应的底面，做成圆柱形。有几种做法？做成的圆柱，哪一个体积大？由此可以推断：体积的大小，与什么有关？由此，你有什么猜想？

2. 故事中的数学

故事：一家牙膏厂生产的牙膏深受消费者喜爱，以前销量不错。但由于牙膏品牌众多、市场竞争激烈，这家牙膏厂的销量如今就是不见上涨。这可急坏了厂长。这时一位聪明的员工向厂长建议：把牙膏口的直径由原来的0.4厘米改为0.5厘米。这批牙膏投放市场后，销量很快大幅上涨。

提问：牙膏销量为什么会有大幅上涨？如果每人每天使用牙膏的长度都是2厘米左右，一年里，每个人大约要比原来多用多少立方厘米牙膏？

讨论：如何列式？如何进行简化计算？

（学生讨论后，用计算器计算。）

> （五）拓展探究
>
> 　　谈话：1 900多年前出现的《九章算术》，记载了圆柱体积的计算方法："周自相乘，以高乘之，十二而一。"也就是说，底面周长的平方乘高，再除以12。当时人们认为圆周长大约是直径的3倍，这实际上是取了圆周率的近似值。请大家验证一下这种算法的合理性。
>
> （六）课堂小结
>
> 　　（略。）

（二）简析

上述练习课的课程设计给我们的启示是：

1. 为做练习而回顾所需知识时，应凸现知识新的生长点

练习课中的复习，不能简单地"炒冷饭"，而应在激活旧知的同时，建立新旧知识的联系，让知识再生长。

在该实例中，教师在引导学生回忆圆柱体积的推导过程时，再次引导学生观察和寻找切拼成的长方体与原有圆柱之间的联系。这一方面深化了学生对圆柱体积公式的理解，另一方面对切拼前后两种立体图形之间的关系进行了更深层次的考察，为探索圆柱体积的其他计算公式打下基础，也为学生根据具体情况选择相对简便的计算方法提供了必要条件。

2. 应安排多层次、多形式的练习，题目应体现变通性和实践性

该实例中的"基本练习"，重在公式的变式应用。这种变式应用，也是半径、直径、周长、面积四者关系的互逆应用。"基本练习"中的选择题题组练习，有助于提示引起圆柱体积变化的变量与体积变化之间的函数关系，渗透了函数思想教育。

"应用练习"突破了纸笔练习的限制，体现了数学知识、技能的实践性和应用性。这一练习既能提升学生的观察能力、动手能力，又能提升学生解决实际问题的能力。

"综合练习"旨在促进学生多角度理解圆柱体积的计算方法，引导学生在掌握常规方法的基础上，根据具体情境选择不同的问题解决策略，提升问题解决水平。与牙膏有关的"故事中的数学"，描述了看似微不足道的自变量变化引起的因变量的巨大变化，使学生体会到非线性几何级数的变化；由此带来的经济效益，更让学生感悟到数学的力量。

教师在"拓展探究"中介绍《九章算术》所记载的圆柱体积的计算公式，也很有意义。它既能让学生体会此法的简洁性与实用性，也能让学生感受到中国古代数学家的杰出智慧。

3. 应充分挖掘练习题的教育价值，提升儿童解决实际问题的水平与能力

该课程设计注重习题价值的挖掘，从空间观念发展、估计策略优化、反省意

识形成、问题解决策略优化等方面，提升儿童解决实际问题的水平与能力。

知识和技能的机械巩固，对促进学生的可持续发展作用有限；而在知识、技能巩固中出现的新思路、新方法与新策略，却有十分重要的意义。例如学生在教师引导下巧妙测算1元硬币的体积时，不仅学到了"以大推小"的策略，还明白应当注意寻求最优的问题解决策略。这些对提升儿童认识、分析、解决实际问题的水平与能力，具有重要意义。

三、复习课课程设计实例研究

（一）实例

《统计》复习课课程设计[①]

一、基本信息

课程名称：数学（复习课）。

选用教材：人教版小学《数学》三年级下册（第三单元）。

二、课程目标

（一）通过整理与复习本单元的知识要点，提高对条形统计图的认识，能读懂不同形式的单式条形统计图，并能对数据进行简单的分析。

（二）进一步理解平均数的意义，会利用平均数进行分析和比较。

（三）提高统计兴趣，增强数据分析意识，能运用统计知识解决简单的生活问题。

三、重点与难点

重点：梳理本单元的统计知识，使学生能运用有关知识对数据进行简单分析。

难点：灵活应用平均数解决实际问题。

四、课程实施过程

（一）创设情境，整理知识

1. 播放短片，激励闯关

动画情境：沸羊羊不幸被灰太狼抓走了，救助沸羊羊需要闯过三道关卡，全班分五个小组一起去救沸羊羊，表现出色的小队评选为优胜小组。

2. 预备知识，整装待发

谈话：由于关卡上的问题都与统计有关，为了顺利闯关，需要整理

[①] 根据《小学数学教育》2012年Z1期《"统计的整理与复习"教学实录与评析》一文改编。

与复习学过的统计知识。

教师引导学生回顾本单元所学过的统计知识：

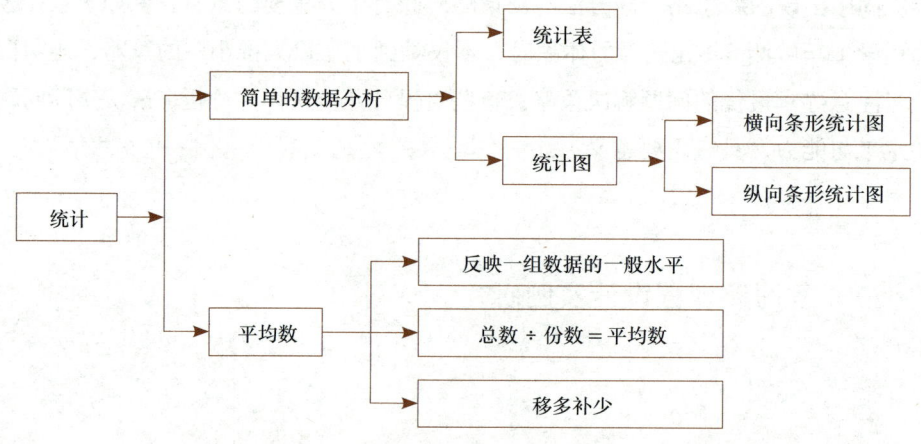

（提示：为了更好地掌握所学过的知识，可借助大括号列出知识结构图。）

（二）智慧闯关，解决难题

第一关：卖水果与拍皮球

1.水果销售统计

出示课件：

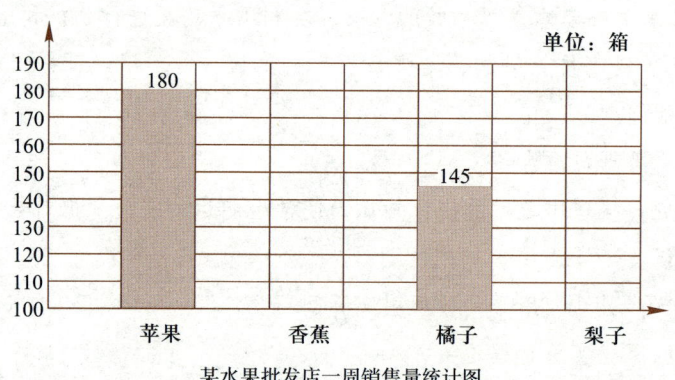

某水果批发店一周销售量统计图

说说做做：

（1）统计图的纵轴表示水果数量，起始格代表（　　）箱，其余每格代表（　　）箱。

（2）请把统计图补充完整。（学生完成并展示作品；课件显示完整的统计图。）

（3）统计图还告诉我们什么？

（4）批发店又要进水果了，如果你是老板，你会怎么做？

2.拍皮球成绩统计

出示课件：

几名同学进行一分钟拍皮球比赛，统计成绩如下：

甲队比赛成绩表

姓名	陈雄	刘颖	王迪	刘思	合计
1分钟拍球个数	56	40	46	50	192

乙队比赛成绩表

姓名	李铭	朱庆	赵敏	汪含	邓洁	合计
1分钟拍球个数	52	47	55	43	48	245

陈雄说：我一分钟拍球的个数最多，我们甲队的成绩最好！

邓洁说：我们乙队拍球的总数最多，所以乙队的成绩最好！

提问：陈雄与邓洁的说法对吗？为什么？

追问：应该怎样比较各队成绩？请具体比较一下。

谈话：你们真聪明，轻松地闯过了第一关。比一比，目前哪一队获得的智慧星最多？（统计智慧星数量。）

第二关：小马过河与李红的分数

引入：我们闯过了第一关，现在准备闯第二关。

1. 小马过河

出示课件：

讨论：小马的说法对吗？

2. 李红的分数

提问：唱歌比赛，6位评委老师给李红的评分分别是90分、84分、82分、86分、93分、88分。去掉一个最高分，去掉一个最低分，李红最后平均得分是多少？正确算式是什么？请选择：

　　A.（90+84+82+86+93+88）÷6　　　B.（90+84+86+88）÷6
　　C.（90+84+86+88）÷4　　　　　　D.（84+86+93+88）÷4

（教师点评各组获智慧星情况，表扬激励。）

第三关：小伟的成绩单

出示课件：

小伟的成绩单沾到墨汁，数学成绩看不到了。你知道小伟的数学多少分吗？

科目	语文	数学	英语	平均分
得分	93	（沾到墨汁）	90	94

谈话：请同学们结合统计图猜猜看，小伟的数学分数比平均分94分高一些，还是比94分低一些？请大家在作业纸上解答，验证自己的猜测。

提问：谁能做小老师，给大家讲解一下解题思路？

追问：还有不同的计算方法吗？（教师利用课件出示条形统计图，动态演示"移多补少"方法。）

（三）集体总结，畅谈收获

1. 统计各队智慧星数量，制成统计表，评选优胜小组。

2. 启发思考：如果要直观、形象地表示各队获得的智慧星的多少，还可以怎样表示？

3. 引导总结：同学们利用所学的知识，成功闯过三关，救出了沸羊羊，说说你有什么收获。

（二）简析

以上课程设计是成功的实例。它给我们的启示是：

1. 知识体系的梳理与重建，是复习课的基本任务

复习课中的知识梳理应当遵循重构化原则，以实现知识的纵横融合。如果只简单回顾、罗列旧知，学生的认知结构难以得到实质性提升。该课程设计先引导学生自主回忆、陈述本单元的统计知识，使教师能了解学生的知识掌握情况和结构化程度；然后结合富有趣味与挑战性的实例，通过有序的引导与探究、交流与

反思、梳理与总结，实现知识体系的重建与认知结构的提升。这一课程设计实例提醒我们：数学教师必须将知识体系的梳理与重建作为复习课的基本任务。

2. 实践性练习的设计，必须以促进知识与方法的融会贯通为目的

复习课的练习，多为实践性练习。这些实践性练习，不同于新授课的巩固练习，也不同于练习课的自主练习，它具有自身的独特目的。复习课的实践性练习，应能促进知识与方法的系统化、结构化与深刻化，使学生能融会贯通地运用所学的知识与方法。在该课程设计中，条形统计图练习的设计，就较好地体现了上述理念：通过条形统计图的认识、分析与仿作，进一步提高学生读统计图的能力、分析统计图的能力、绘制统计图的能力和利用统计图信息进行合理决策的能力，强化数据分析理念，促进知识与方法的融会贯通。其他练习的设计，也是以促进知识与方法的融会贯通为目的的。

第三节 小学数学课程的评价

本节从小学数学课程资源评价、数学课程设计与实施评价、学生学习过程与成果评价三个方面，阐述数学课程的评价。数学课程的评价，旨在促进数学课程设计与实施水平的提升，从而使学生受到更好的数学教育。

一、数学课程资源评价

（一）数学课程资源评价概述

数学课程资源，既可用来促进数学课程的运筹，又反过来制约数学课程的运筹。由此可见，数学教师必须重视数学课程资源的有效利用与常规建设。

可以根据不同的标准，对数学课程资源进行不同的分类。例如，根据属性的不同，可以将数学课程资源划分为学校教育资源、社会生活资源、家庭生活资源、历史资源四大类型。前三者是"现实"的，"历史资源"则是"历史"的。根据来源的不同，也可以将数学课程资源划分为校内课程资源、校外课程资源、网络课程资源三大类型。

数学课程资源的评价，要达到两个目的：一是促进数学课程资源的合理利用；二是促进数学课程资源的常规建设。

（二）数学课程资源评价的基本内容

数学课程资源评价的基本内容包括以下三个方面：

1. 是否充分利用了可用资源

小学数学课程的基本内容应当是丰富多彩的。学生数学能力的培养，离不开丰富多彩、富含挑战性的数学问题的探究。数学课程只有充分利用可用课程资源，才能激发学生的学习兴趣，激活学生的思维与想象，培养学生的数学素养，发展学生的智力与能力。

上一节评价的三个课程设计实例，都是充分利用可用资源的范例。

2. 能否科学利用课程资源

小学数学课程资源，并不是多多益善的。数学课程资源的利用，应当以数学课程目标的高效率实现为基本目的。由此可知，评价课程资源利用的科学性，必须从实现课程目标的需要出发。

同学们可以通过回顾上一节所介绍的课程设计实例，考察其课程资源利用与课程目标实现的关系。

3. 是否重视课程资源建设

数学课程资源的建设，不可能一蹴而就。数学教师必须重视数学课程资源的常规建设，使自己的专业发展更有后劲。事实上即使是一名普通教师，在模型与教具制作、生活实例收集、课件制作、教案编写、教材比较、试卷整理、课程素材整合等方面，都可以大有作为。如果能集体合作，长久地从事课程资源建设，则更能卓有成效地提升课程质量。

二、数学课程设计与实施评价

对普通小学教师而言，所谓"课程设计与实施"，是通过备课、上课来完成的。因此可以说"数学课程设计与实施"的问题，实际上就是"怎样上数学课"的问题。由此可以推论：对普通小学数学教师而言，"数学课程设计与实施评价"可以合并为"数学课评价"。由于数学课程的设计与实施，是以相对完整、相对独立的专题为基本单位的，因此这里的"数学课"指整个专题的数学课程。

由于教师是课程的设计者、组织者与指挥者，数学课程评价的重点，应是借助特设的指标体系，较为具体地衡量数学教师的课程设计与实施水准。表6-2是本书参考基层学校的实践经验设计的小学数学单元课程、专题课程评价参考量表。

表 6-2 小学数学单元课程、专题课程评价参考量表

项目	权重	评价要点		得分
		序号	要点描述	
课程目标评价	15分	1	目标切实可行，年龄特点突出；目标行为的描述明确具体，可观察或测量	
		2	知识技能、数学思考、问题解决、情感态度与价值观四大目标有机整合；目标有所侧重	
		3	目标意识强烈，目标的实现贯穿全过程	
课程内容评价	15分	1	教师对数学知识、技能、思想的理解深入而充分；能准确把握教材内容，抓住重点，突破难点	
		2	能联系生活实际，对教材进行合理的深度开发，使课程内容更适应学生的实际情况	
		3	能注意利用课程资源，有效拓展课程内容，展现数学课程的文化品位	
课程实施过程评价	40分	1	学生主动参与课程活动，主动参与率超过90%，深度参与率超过60%	
		2	有良好的问题情境；问题梯度合理，富有一定的挑战性	
		3	学生有探究、解决数学问题的热情；有探索、实践、交流的时间与空间，有团队合作意识	
		4	练习的设计与呈现，兼顾层次性、针对性、实效性和多样性	
		5	问题寻找、探究引导、独立作业等，时间分配合理	
		6	能较好地利用媒体与教具，提高课堂效率	
		7	教师语言准确、精练，富有启发性，能有效促进学生数学思维能力与语言表达能力的发展	
学习行为反馈评价	15分	1	能均衡地关注不同类型学生的学习行为；反馈评价客观公正，用语恰当	
		2	能对学生发言、探究、练习的质量进行多元评价，以激发其参与热情，提升其数学素养	
		3	能引导学生的反思、自评和互评学习行为，促进学习行为的优化	
直观效果评价	10分	1	能利用不同手段，及时检测课程目标的实现程度；能较好地实现既定课程目标	
		2	学生在学习方法改进方面有所收获，在数学思想方法方面有所感悟	
		3	学生学习情绪高涨，作业完成得较为顺利；教师信息反馈及时、有效	
亮点评价	5分	1	课程实施的某方面或某环节有创意，效果显著；或教师教学风格具有显著亮点	
总评意见			总分	

上述数学课程评价量表，是定量评价与定性评价相结合的量表。

在定量评价部分，共有如下六大评价项目：课程目标评价、课程内容评价、课程实施过程评价、学习行为反馈评价、直观效果评价和亮点评价。其中，前三项属于课程评价的基本内容，后三项属于特定角度的评价。二者虽不在同一层面，却可以相互映衬，互为补充。在定量评价部分，虽没有专门列出"课程实施方法评价"，却将课程实施方法评价的基本内容整合进课程内容评价、课程实施过程评价、学习行为反馈评价、直观效果评价和亮点评价之中。这样做，既可以细化课程实施方法评价，又可以避免有关评价内容的重复。

定性评价表现于"总评意见"的填写。评价者可以借此栏目，或说明自己的评分依据，或表达自己的主观看法，或陈述自己的课程改革建议。

可以借助此量表或参考此量表，评价单元或专题数学课程的设计与实施。

三、学生学习过程与成果评价

了解和评价学生的数学学习过程与学习成果，对学校管理者、数学教师、学生、学生家长，都有重要意义。对数学教师来说，了解和评价学生的学习过程与学习成果，可以更好地把握学情，更准确地了解学生的平均成绩与学习成果方面的个别差异，以促进课程资源建设，改进课程设计，提升课程实施质量，促进自身的专业发展。对学生来说，了解和评价其数学学习过程，可以帮助他们了解自身学习行为的优劣，为改进数学学习行为创造条件；了解和评价其数学课程学习成果，可以激发其学习数学的积极性。

小学生数学学习过程与成果评价的基本内容，包括数学学习过程评价与数学学习成果评价两个方面。

（一）数学学习过程评价

所谓数学学习过程评价，指对学生数学课程学习动机、学习积极性与参与热情、学习方法、协作精神与合作能力等方面的评价。由于这些方面均表现于学习行为中，数学学习过程评价也可称为数学学习行为评价。

学生数学学习过程的评价，应以提升学生的参与热情，促进学生学习行为的优化，提高教师课程设计与实施的针对性与科学性为基本目的。

数学教师可借助即时性的课堂点评、作业批语、试卷批语、日常交谈等，评价学生在数学学习过程中的行为表现。

（二）数学学习成果评价

评价小学生的数学学习成果，是为了帮助学生了解自己的即时学习成果及其成因、阶段学习成绩及其成因，激发其学习积极性，促进其学习策略的优化，改进教师的课程设计，提高课程实施质量。

小学数学学习成果评价，包括即时性成果评价、阶段性成果评价两种类型。前者是对当堂学习成果的评价，后者是对特定时间段内数学学习成果的评价。阶段性成果评价，又包括阶段成绩评价、数学素养评价两种类型。阶段成绩评价既常见，又实用；数学素养评价虽客观，却少见。现分述这两种评价。

数学阶段成绩评价，一般通过阶段考试及其试卷讲评来实现。学生阶段成绩的优劣有三种衡量模式：一是常模参照模式，即横向比较模式。有必要通过横向对比，判断被评价者学习成绩的优劣。二是标准参照模式，即参照既有标准进行评价。这种"既有标准"通常反映在阶段课程的课程目标之中。三是个体发展模式，即对被评价者的纵向发展情况作评价。对学生的发展与进步来说，这一评价比前两种评价更有实际意义。

至于数学素养评价，情况要复杂得多。关于什么是数学素养，经济合作与发展组织（Organization for Economic Cooperation and Development，简称"经合组织"或"OECD"）设计的"国际学生评估计划"（Programme for International Student Assessment，简称"PISA"）对"数学素养"概念的界定是："数学素养是个体作为一个有创新精神、关心他人及具有反思性的公民所应具有的数学能力。这种能力包括能够理解数学在现实世界中的作用；能运用数学作出决策；能在个人生活和未来社会中使用和渗透数学。"[1]"国际学生评估计划"的数学素养评价体系，具有以下主要特点：以实际生活情境为主题；注重数学学科各领域的结合；重视读图、认图和解释图的能力。该计划所设计的数学素养测评题目，包括多重选择题、封闭式建构性问题、开放性建构性问题三种类型。

在我国的学校教育中，人们重视数学成绩测评，忽视数学素养测评。但数学成绩应是数学素养的真实反映，因此"国际学生评估计划"的"数学素养"概念界定和数学素养测评设计，对我国数学课程的改革和学生成绩测评的改革，具有启发意义。

本节深入讨论了数学课程的课程资源评价、课程设计与实施评价、学生学习过程与成果评价。在数学课程评价实践中，这三种评价应当相辅相成、互为补充。

---

[1] 綦春霞：《国际数学素养测评及其对中国的启示》，《人民教育》2009年第12期。

第四节 小学数学课程评价实例研究

上一节，我们从理论层面探讨了数学课程的评价。本节通过实例，从实践层面分别探讨数学课程设计与实施的评价、学生数学学习成果的评价。

一、数学课程设计与实施评价实例研究

在上一节，我们曾建议借助"小学数学单元课程、专题课程评价参考量表"，评价相对独立、相对完整的单元或专题数学课程。本节所研究的"数学课程设计与实施评价实例"，是教学片段评价实例。

（一）《两步计算应用题》新授课片段评价

请欣赏下面的《两步计算应用题》新授起始课教学片段[①]：

师：同学们喜欢吃什么水果？（学生纷纷发言。）
课件演示：两辆汽车装着水果开过来，第一辆装了36箱，第二辆装了12箱。
师：你获得了什么信息？
生1：汽车里装的是水果。
生2：第一辆装了36箱，第二辆装了12箱。
生3：第一辆装的水果比第二辆多。
生4：3个12是36，所以也可以说第一辆装的水果是第二辆的3倍。
师：根据获得的信息，你能提出什么问题？能解决吗？
生1：一共装来多少箱水果？36+12=48箱。
生2：第一辆装的水果比第二辆多多少？36-12=24箱。
生3：第一辆装的水果是第二辆的几倍？36÷12=3倍。
……
师：你们看，学校是怎么分这些水果的。（课件演示：分给二年级的同学24箱。）你得到这个信息后，和刚才的信息组合起来，能编出完整的应用题吗？
生1：学校先买来36箱水果，又买来12箱，分给二年级24箱。还剩下多少箱？
生2：学校先买来36箱水果，又买来12箱，分给二年级24箱。照这样分，

[①] 林良富：《追寻儿童数学教学之真》第149-151页，科学出版社2002年版。有删节。文句略有调整。

还能分几个年级?

师：我们先来解决第一个问题。(出示生1编的应用题)你感觉这条题目与以前学过的应用题相比，有什么不一样？

生1：条件有三个了。

生2：不能一步就解决问题。

师：你想通过什么办法来解决这个问题？

生3：我是用画线段图的方法来解决的（画下图）。36+12-24=24箱。

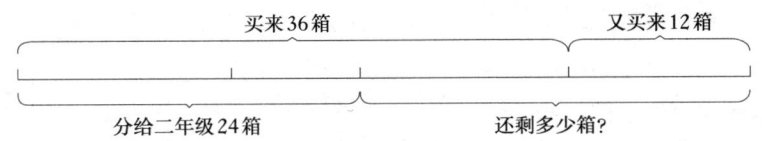

生4：我也是用画线段图的方法解决的。但我列的式子是"36-24+12=24（箱）"。从第一车里先拿出24箱，分给二年级，剩下的再和第二车的相加。

生5：我也是用画线段图的方法解决的。但我的列式与他们不同。我列的式子是"(36+12)÷2＝24（箱）"。我发现24正好是"36+12"的和的一半。

生6：我是用分小棒的方法解决的。算式有……

师：同学们能用自己的方法解决问题，而且方法又是如此多样，思维又独特，真聪明！以后解题，同学们可以选择自己喜欢的方法。

该如何评价上述课程片段？这个问题请同学们思考和讨论。这里对同学们的思考与讨论作一简要提示：其一，这是挺不错的教学范例；其二，教师的引导也有值得商榷之处。

《追寻儿童数学教学之真》一书的作者，是这样评价上述教学片段的：

"学生自始至终情趣高涨，发言踊跃，思维活跃。在随后的分层练习中，学生除了能用常规方法解决诸如乘加、乘减两步计算应用题外，还能创造性地用先求总份数，再求总数的方法。"

评价者接着从三个方面提示了上述教学片段的成功之处：

其一，"搭好情感之桥"。"教师运用亲切的话语谈论学生感兴趣的事，让学生说他们想说的话，不要求齐步走，一刀切，想方设法提供给学生广阔的思维空间，充分肯定学生思考的结果。宽松的环境，民主的气氛，自主探索的情景，使学生的思维创造性地得到发挥，不人云亦云，别出心裁地想出了新的解法。"

其二，"搭好知识之桥"。"教师充分运用学生已有的经验与数学知识，让学生由一步计算应用题不知不觉地过渡到两步计算应用题的学习，尽管是第一次接触,但由于题目由学生自己编,问题由学生自己解决,学生对两步计算应用题的结构及中间问题有了比较清楚的认识,所以有了多种解决的方法。……这正是本节课的成功所在,教师全无教的痕迹,学生的主体地位却体现得很充分,实践了由'教'转向'学'的现代教学观。"

其三,"搭好生活与数学之桥"。"生活是丰富多彩的,蕴涵着许多数学教学资源。教师要打破数学教材的狭隘框框,从学生周围感兴趣的故事、事例、新闻等学生生活经历的现象入手,贴近生活学数学,使数学问题成为学生看得见、摸得着,有亲切感,易于接受的事实,从而激发学生的内在认知需求,能用数学的眼光去思考周围的问题,变'学会'为'会学',变'学答'为'学问'。"

上述课程评价,评得如何?

评价者首先肯定了两个可圈可点之处:一是学生情趣高涨,思维活跃;二是问题解决富有创造性。这一点评,中肯而有实际意义。

评价者用"搭好情感之桥"概述课堂气氛的民主与活跃,用"搭好知识之桥"阐释课程的温故知新策略,用"搭好生活与数学之桥"描述数学与生活的成功结合。这三个方面的评价,是对该教学片段的全面评价。反映评价要点的三个句子,整齐、漂亮而有创意。

上述实例,最值得肯定与赞赏之处是引导学生自主编题,自主解题。评价者注意到这点,特别指出:"由于题目由学生自己编,问题由学生自己解决,学生对两步计算应用题的结构及中间问题有了比较清楚的认识,所以有了多种解决的方法。……这正是本节课的成功所在,教师全无教的痕迹,学生的主体地位却体现得很充分,实践了由'教'转向'学'的现代教学观。"

但是,这段评价也有可探讨之处。

第一,评价者只谈优点,没能指出存在的问题,令人遗憾。教师在导入环节问学生喜欢吃什么水果,并且让学生发言,这不仅浪费了时间,而且分散了学生的注意力。

第二,教师对学生说"以后解题,同学们可以选择自己喜欢的方法",这也是不恰当的。应当鼓励学生选择科学、简明的解题方法,鼓励学生反思自己的解题方法,反对在解题方法选择上固执己见。教师应当反过来告诉学生:做任何事,都不能只从自己的喜好出发,应该从需要与可能出发。遗憾的是,评价者没有指出上述两大存在的问题。

第三,观点有些片面。评价者认为,"教师要打破数学教材的狭隘框框",这个观点是片面的。其一,课本是根据课程标准编写的"教学之本",一般说来普通数学教师不应该也不可能追求打破其构架结构。其二,用"狭隘框框"这样的词语来批评当下的数学教材,也是不公正的。我们认为,可以研究教材的不足,以促进教材编写水准的提升；可以研究如何弥补教材的局限，以提升课程效率；不可以抽象地贬斥教材，也不可以泛泛地给教材扣"帽子"。

第四，部分评语游离评价对象，有"自说自话"嫌疑。评价者在陈述第三个评价要点"搭好生活与数学之桥"时，只陈述"应当怎么做"，没有评论"那位教师是怎么做的"。

第五，表达不当。有的评语语意不详，有的评语语病明显。例如，"学生自始至终情趣高涨，发言踊跃，思维活跃。在随后的分层练习中……"这段话中的"随后"语意不详。"使学生的思维创造性地得到发挥"，应为"使学生思维的创造性得到发挥"。"从学生周围感兴趣的故事、事例、新闻等学生生活经历的现象入手"，这句话也有问题。请同学们思考，这句话要表达什么意思，有什么问题，应当如何修改。

评价片面，观点不当，表达不当，是数学课程评价中的常见问题。

（二）《测量并计算圆锥的体积》练习课片段评价

请欣赏下面的《测量并计算圆锥的体积》练习课教学片段[①]：

师：要计算圆锥形物体的体积，必须知道圆锥形物体的哪些数据？
生：必须知道圆锥形物体底面的直径或半径或周长，还要知道高。
师：条件不同，使用的公式也会不同。圆锥体的体积计算公式有哪些？
生1：公式有：

$$V_{圆锥}=\frac{1}{3}sh,\ V_{圆锥}=\frac{1}{3}\pi r^2 h,\ V_{圆锥}=\frac{1}{3}\pi\left(\frac{d}{2}\right)^2 h,\ V_{圆锥}=\frac{1}{3}\pi\left(\frac{c}{2\pi}\right)^2 h$$

生2：根据这几个公式可知：要求圆锥体积，高是必须测量的，其余底面积、底面半径、直径、周长，只要测量出其中一项就可以了。

师：现在分组活动。活动目的是：测量发给你们的那只圆锥形铅锤的必要数据，并计算它的体积。

（投影出示）活动步骤是：

1. 讨论三个问题：（1）应该测得铅锤的哪些数据？（2）怎样测量？（3）测量时应注意哪些问题？

2. 底面测量，是测量半径，还是测量直径或周长，各人自己决定。要记下测量的数据。

3. 各组同学用自认为比较好的方法，轮流测量铅锤的高，记下测得的数据。

4. 各自根据测得的数据，计算出圆锥的体积。

[①] 林良富：《追寻儿童数学教学之真》第167-169页，科学出版社2002年版。文句略有调整。

5. 组内交流。

（教师巡视，辅导学生操作。）

师：说说你们是怎样测量铅锤底面的直径、半径或周长的。

（学生汇报时，教师为了使大家听懂，在黑板上画草图。）

生1：因为铅锤底面中心有一个小圆柱体（穿线用），我就把尺子放在小圆柱上面，测量出铅锤底面直径的长。

生2：我把铅锤底面放在纸上（纸中心被小圆柱压透），在纸上画出底面的圆，再量出直径。

生3：我们两个人合作，用线在底面的圆周绕一圈，再用尺子量出底面周长。

……

师：再说说你们是怎样测量铅锤的高的。

生1：我把直尺靠圆锥顶平放，一块三角板靠底边竖放，同时量出铅锤的高和底面半径（如下图）。

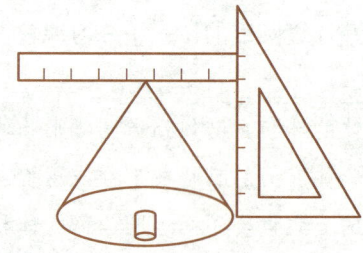

生2：我把铅锤倒立在桌上，使底面与桌面平行，再用三角板量出高（如下图）。

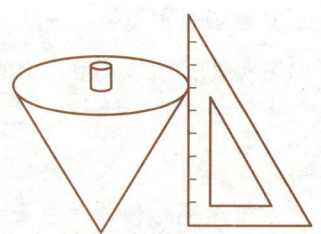

师：大家注意看图。铅锤尖朝上测量时，直尺与三角板要垂直；铅锤尖朝下测量时，三角板必须与桌面垂直。

生3：我把铅锤压入橡皮泥，使橡皮泥有一个圆锥形的空隙，用削尖的铅笔插入空隙深处，在铅笔上取铅锤的高，量出高度，再量出空隙圆口的直径。

……

（学生每汇报一种测量方法，师生都进行共同评议。）

师：下面各组汇报铅锤体积的计算结果。

……

师：刚才各组测量铅锤时能选用不同的方法，都很巧妙，测量得很好，计算出的体积也比较准确。

请同学们自主思考：应当如何评价上述教学片段？思考后再来看他人是如何评价的。提示一点：上述教学片段，教师的教学策略与语言风格都有显著特点。

《追寻儿童数学教学之真》一书的作者，评价上述教学片段的全文是："我国数学教育的现状是'强于基础，弱于创造；强于答卷，弱于动手'，在小学几何知识教学中，往往有学生会根据已知的数据计算出几何形体的面积和体积，但不会根据不同物体的形体，自己动手测量获得所需的数据，再求出体积和面积，这是教学的一种失误。在这一片段中，学生在测量圆锥体铅锤的底面直径和高时，想到了尺量、画圆、绕绳等测量方法，竟有一组把圆锥铅锤倒立过来测量出高，这正是他们思维创新和技能创新的具体表现。"

这段评价抓住了两个最值得评价与肯定之处：一是让学生亲自动手测量；二是注意发挥学生的创造性。在赞扬中，评价者顺便批评了我国数学教育的重要弊端"强于基础，弱于创造；强于答卷，弱于动手"。应当说，这一批评是中肯而尖锐的。

总的说来，这段评价角度选择恰当而准确，评价有深度，观点鲜明，语言简明。这四个特点说明，评价者具有不错的教育理论修养。

在这个教学片段中，教师的语言风格具有值得评价的显著特色。其语言特色可从朴素、准确、惜语如金三个方面概括。在上述教学片段中，教师除了为发言的学生画示意草图和巡视指导外，只做了一件事，那就是用朴素的语言，在教与学的关键处进行简明得不能再简明的引导、点拨与概括。遗憾的是，上述评价并没有涉及教师的语言风格。还有，评价者认识不够深刻。评价者认为"会根据已知的数据计算出几何形体的面积和体积，但不会根据不同物体的形体，自己动手测量获得所需的数据，再求出体积和面积""是教学的一种失误"，这个观点是不当的。上述问题，并不单纯是由教师"失误"造成的，应当从数学教育价值观高度寻找问题的形成原因。

此外，词句与标点的使用有一定问题。"我国数学教育的现状是'强于基础，弱于创造；强于答卷，弱于动手'，在小学几何知识教学中，往往有学生会根据已知的数据计算出几何形体的面积和体积，但不会根据不同物体的形体，自己动手测量获得所需的数据，再求出体积和面积，这是教学的一种失误。"应为："我国数学教育的现状是'强于基础，弱于创造；强于答卷，弱于动手'。在小学几何知识教学中，不少学生往往只会根据已知数据计算几何形体的面积或体积，不会通过动手测量获得所需数据。出现这个问题，不能归咎于'教师失误'；应当从数学教育价值观层面寻找原因。"

评价内容不到位，认识不够深刻，词句与标点使用不当，也是数学课程评价中的常见问题。

上面我们研究了两个数学课程设计与实施评价实例。这两个实例，都是定性评价实例。基于理论探讨与实践研究，我们总结出下述结论。

小学数学课程设计与实施评价的基本思路是：单元课程、专题课程设计与实施的评价，可借助"小学数学单元课程、专题课程评价参考量表"。对数学课程实施的定性评价，原则上应该以课程目标的实现为标准，应该注意抓主要特点、主要问题，在最值得评论的地方下功夫，要言不烦。

小学数学课程设计与实施评价的常见问题是：抓不住最值得评价之处，观点片面，认识不够深刻，表达不当。

二、学生数学学习成果评价实例研究

课程设计与实施评价，是对教师的评价。下面研究学生数学学习成果评价实例。

数学教师可通过课堂学习成果的即时点评、作业评价（评定成绩并给出批语）、试卷评价（评定成绩并给出批语）、试卷口头讲评（集体讲评或个别讲评）、日常交谈等，评价学生的数学学习成果。

（一）课堂学习成果即时点评实例

例一：

一位数学教师在上"测量"一课时，请学生用自己喜欢的方式测量物品的长度。教师发现：开始测量时，绝大多数学生都将尺的零刻度线对准物体的起始端点，只有一位学生将物体的起始端点对准尺的20厘米刻度线。

老师问："大家能说说自己是怎样测量的吗？"

几位同学发言后，只见那位以尺的20厘米刻度线为尺的测量起点的学生举起手，又悄悄把手放下。老师见状，对他说："你也来说说。你的方法很特别！"

这位学生说："我以尺的20厘米刻度线为尺的测量起点。我觉得用这种方法，也能准确地测量物体的长度。不知道这样做对不对。"

老师的回答是："你的思维很奇特！真不简单！同学们，他的方法和你们的方法有什么不一样？他的方法可以吗？"

同学们怎么评价这位教师对学生学习成果的评论？可以说，教师的评论内含教育智慧，值得赞扬。

当学生由于"不知道这样做对不对"而"举起手，又悄悄把手放下"时，教师用一句简短的评论"你的方法很特别"来鼓励他大胆发言。这句话还有一个作用：提示其他同学注意其"特别"之处。我们由此可以感觉到教师的教育智慧。如果事情到此为止，教师的评价还算不上出色。

当学生陈述了自己的独特做法后，教师的评价是："你的思维很奇特！真不简单！同学们，他的方法和你们的方法有什么不一样？他的方法可以吗？"这一评价更富教育智慧：教师借这句话，既赞扬了学生的创造精神，又提示大家研究这种做法有何独特之处，是否可行。创造精神固然可贵，科学性却更为重要。

但是仔细研究，会发现教师的评价也有问题。这个问题就是：没有在鼓励创造并引导学生研究和讨论"将物体的起始端点对准尺的20厘米刻度线"这种方法的独特之处与科学性的基础上，进一步研究和讨论这种独特方法的优缺点与适用条件，从而使学生认识到"创造"出的新方法往往既有优点，又有缺陷，因此有其适用范围。

综上，缺乏应有的深度，是小学生数学学习成果评价的常见问题。

例二：

一位数学教师在教"分数的初步认识"时，先引导学生认识"二分之一"，然后让学生以日常生活中的事物为例，说明什么是二分之一。

第一位学生说："把一个苹果平均分成两份，每份是它的二分之一。"教师评价说："你真棒！"

第二位学生说："把一条鱼平均分成两半，每一半就是二分之一。"教师评价说："你真聪明！"

第三位学生说："把教室的电视机从中间平均劈成两份，每份也是它的二分之一。"教师评价说："你真会观察！"

第四位学生说："把一个人从头到脚平均劈开成两半，每份是它的二分之一。"教师评价说："好的。还有吗？"

第五位学生说："把人的一只眼睛平均分成两份，每份也是它的二分之一。"
……

至此，类似的说法越来越多，场面有点混乱。

上述情况不大可能出现于"公开课"。请同学们思考一下：该如何评价这位教师对学生学习成果的评价？

我们认为，教师注意鼓励学生，以调动学生的学习积极性，这是值得肯定的。但是一味地说好话，无原则地给学生"戴高帽子"，却是值得商榷的。

我们来分析一下教师的四次评价。对第一、第二位同学的评价是可以的，没有原则性问题。第三位学生说："把教室的电视机从中间平均分成两份，每份也是它的二分之一。"教师的评价是："你真会观察！"这值得研究：数学学习必须以生活与生活需要为出发点与最终归宿，生活中有谁会劈电视机？教室里的电视机，是学校的财产，是小朋友们的好伙伴，毁灭它的设想，是难以接受的。教师应当这样说："你知道了什么是'二分之一'；但是劈电视机的做法是脱离生活实际的，教室里的电视机是我们的好伙伴，不能故意毁坏它。"第四位学生说："把一个人从头到脚平均劈开成两半，每份是它的二分之一。"教师的评价是："好的。还有吗？"这更值得研究：学生设想的做法，不仅是血淋淋的，而且极其残忍。对此，岂能用"好的"二字加以肯定，并就此结束？后面出现的"类似的说法越来越多，场面有点混乱"，已经证明教师评价不当。教师应当这样说："看来你知道了什么是'二分之一'。但是你的设想十分残忍，很吓人。我们最好不要举让人感到恐怖的例子。"

数学问题往往内含人文精神。在数学课程中，教师不能置人文精神的教育与熏陶于不顾。

滥用表扬，忘记人文精神的教育，是学生数学学习成果评价的常见问题。

（二）作业评价实例

例一：

方法太好了，可是计算要细心！

言简意赅。既肯定了主要优点，又指出了主要问题。这样做，既有利于提高学生的学习成绩，又有利于学生的健康成长。

例二：

你的字写得真漂亮。要是能提高正确率，那肯定是最棒的！

好评语！与前例有异曲同工之妙。

例三：

你真是数学天才，老师很佩服你。

这样的评价，恐怕有点过分了，会影响学生的健康成长。一个小学生得知自己是"天才"，知道"老师很佩服"他，是件可怕的事情。如果该学生真的很有数学天分，并且让他知道自己有数学天分对他成长有利，那么可以这样说："老师觉得你有宝贵的数学才华。"

鼓励过分，也是学生数学学习成果评价的常见问题。

基于理论探讨与实践研究，我们给出下述研究结论。

学生数学学习成果评价的应有思路是：以促进学生数学能力与基本素质的发展为基本目的；即时性成果评价应注重针对性；阶段性或终结性成果评价应兼顾重点发展与全面发展。

学生数学学习成果评价的常见问题是：缺乏应有深度；滥用表扬；鼓励过分；忽视人文精神的教育。

要注意的是，学生数学学习成果评价应与学习过程评价相结合；教师评价应与学生自评、互评相结合。

本章小结与研究性学习

一、本章小结

本章第一节从数学课程的课程设计准备、课程目标设计、课程实施方法设计、课程实施过程设计四个方面，阐述了小学数学课程设计的过程；第二节在第一节的基础上，研究了新授课课程设计实例、练习课课程设计实例、复习课课程设计实例；第三节阐述了小学数学课程的课程资源评价、课程设计与实施评价、学生学习过程与成果评价；第四节在第三节的基础上，研究了小学数学课程的课程设计与实施评价实例、学生数学学习成果评价实例。

二、研究性学习

（一）讨论

同学们都学过或正在学高等数学，有人认为学习高等数学对小学数学课程设计与评价没有什么帮助。这个问题你怎么看？为什么？

（二）专题研究

2011年颁布的《义务教育数学课程标准（2011年版）》提出的核心理念之一是：人人都能获得良好的数学教育，不同的人在数学方面可得到不同的发展。请查阅有关资料，说一说：什么是"良好的数学教育"？"不同的人"与"不同的发展"，其具体含义分别是什么？

第七章　小学品德课程、英语课程的设计与评价

重点问题

- 阐述品德课程性质的关键词是什么？品德课程有哪些基本理念？
- 品德课程目标、课程实施方法、课程实施过程的设计，分别有哪些特殊要求？
- 品德课程的评价需要注意哪些问题？
- 英语课程具有哪两大特性？小学英语课程的基本理念有哪些？
- 小学英语课程的核心目标是什么？
- 小学英语课程实施过程通常包括哪些基本环节？

情境引导：教育名言背后的教育理念

教师应当熟悉教育规律，应当有切合教育规律的教育理念。教育"名言"常常蕴含深刻的教育理念。但是，少数教育名言观念片面，甚至与教育规律背道而驰。这里收集了八条中国教育"名言"。为了便于同学们理解，每条"名言"都加了简要批注。

名言一："棒打出孝子，惯养忤逆儿。"批注：看似残酷，实为真理。然"棒打"应有条件，且有副作用，宜慎用。"惯养"应绝对禁止。启示：严格要求，奖惩分明，杜绝溺爱。

名言二："富不过三代。"批注：这似乎是规律。只有找到深刻原因与正确对待，才能打破此怪圈。启示：生于忧患，死于安乐。

名言三："天将降大任于斯人也，必先苦其心志，劳其筋骨，饿其体肤……"批注：语出《孟子》。自古英雄多磨难，从来纨绔少伟男。没有困境、逆境，难以成才。启示：逆境方成长。

名言四："再穷不能穷了教育，再苦不能苦了孩子。"批注：前句强调教育投入的重要，十分中肯；后句有悖教育规律。启示：成于艰苦奋斗，败于片面享乐。

名言五："严家无悍虏，而慈母有败子。"批注：语出战国时期著名思想家韩非子。"悍虏"指凶悍的仆人。启示：母爱、父爱与师爱，应建立在顺应身心发展规律，促进儿童健康成长的基础之上。

名言六："近墨者黑，近朱者赤。"批注：语亦出自《孟子》，讲环境塑造人。这让人想起微软公司的经营理念"只与成功者合作"。中国民间亦有"跟好人，学好人"一说。启示：后天环境是影响人成长的重要因素。

名言七："三岁孩儿看八十。"批注：意即三岁时的表现就能预示其一生。天性与三岁前的教育固然重要，但三岁后仍有很强的可塑性。启示：塑人要趁早。

名言八："男孩要穷养，女孩要富养。"批注：另一说为"穷养儿子富养女"。其含义为：男孩要创业，穷养的男孩才有创业精神与创业能力；女孩只要能攀高门就可以了，攀高门需要姣好的容貌，而这样的容貌离不开富养。但现在不是封建社会了，男女都一样啊。启示："穷养"能成才。

同学们对上述"名言"是否有自己独到的看法？

小学品德课程的设计、实施与评价，离不开对德育规律的深刻认识与灵活运用。请同学们借助批注评论上述"名言"所秉持的教育理念，与大家交流你对这些"名言"的看法。

本章阐述小学品德课程、小学英语课程的设计与评价。

第一节 小学品德课程的设计与评价

在我国现行的初等教育课程体系中，品德课程的名称比较特殊：在低年级与中、高年级，品德课程有不同的课程名称，低年级称"品德与生活"，高年级称"品德与社会"。低年级儿童年龄较小，将品德教育与生活常识教育结合起来效果更好，故低年级称品德课程为"品德与生活"；中、高年级儿童年龄稍大，知识面较宽，学习能力较强，宜将品德教育与最基本的社会知识教育、社会科学知识教育结合起来，从而拓宽儿童的知识视野，故中、高年级称品德课程为"品德与社会"。为了阐述的方便，我们统称这两门课程为"品德课程"。

一、品德课程的设计

（一）品德课程设计的准备

品德课程所用教材，通常以专题为编写单位，教师备课时的课程设计通常也以专题为单位，故这里所说的"品德课程设计的准备"，主要指专题课程设计的准备，它通常包括解读课程标准、分析教材内容、研究学情三项具体工作。

1. 解读课程标准

对于品德课程的设计来说，解读课程标准，首先是为了认识品德课程的内在性质与基本特征，为课程设计确立应有的课程基本理念。

关于品德课程的性质，《义务教育品德与生活课程标准（2011年版）》（以下简称《品德与生活课程标准》）的阐述是"品德与生活课程是一门以小学低年级儿童的生活为基础,以培养具有良好品德与行为习惯、乐于探究、热爱生活的儿童为目标的活动型综合课程";《义务教育品德与社会课程标准(2011年版)》(以下简称《品德与社会课程标准》)的阐述是"品德与社会课程是在小学中高年级开设的一门以学生生活为基础、以学生良好品德形成为核心、促进学生社会性发展的综合课程"。由此可见,设置品德课程是为了通过特定的探究活动,引导儿童认识生活,了解社会,学习良好的行为习惯,促进品德的健康发展。对于低年级来说,阐述品德课程性质的关键词,一是"探究",二是"生活",三是"品德",四是"行为";对于中、高年级来说,其关键词一是"探究",二是"社会",三是"品德",四是"行为"。

关于品德课程的基本特征,上述《品德与生活课程标准》认为该课程具有"生活性""活动性""综合性""开放性"四大特征;而上述《品德与社会课程标准》则认为该课程具有"综合性""实践性""开放性"三大特征。可见二者都具有实践性、综合性、开放性特征;不同之处在于低年级的品德课程应更贴近儿童的生活,更看重活动的价值;而中、高年级的品德课程,应适当强化理性思考与是非辨别。我们认为应当依据品德课程的基本特征,确立如下课程基本理念:

其一,密切联系生活与社会实际。低年级应尽可能贴近儿童生活,中、高年级应尽可能贴近社会生活。

其二,以实践性、综合性的探究活动为主。这里的"探究",主要形式指观察发现、思考识别、讨论交流。

其三,课程活动的内容与形式要灵活开放。在品德课程的设计中,对于学什么,怎样学,怎样评价学生的学习成果,应持开放心态,灵活多样。不同的价值观可以自由碰撞。

在品德课程的设计中,必须遵循上述三大基本理念。需要说明的是,《品德与生活课程标准》曾提出四条基本要求:一是"引导儿童热爱生活、学会关心、积极探究是课程的核心";二是"珍视童年生活的价值,尊重儿童的权利";三是"道德存在于儿童的生活中,德育离不开儿童的生活";四是"让教与学植根于儿童的生活"。而《品德与社会课程标准》则提出三条基本要求:一是"帮助学生参与社会、学会做人是课程的核心";二是"学生的生活及其社会化需求是课程的基础";三是"提高德育的实效性是课程的追求"。

以上是对课程标准总的解读。对于具体的品德课程专题的设计,有时还需要根据特定目的查阅和解读课程标准中的有关要求与说明。

2. 分析教材内容

所谓"教材",其实就是课本所给的"教学材料"。这里所说的"分析教材内容",指在充分认识已经选定的品德教材的编写思路、框架结构、基本特征的基础上,研读和分析教材所给的专题材料,思考以下问题:

(1) 材料的核心内容是什么?

(2) 引导学生读懂教材并初步接受其价值观,大约需要多少时间?

(3) 教材能帮助我们达到什么目的?

(4) 怎样利用教材,才能达到上述目的?

常言道:"课本课本,教学之本。"这里需要特别指出,教材只是教师的利用对象,教师不能反过来为教材所困,成为教材的利用对象。由于品德课程强调"开放"与"探究",品德课程的课程活动尤其不能为教材束缚。假如紧扣教材,将品德与生活课或品德与社会课上得如同语文课程的阅读教学课或英语课程的精读教学课,这样的课肯定是失败的。

对于品德课程来说,分析教材内容只是为了在不同程度上利用既有教材,而不是为了紧扣教材安排课程活动。

3. 研究学情

完成课程标准解读与教材内容分析后,还得研究学生的实际情况。就品德课程而言,对"学生的实际情况"的思考应包括以下内容:

(1) 学生品德发展的基本规律是什么?学生品德发展的基本规律是知、情、意、行的矛盾运动。品德教育与品德课程,必须在引导学生明辨是非的基础上,以情感活动为重要动力,以意志培养为重点,促成其良好行为习惯的养成。

(2) 学生接受特定的品德价值观,要经历什么样的过程?比如,学生对于"重视节约用水""无条件遵守交通规则"这样的道德标准的接受,要经历什么样的过程?我们认为大致要经历了解规范、理解原因、接受理念、付诸行动、形成习惯这五个步骤。

(3) 当前学生的品德发展,最需要什么?中国当代社会具有两大特征:一是社会经济发展水准提升较快,儿童物质条件优越;二是独生子女占多数。与此相关的是,中国儿童特别缺少艰苦奋斗精神、合作意识与独立能力。

课程设计者应将自己对课程标准的解读、对教材内容的分析、对学情的研究,写在教案的相应条目中。对于师范生与新教师而言,其教案不应省略这三个条目,至少不能省略后两个条目。对于课程设计与实施实际经验较为丰富的老教师而言,其教案可以省略这些条目。

(二) 品德课程目标的设计

品德课程所用教材,通常是分专题编写的,因此这里所说的"品德课程目标的设计",指品德与生活或品德与社会课程设计中专题目标的设计。这一设计除了要符合课程目标设计的一般要求外,还要遵循以下特殊要求:

首先,在设计品德课程目标时必须注意把握品德与生活、品德与社会二者的异同。

《品德与生活课程标准》对课程总目标的阐述是"品德与生活课程旨在培养具有良好品德和行为习惯、乐于探究、热爱生活的儿童"。该课程标准接着从"情感与态度""行为与习惯""知识与技能""过程与方法"四个方面进一步阐述了具体目标。显然前三个方面是实质性的目标,"过程与方法"只是为前三个方面目标的实现服务的。

《品德与社会课程标准》对课程总目标的阐述是"品德与社会课程旨在培养学生的良好品德,促进学生的社会性发展,为学生认识社会、参与社会、适应社会,成为具有爱心、责任心、良好行为习惯和个性品质的公民奠定基础"。该课程标准接着从"情感、态度与价值观""能力与方法""知识"三个方面进一步阐述了具体目标。

品德与生活、品德与社会的课程目标,都着眼于学生品德的培养与发展,但前者更贴近生活,更看重对生活的直观的了解与探究;后者更重视对社会的了解,强调融入,因而更需要思考、讨论与交流。

其次,在设计品德课程目标时必须注意区分目标的主次。

学生品德的发展应当是全方位的,但这种发展建立在点点滴滴的积累之上。在特定的专题课程中,应当有与专题有关的重点目标。在设计课程目标时必须紧抓重点目标,兼顾其他。由于每一专题的课程都有一两个重点目标与多个兼顾目标,长此以往,学生的品德素养将得到全方位的提升。

再次,在设计品德课程目标时必须注意把握不同目标的层次结构。

品德及其行为习惯的形成是从认知开始的,是以行为习惯的形成为终结的。从逻辑顺序与教育规律的角度看,知识了解是第一位的,情感活动是第二位的,行为学习是第三位的,意志习惯是第四位的。成功把握不同目标所处的不同层次,由浅入深、循序渐进是实现课程目标、促进学生品德健康发展的重要条件。

(三)品德课程实施方法的设计

课程实施方法具体到专题中即我们常说的"教学方法"。品德课程常见的实施方法有:

1. 读书法

可引导学生阅读专题课文、补充教材、报纸杂志、电子材料等,以达到读书明理的目的。

2. 讲授法

由教师讲述或讲解事实、观点与真理。

3. 谈话法

通过师生对话,传播真理,交流意见。

4. 讨论法

引导学生就某种事实或某种观点展开讨论。

5. 辩论法

以小组间对垒或大班自由辩论形式，就某一有争议的问题展开辩论，以明辨是非。

6. 观察法

引导学生观察他人，观察生活，观察社会，以了解社会与生活实践。

7. 演示法

通过图片、图表演示，电影、电视演示，计算机软件演示等，展示事实，揭示真理。

8. 表演法

让学生通过分角色表演，再现生活中的现象，揭示其内在规律与应用价值。

9. 行为模仿法

让学生模仿特定行为，认识正面行为的真善美、反面行为的假恶丑。

10. 行为反思法

引导学生反思自己行为的正误。

就品德课程而言，在选择和设计课程实施方法时，除了要遵循课程实施方法设计的一般要求外，还要遵循以下特殊要求：

其一，从提升学生品德素养的需要出发选择课程实施方法。

品德素养的改善与提升，需要科学的教育方式。如果方法不当，学生难以接受应有的品德规范，更难以形成良好的行为习惯。

其二，要引导学生通过探究与思考了解并接受品德规范。

前面说过，小学品德课程带有浓厚的探究性与实践性。强行灌输或理论至上，是达不到教育目的的。

其三，低年级多引导学生观察生活，直观探究；中、高年级多引导学生了解社会，理性思考。

低年级学生与中、高年级学生，年龄特征不一，课程名称不同，课程内容也有所区别，二者的课程实施方法应有一定的区别。

其四，多种课程实施方法配合使用。

任何方法都有局限，只有将各种不同的方法结合起来，才能取长补短。此外注意采用不同的课程实施方法，还有利于激发和保持学生的兴趣，增强品德课程的吸引力。

（四）品德课程实施过程的设计

品德课程实施过程的设计，其特殊要求有：

1. 从品德形成的基本规律出发

品德课程通常围绕特定专题，在引导学生接受特定道德价值观的基础上，培养学生的道德情感与道德意志，帮助学生逐渐养成良好的行为习惯。这样的目标，通常是通过知、情、意、行的矛盾运行来实现的。在这里，知是起点，行是终点，情与意是中间的促成因素。品德课程实施过程的设计应当符合这一基本规律。

2. 从当时当地的德育条件出发

品德课程实施过程的设计，除了必须遵循上述规律外，还得从专题、教材、教师、学生、学校设施、可用时间等方面的实际情况出发，注意其灵活性与多样性。

此外，在品德课程实施过程的设计中，可以从实际情况出发，参考既有的品德课程教学模式。比如，可以以引导学生自主探索为基本策略，围绕自主探索，依次安排"激趣导入""自主探索""反馈交流""尝试运用"等课程环节。再如，可以以"情境体验"为基本策略，围绕情境体验，依次安排"创设情境引发体验""实际体验引发思考""深化体验形成信念"等课程环节。

在专题课程实施过程的设计中，还可以从德育的实际效果出发，灵活而不拘一格地将不同的方式与方法、不同的教学模式要素组合进同一个课程实施过程之中，以增强品德课程的吸引力，丰富品德课程的内涵，促进儿童智力与能力的发展。

现介绍一个品德课程设计实例，同学们可以参考本书第四章的相关要求，全面评价其成败，也可以重点评价其可取之处。

《从帮助别人中获得快乐》课程设计

一、基本信息

课程名称：品德与生活。

选用教材：人教版小学《品德与生活》一年级下册。

课程设计：福建省漳州市云霄县元光小学郭宏茹。

二、教材分析

本专题的课文《从帮助别人中获得快乐》力求通过故事和报道，让学生理解"人人都需要帮助，人人都可以助人"，使他们懂得帮助别人也能给自己带来快乐。乐意帮助他人，是中华民族的传统美德，是美好的道德情操。在教材中安排这一教育专题，对当前越来越多的独生子女来说具有重要意义。

三、学情研究

在学习、生活中，儿童会遇到各种各样的难题，需要得到别人的帮助；儿童同时也会碰到需要他们帮助的人和事。但越来越多的独生子女在长辈过多的呵护下长大，早已习惯得到别人的帮助，很少帮助别人。有时即使帮助别人，也往往是迫于父母、老师的要求或学校的号召，并非出于自觉自愿，因而谈不上从帮助别人中获得快乐。以"自我"为中心，是当代孩子身上普遍存在的问题。

四、课程目标

（一）认知目标：认识到在学习、生活中，得到别人的帮助是幸福的，帮助别人不仅是应该的，而且是能获得快乐的。

（二）情感目标：真切体验帮助他人所带来的快乐，激发助人为乐和无私奉献的道德情感。

（三）行为目标：学会帮助别人。

五、重点与难点

重点：体味助人的快乐。

难点：懂得帮助别人是一种高尚的精神追求。

六、课程实施过程

活动准备（课前完成）：学唱歌曲《爱的奉献》；回忆自己的助人体验；收集助人楷模的先进事迹。

（一）游戏导入，揭示主题

1. 教师导入

谈话：都说"玩是孩子的天性"，同学们，平时你们都喜欢玩什么游戏？今天我们也来玩个游戏，这个游戏叫"贴笑脸"。（教师板画笑脸，但没画出嘴巴。）

2. 教师介绍"贴笑脸"游戏规则

规则为：蒙上眼睛，原地转两圈后再给笑脸贴上嘴巴。

3. 做"贴笑脸"游戏

先由一位学生按规则独自完成游戏，再让他求助另一位同学，在这位同学的提示下完成游戏。

4. 学生谈游戏体会

教师采访帮助他人的学生，让他谈游戏时的感受与助人的快乐。

5. 揭示课题"从帮助别人中获得快乐"

（二）学文明理，提升境界

1. 了解助人的方式

教师引入：生活中，我们难免会遇到各种各样的困难和挫折，有时候自己解决不了，需要得到别人的帮助（板书：人人都需要帮助）。当别人需要帮助时，我们应根据不同情况，提供不同帮助。（让学生知道助人的方式很多，可以用金钱、物品资助别人，可以为别人做一些事情，也可以用言语安慰、鼓励别人。）

2. 学习《小洁的故事》

（1）由一学生朗读《小洁的故事》，其他学生边听边思考：故事中的老人是怎样帮助小洁的？故事告诉我们什么道理？

（2）学生针对上述问题发表看法。

（3）教师小结：帮助别人不需要具备太多的条件，只要有爱心，我们人人都可以助人。（板书："人人都可以助人"。）

3. 朗读"感动陌生人"的故事

（1）教师引入：现在，助人为乐已经成为许多人的精神追求，它超越了亲情，超越了国界。请看教材中"感动陌生人"的两段小资料。

（2）男女生分别读"感动陌生人"中的资料，教师提问：① 假如你是那位登山者，在泥泞的山路上，你得到了陌生人留下的手杖，心里会怎样？② 那位做了好事的外国女士为什么要悄然离去？③ 那个受伤孩子的父母得到了陌生人的帮助，有什么感受？心里会怎样想？

（3）学生观看抗震救灾视频，教师根据画面深情讲述：看，我们的人民子弟兵在第一时间赶来了，他们冒着生命危险，从废墟中救出了一个个伤员；我们的医护人员赶来了，他们给了伤员及时的救助；我们的总理赶来了，他亲自指挥抗震救灾工作。很快全国各地掀起了为灾区献血、捐款的热潮。人们点燃烛光，为灾区人民祈福，愿逝者安息，生者坚强！

4. 学生谈观看视频后的感想并齐唱歌曲《爱的奉献》

5. 情境表演

教师旁白，学生表演：

（1）路上，一位阿姨的钱包掉了……

（2）公交车上，一位老奶奶找不到座位……

（三）讲述经历，情感共享

1. 学生在小组内交流自己在生活中帮助别人、得到快乐的故事。

2. 学生讲述自己助人的经历，教师引导，教给助人的简单技巧。

3. 创设问题情境：假如发生了下面两种情况，你会怎么做？

冬冬平时老爱欺负你，可是有一次冬冬遇到了一道难题向你请教，你该怎么办？

4. 教师讲述自己助人的故事，学生谈感想。

（四）学习楷模，榜样激励

学生交流课前收集的助人楷模的先进事迹，教师补充介绍雷锋、漳州110等助人楷模及其事迹，使学生受到榜样的激励。

（五）畅谈感想，巩固成果

1. 学生畅谈这节课的感想和收获

2. 师生一起深情朗读助人的名言

（伴奏音乐《感恩的心》响起。）

（1）赠人玫瑰，手有余香。

（2）为别人点一盏灯，照亮别人，也照亮了自己。

（3）除了"爱"，世界上最美丽的动词是"帮助"。

（4）帮助别人，快乐是必然有的回报。

3. 教师寄托希望

老师祝愿同学们在帮助别人中收获越来越多的快乐！

（六）课外延伸，实践体验

布置一项特殊的作业：帮别人做一件事，体验助人的快乐。

我们对上述课程设计的总评价是：学情分析深刻而到位，课程目标简明、清晰、合理，课程实施方法切合儿童的心理规律，课程实施过程符合德育规律，教案格式与表述方式较为规范。总的说来，上述课程设计具有较高的设计水准。其主要特征是内容丰富，并富含审美教育。但教材分析单薄而孤立，未说明该专题教材的基本特征，未涉及该专题教材与全册体系的关系，这是这一课程设计的美中不足之处。

二、品德课程的评价

本书第四章介绍过，课程评价的基本内容有三个方面：一是课程资源评价；二是课程设计与实施评价；三是学生学习过程与成果评价。品德课程的评价也应从这三个方面入手。

品德课程的目的是引导学生通过观察、探究、交流，接受正确的道德规范，通过行为模仿与实际锻炼形成正确的行为习惯。品德课程的评价需要注意以下问题：

（一）品德课程必须符合德育基本规律

这一点前文也阐述过。品德教育通常是从引导儿童认知道德规范入手的，儿童通过情感体验加深认识并建立道德信念，在此基础上将认识转化为自己的实际行动，最后借助道德意志，转化为行为习惯。以认识为起点，以行为为终点，通过知、情、意、行的矛盾运动，培养儿童良好的行为习惯，是德育最基本的规律。

品德课程必须符合上述基本规律，必须饱含知的碰撞、情的体验、意的培养、行的锤炼，充满知、情、意、行的矛盾运动。

（二）品德课程必须切合当代儿童的基本特征

这里所说的"当代儿童的基本特征"，是指品行方面的基本特征。所谓"切合当代儿童的基本特征"，指针对当代儿童的特有需要。

当代儿童特别需要什么样的品德教育？

从品德内涵的角度看，由于社会经济发展水准的快速提升和独生子女占多数，中国儿童特别需要艰苦奋斗精神的教育、合作意识与独立能力的培养。

从德育方法的角度看，由于全球化、信息化、开放化程度日益提高，社会上各种道德价值观纷繁复杂，生活中充满不同道德观念的碰撞，小学品德课程特别需要借助观察、思考、争辩、验证，培养儿童明辨是非的能力。

（三）品德课程必须切合学生的生活实际

社会生活是道德规范的来源，学生的生活经验是理解和接受道德规范的基础，形成良好行为习惯的主要目的是适应社会生活，因此品德课程必须切合学生的生活实际。

此外，从课程内容的角度看，只有切合学生的生活实际，品德课程才能吸引学生，道德规范才能被理解和接受并转化为实际行为，课程活动才能充满活力。

第二节 小学英语课程的设计与评价

小学英语课程的重要性表现在以下两个方面：首先，它是一门有助于"跨文化融合"的课程；其次，英语是初中中考必考科目。目前，是重要的基础课。

一、英语课程的设计

一般情况下，小学教师的备课与课程设计都是以专题为单位的。小学英语课程的情况有点特殊：小学英语教材一般将相对独立的单篇专题阅读课文扩编为包含单篇专题阅读课文、语音语法专题材料、练习材料、扩展阅读课文等内容的小单元（Unit），小学英语教师的备课不得不以小单元为基本单位。因此这里所说的英语课程设计，一般指以小单元为单位的相对独立、相对完整的课程设计。但是一个小单元的全部课程常常分为几个专题课程，因此这里所说的英语课程设计，也涵盖专题课程设计。

（一）英语课程设计的准备

英语课程标准是英语课程全部活动的准绳。在英语课程设计的准备阶段，要充分学习、理解和把握课程标准的精髓，用课程标准所倡导的课程理念指导英语课程的设计。

在备课实践中，常常需要从小单元课程设计的需要出发，解读课程标准，分析教材内容，研究学情。

1. 解读课程标准

（1）把握英语课程基本性质

《义务教育英语课程标准（2011年版）》（以下简称《英语课程标准》）指出："义务教育阶段的英语课程具有工具性和人文性双重性质。"这一界定告诉我们：教师不仅要教语言，而且要教情感态度与价值观，提升学生的人文素养。

由于英语课程具有工具性特征，小学英语课程设计要立足听、说、读、写基础知识、基本技能的传授，并在此基础上发展学生的综合性英语能力，为他们今后的英语学习奠定基础。

由于英语课程具有人文性特征，英语课程设计要兼顾人文素养的提升，尤其要帮助学生形成跨文化学习意识，发展其跨文化融合潜能，在思想品德培养、能力提升等方面也要发挥积极作用。

（2）确立英语课程设计基本理念

课程标准提出以下六条课程基本理念：

其一，注重素质教育，体现语言学习对学生发展的价值。在英语课程中，尤其要注意引导学生体验中外文化的异同，帮助学生形成跨文化学习意识，增强其跨文化交际与融合的能力。

其二，面向全体学生，关注语言学习者的不同特点和个体差异。既要面向全体学生，制订切实可行的课程目标；又要兼顾学生的个别特点与能力差异，使不同的学生都能得到较好的发展。

其三，整体设计目标，充分考虑语言学习的渐进性和持续性。渐进性和持续性是英语学习的特点。英语能力的提升，持续时间较长，需要逐渐积累。

其四，强调学习过程，重视语言学习的实践性和应用性。要让学生在实践性、应用性语境中接触、体验、理解和运用真实的语言。

其五，优化评价方式，着重评价学生的综合语言运用能力。要有意识地构建积极的评价体系。平时以形成性评价为主，关注学生在学习过程中的表现和进步。特定阶段的终结性评价，着重考查综合语言运用能力的发展。

其六，丰富课程资源，拓展英语学习渠道。要善于利用丰富而多样化的课程资源，积极利用音像、广播、电视、图书、报刊、网络等媒体，拓展英语学习渠道与学习内容。

2. 分析教材内容

英语课程的设计，离不开既有教材。教材分析的基本内容，包括以下两个方面：

（1）研究教材内涵，寻找基础知识、基本技能传授要点

在进行课程设计时，要注意研究单元课程或专题课程的教材内涵，寻找"双基"传授的要点，并以此为抓手，统筹规划课程目标、课程内容、课程实施方法与课程实施过程。要遵循"听说领先，读写跟上"的原则，引导学生由会听、会说向会听、会说、会读、会写发展，并在听、说、读、写训练中发展其基本能力，培养其情感态度与价值观。

（2）分析教材内容的特点，为创设合适的课程情境作准备

每个单元、每个专题的课程，都有其自身特点。课程设计者要注意分析教材内容的特点，根据其特点创设生动活泼的课程情境。一般说来，教师应借助课程情境，在趣味活动中呈现新知，引导学生在问题情境中学习新单词，在对话情境中学习新句型，在语篇情境中学习综合运用。教师应注意利用课程情境，降低学习难度，调动学生学习的积极性。

3. 研究学情

小学英语的学习者，主要是三至六年级的学生。三、四年级学生的特点是：形象思维仍占明显优势，喜欢参与形象化的学习活动；机械记忆逐步减少，有意识记逐步增强；情感较丰富；团队合作意识与合作能力明显增强。部分五、六年级学生身体已开始发育，其特点为：兴趣广泛，精力充沛，逻辑思维能力与智力水平有明显提高，情感较为丰富，开始出现较强的独立意识。

小学英语课程设计者，应从学生的基本特征出发，设计丰富多彩、生动活泼的课程活动，引导学生在饶有趣味的听、说、读、写活动中发展英语能力，在交流与合作中提升人文素养。

（二）英语课程目标的设计

英语课程的总目标与学段目标，在《英语课程标准》中已作了明确说明；而单元目标、专题目标则需要教师自己设计。下面讨论的课程目标设计，指单元目标、专题目标的设计。

1. 课程目标设计的依据

由于《英语课程标准》是英语课程全部活动的准绳，英语课程目标设计必须从课程标准所界定的课程总目标与学段目标的基本精神出发。

《英语课程标准》将义务教育阶段英语课程的总目标概括为"通过英语学习使学生形成初步的综合语言运用能力，促进心智发展，提高综合人文素养"。据此可以断定：小学英语课程的核心目标是"使学生形成初步的综合语言运用能力"。"综合语言运用能力"是英语课程目标的关键词、核心词。怎样提高学生的"综合语言运用能力"？课程标准的回答是"综合语言运用能力的形成建立在语言技能、语言知识、情感态度、学习策略和文化意识等方面整体发展的基础之上"。由此可见，小学英语课程的核心目标与核心任务，是通过语言技能、语言知识、情感态度、学习策略和文化意识教育，培养学生的综合语言运用能力。

由于中、高年级学生具有不同的年龄特征，课程标准又进一步阐述了这两个学段的学段目标。三、四年级的学段目标（一级目标）为：

对英语有好奇心，喜欢听他人说英语。

能根据教师的简单指令做动作、做游戏、做事情（如涂颜色、连线）。能做简单的角色表演。能唱简单的英文歌曲，说简单的英语歌谣。能在图片的帮助下听懂和读懂简单的小故事。能交流简单的个人信息，表达简单的感觉和情感。能模仿范例书写词句。

在学习中乐于模仿，敢于表达，对英语具有一定的感知能力。

对学习中接触的外国文化习俗感兴趣。

五、六年级的学段目标（二级目标）为：

对继续学习英语有兴趣。

能用简单的英语互致问候，交换有关个人、家庭和朋友的简单信息，并能就日常生活话题作简短叙述。能在图片的帮助下听懂、读懂并讲述简单的故事，能在教师的帮助下表演小故事或小话剧，演唱简单的英语歌曲和歌谣。能根据图片、词语或例句的提示，写出简短的描述。

在学习中乐于参与、积极合作、主动请教。初步形成对英语的感知能力和良好的学习习惯。

乐于了解外国文化和习俗。

上述学段目标，比较具体，便于落实，易于操作。英语教师在设计单元目标、专题目标时，应注意贯彻上述课程总目标与学段目标的基本精神。

2. 课程目标设计的基本内容

英语教师的课程目标设计，可以从知识目标设计、技能与能力目标设计、情感态度与价值观目标设计三个方面展开。

知识目标涵盖话题与语义、语音与语法、词汇与句型、日常用语与习惯用语等方面的知识传授目标。知识学习是技能形成、能力发展的基础，因此知识目标设计是技能与能力目标设计的基础。

技能目标，指英语课程实施过程中听、说、读、写四方面的教育目标。这里的"说"，指"口头表达"，它既包括通常的"说话"，也包括唱、演等特殊的口头表达方式。从信息论的角度看，听与读，旨在接收信息；说与写，旨在输出信息。由此可见，听、说、读、写的过程，实际上是信息交流的过程。而知识的学习，旨在理解信息。没有知识的获得与掌握，没有技能的形成与发展，就没有信息的理解与交流；而没有信息的理解与交流，能力发展与情感态度及价值观的培养就无从谈起。由上述分析可知：知识目标与技能目标设计，是课程目标设计的"重头戏"。

能力目标，涵盖两大能力领域：一是综合性英语能力；二是素质性基本能力。前者是跨文化理解、交流与融合的基础；后者是人的基本素质的重要组成部分，内含学习能力、交往能力、创造能力等，综合起来就是在生活实践中发现问题、分析问题、解决问题的实际能力。

情感态度与价值观目标，是英语课程必须兼顾的课程目标。英语教师必须在英语课程中兼顾品德与心理的教育，帮助学生建立切合社会需要与自身发展需要的价值观，使学生具有正确的学习态度与处事态度，具有健康而和谐的情感。与其他课程相比，语言文学课程与情感态度及价值观培养的关系更为密切，因此英语教师必须十分重视情感态度与价值观目标的设计。

（三）英语课程实施方法的设计

所谓英语课程实施方法，在单元或专题中简单地讲就是英语教学方法，它是教师在课程实施实践中所采用的方式和手段的总称。课程实施方法的设计，必须体现课程标准所倡导的课程理念。

一般说来，刚参加工作不久的新教师，在设计课程实施方法时会面临各种各样的问题。他们常常会问：要实现既定的课程目标，有哪些可用的课程实施方法？哪种方法最能吸引学生的注意？哪种方法效率最高？其实这些问题都没有简单的必然性的答案。要想早日成为成熟的教学能手，必须多向富有教学经验的老教师学习，多吸收他们的长处；必须多研究，多反思，边积累实践经验，边提高理论水准，长期而坚持不懈地追求课程实施方法的最优化。

下面我们从培养学习兴趣的方法、语音教学的方法、语篇教学的方法三个方面，阐述小学英语课程的实施方法。

1. 培养学习兴趣的方法

（1）了解学生，使其获得成功的体验

小学英语姓"小"，教师应充分了解小学生的现有英语水平和发展需求，选择儿童喜闻乐见的课程实施方式，正确把握学习难度，使其能体验到学习英语的乐趣，获得成功的情绪体验，以调动学习积极性，并自始至终地保持学好英语的自信心。

（2）尊重学生，使其获得自主发展的空间

学习的主体是学生，教师应充分尊重学生的年龄特征与个体差异，为他们创造多样化的自主活动、自主发展空间。对学生在学习过程中出现的错误，要采取宽容态度，并选择恰当方法加以引导。

（3）引导学生，使其获得生动活泼的语言实践

"玩中学，学中用"，是小学英语课程实施方法设计的重要理念。教师应注意创设生动活泼的课程情境，组织游戏化、表演化的课堂活动，引导学生在生动活泼而丰富多彩的真实或仿真语言实践中发展综合性英语运用能力。

2. 语音教学的方法

根据课程标准的规定，小学阶段语音教学的基本要求为：能正确读26个英文字母；了解简单的拼读规律；了解重音把握与节奏控制、连读与停顿、语调变化等语音现象。要达到这些要求，必须采用正确的语音教学方法。

（1）讲清发音要领，并反复示范

由于英语与汉语分别属于印欧语系和汉藏语系，英语与汉语的发音方式有很多差异。教师必须讲清发音要领，并反复示范，以使学生了解发音方法。

（2）及时播放录音，引导学生听音并模仿

要获得纯正的语音，听录音是很好的手段。听录音的过程，是学生获得正确示范的过程。教师还要在引导学生听录音的基础上合理安排语音表达练习。起步阶段要让学生大声模仿，以消除"开口难"的障碍；接下来可以边读边录音，将录音与原声比对，以发现和纠正不良发音。

（3）练习方式要生动活泼，以保持学生的学习热情

语音练习相对枯燥，小学一般不单纯教音标，也不要求学生直接模仿发音，而将语音练习与游戏化活动有机结合，以激发学生的学习兴趣。例如，可以将拼读规律编入儿歌，让学生读、记；也可以将重音把握与节奏控制、连读与停顿、语调变化等方面的练习，融入说唱活动之中。

3. 语篇教学的方法

可以根据思路的不同，将语篇教学的方法模式分为两种：一是"整体—部分—整体"模式，即从篇章到句子，再到单词、语法知识点，最后归纳到语篇的整体理解；二是"部分—整体—部分"模式，即从单词、语法知识点到句子，再

到篇章，最后回到语言知识点的掌握。这两种模式不应相互对立，而应相互融合。

（1）课题的处理

语篇课题，通常也是课堂活动中的主要话题。可以引导学生读课题，析标题，猜主题，从整体上预测、预览全文的基本内容。

（2）生词的处理

如果语篇中生词不多，可以不单独处理生词，直接进入语篇学习，在语篇学习中进行生词教学。如果生词较多，影响到对课文的理解，教师可先扫除生词障碍，然后进行语篇教学。在生词教学中，应避免讲得过多，避免直接给出中文意思。

（3）语法知识的处理

在小学英语的语篇教学中，语法教学应为语篇的理解服务，不能脱离语篇教语法。如果新语法知识并不影响学生对语篇的理解，教师可以不先教语法，而将语法的梳理安排在课文研读过程中。但是如果语法内容影响到语篇的理解，教师应先教语法，再引导学生研读课文正文。例如，学生第一次接触行为动词的过去式，如果教师不进行必要的讲解，学生就很难理解其语义。

（4）语篇正文的处理

一般应采用循序渐进的方式处理语篇正文。在揭示本课主要内容后，应先分段处理细节，并概括段意，最后对整个语篇进行归纳总结，使学生真正理解语篇内容与特色。在分段处理时，建议关注段与段之间的连贯性，以保持语篇的完整性。下面重点研究语篇教学中的听、读、复述与写。

其一，语篇教学中的听。将语篇作为听力材料播放之前，应出示两至三个比较简单的问题，让学生边听、边读、边思考。应要求学生把注意力放在对语句的即时理解上，不能让思维停顿于某个生词或某个细节。

其二，语篇教学中的读。语篇朗读的方法多种多样，可以听录音仿读，也可以自由读；可以两个人一组轮换读，也可以多人组合分角色读；可以轻声朗读，也可以配乐朗读。读的时候，要关注单词重音、句子重音、语篇重音、语流音变、意群组合与语调变更，关注语感的养成。

其三，语篇教学中的复述。复述过程，是所学内容内化后的信息输出过程，因而复述活动对学生综合英语运用能力的发展具有重要意义。常见的复述，包括依据关键词的复述与对话留白复述两种类型。所谓"依据关键词的复述"，指提取与课文密切关联的若干关键词语，让学生据此重组信息，并层层输出。所谓"对话留白复述"，指根据语篇内容创设真实情境与留有空白的对话信息流，以提问的方式引导学生酌情复述课文内容，以填补对话的空白。

其四，语篇教学中的写。它属于书面信息输出，基于对语篇的阅读与理解，又可促进对语篇的深入理解。写的基本要求，应是内容扣题，格式正确，语法准确，拼写无误。写的方式多种多样，仿写句子、根据课文回答问题、看图写话等是常见方式。

以上从培养学习兴趣的方法、语音教学的方法、语篇教学的方法三个方面，介绍了小学英语课程的实施方法。在英语课程设计中，设计者必须从教师、学生、教材、可用时间、学校条件等方面的实际情况出发，根据课程目标的基本要求，选择和设计课程实施方法。

（四）英语课程实施过程的设计

所谓课程实施过程，通常指相对独立、相对完整的专题课程的实施全过程。对于当前的小学英语课程来说，它也可以指整个小单元的课程实施全过程。

英语课程实施过程，是融教师的教与学生的学为一体的双边互动过程，它通常由若干以课程目标为核心的课程环节组合而成。

小学英语的课程实施过程，通常包括热身、呈现、操练、拓展、小结五个基本环节。

1. 热身（Warming up）

热身阶段，是课程正式活动的准备阶段，其作用是安定学生情绪，集中其注意力，激发其学习热情，并在此基础上复习与本课有关的知识与技能，为新的学习作铺垫。热身的形式多种多样，必须根据本单元或本专题课程内容的性质与特色选择热身形式。常见的热身形式有如下四种：

（1）歌曲引入式

歌曲引入式是小学英语热身环节最常用的形式之一。一般说来，歌曲既动听，又容易吸引学生，可以促使学生迅速进入学习状态。歌曲的选择要有针对性，中年级多根据课文内容选择歌曲，高年级可以选用有关流行歌曲或其他歌曲。

（2）游戏导入式

可用于小学英语课程的游戏，通常都有生动活泼的语言环境与语言活动。这种语言环境与语言活动能使学生产生和保持参与的热情，能创造生动活泼的学习氛围，能帮助学生获取切身的语言体验。但是游戏内容不宜复杂，时间不宜过长，次数不宜过多。

（3）疯狂英语式

疯狂英语式热身，能让学生迅速兴奋起来。采用这种热身形式，上课伊始就让学生带着"疯"意，大声而语态激昂地讲话、念句子，诵短诗，说绕口令，既激发勇气与兴趣，又对信息输出进行自我催逼，具有很好的热身效果。采用这种热身形式，材料的选择十分重要。教师可根据本专题课程内容的性质与特点，选用简短名句、课文重点句、浅显易懂的小诗或容易上口的简短绕口令等热身材料。

（4）人际交往式

人际交往式热身是英语课程中最常见、最朴素的热身形式之一。它能发挥英语的交际功能，体现语言的实用价值。在人际交往式热身中，最常见的是自由谈话式热身。采用这种形式，常能使学生在不知不觉中进入学习状态。

2. 呈现（Presentation）

这儿的呈现，指出示新的语言材料，让学生获得相关感性认识，为学生的进一步思考、探索、交流作准备。

"呈现"的方式多种多样。最常用的"呈现"方式，有口头语言呈现、小黑板图文呈现、纸面图文呈现、放录音呈现、幻灯投影呈现、计算机软件呈现等。不同的呈现方式，可以配合使用。

3. 操练（Practice）

这儿的操练，指语言练习。这个环节可分为两个阶段：首先是机械性练习，其次是有意义练习。

（1）机械性练习

这个阶段的练习，是语言技能的机械性训练，其主要目的是帮助学生纠正语音语调，熟悉句型结构。这一阶段的活动，多由教师直接控制，直接指导。

（2）有意义练习

这个阶段的练习，是介于机械性练习和交际性练习之间的训练，起着承上启下的作用。教师在设计这一阶段课程活动时，要有意识地诱导学生由关注语言形式转变为关注语言意义。在这一阶段，教师应逐渐减弱活动控制力度，逐渐增加师生互动、生生互动机会。

4. 拓展（Extension）

这儿的拓展，指向语言实践领域的扩展性延伸。在这个阶段，应引导学生用他们所学的知识和技能来完成特定任务。这些任务通常是在团队合作学习中完成的。

拓展练习一般具有以下特点：其一，贴近生活实际；其二，能够解决实际问题；其三，能够发挥学生的自主性和创造性；其四，学生可以表达自己的真实情感与意愿。

5. 小结（Summary）

在小结阶段，要对所学知识进行归纳和提炼，要评价学生的学习过程与学习表现，要布置课后作业。小结时，教师要注意方法的民主和学习活动的延伸。

总体而言，上述五个环节并不是一成不变的。具体的课程实施过程设计，还得从具体情况出发。

下面介绍一个英语课程设计实例，请同学们参考本书第四章的相关要求，评价其成败，也可以相对自由地评价其主要优点与不足。

《We love animals》课程设计

一、基本信息

课程名称：英语。

选用教材：《PEP小学英语》（人民教育出版社）三年级上册（Unit 4第1课时）。

课程设计：浙江省嘉兴市洛东中心小学韩瑞珍。

教学器具：课件、动物头饰、小火车图片、小红旗、大萝卜模型。

二、课程目标

（一）知识、技能目标：能听、说、认、读dog、duck、monkey、rabbit、cat、panda等单词；能听懂指令，并根据指令做相应动作。

（二）能力目标：能在实际生活中用英语说出自己熟悉和喜爱的动物；培养在特定情景中运用英语的能力。

（三）情感态度目标：在活动中培养协作精神；培养认真、积极的学习态度；培养爱护动物的情感。

三、重点与难点

重点：听、说、认、读并在生活中使用dog、duck、monkey、rabbit、cat、panda等单词。

难点：上述单词的发音。

四、课程实施过程

Step 1: warming up

1. Sing the song: Teddy Bear

2. Free talk

3. T: Today we are going to learn some new words. Look, here is a train.（教师手拿一列小火车。）There are some numbers on it.（手势指向各小组。）Number 1 is for group 1; Number 2 is for group 2; Number 3 is for group 3; Number 4 is for group 4.（教师拿出一面小红旗。）If you do very well, you can get a red flag for your group. Let's see which group is the best. Ok?（教师以手势鼓动学生回答。）

Step 2: Presentation

（课件展示动物园情景。）

T: Boys and girls, today we have some animal friends. They are from England. Do you want to know them?

Ss: Yes.

T: Remember, You should speak English to them because they are from England. Look, they are coming.（教师手指门口，事先安排好的学生戴

着兔子的头饰，一蹦一跳进教室。）

　　S: Hello, I'm Rabbit.

　　T: Oh, this is Miss Rabbit.（吐词要清晰，声音要洪亮。）Let's welcome her.（鼓掌。）

　　Ss: Welcome, Rabbit.（鼓掌。）

　　T: Let's make a friend with Rabbit.

　　S1: Hello, Rabbit.

　　S2: Nice to meet you, Rabbit.

　　S3: Hi, Rabbit.

　　……

　　T: Look, Mr. Dog is coming.

　　（教师用同样方式教其他单词。）

Step 3: Practice

1. 课件展示动物开party的场面

　　T: Boys and girls, our new friends are very happy, so they are having a party in our classroom. Let's see who will come to our party, and who will be the first one?

2. 听音辨物：课件播放各种动物的叫声，学生通过声音来判断动物类型，并说出动物的名称。

3. A game: What's missing?

出示单词卡片，让学生说哪种动物消失了。通过趣味操练，帮助学生识记单词。

4. A play: 小白兔拔萝卜

　　（教师戴小白兔头饰。）

　　T: It's a nice day. The rabbit goes out. Wow（到萝卜模型跟前），what a big turnip! Oh, it's so big! I like it.（做拔萝卜状。）One, two, three… Oh, no! Who can help me?

　　（教师引导学生说："Dog, dog, help me!"戴小狗头饰的同学"汪汪"地叫着上台了，他搭着兔子的肩说："One, two, three… Oh, no!"所学动物全部上场，合力终于成功拔出萝卜。）

Step 4: Extension

1. Let's do.

　　a. Play the tape. Students just listen, and point the sentence in the book.

　　b. Play the tape again and Students repeat and do the action.

　　c. Teacher gives some commands and students do the actions.

T: Act like a monkey, act like…

2. Play a game

（做"幸运搭档"游戏：两个人一组，一个人做动作，一个人猜动物名称。）

Step 5: Summary

T: Today we have learned some new words. We know names of many cute animals. We can make good friends with them. Now let's see which group is the best. Let's count the red flags together.

T, Ss: One two three…

（教师带领学生一起数各小组的小红旗，并评出最优小组。）

T: I think in this class you did a very good job.（鼓励表现最积极的同学。）Let's give him a big hand.（师生鼓掌。）

（课件展示动物图片。）

T: Let's say goodbye to our new friends.

Ss: Goodbye, Monkey. Goodbye, Duck…

上述课程设计，采用了"简案"格式。其课程目标简明而合理，具有较强的可操作性；重点、难点的把握十分准确；课程实施过程的设计中规中矩。该设计的主要特征，是注重学习兴趣的激发与保持；但课前的多媒体软件制作，必须下足功夫。

二、英语课程的评价

小学英语课程的评价，可从英语课程资源评价、英语课程设计与实施评价、学生学习过程与成果评价三个方面展开。

（一）英语课程资源评价

对普通英语教师来说，所谓英语课程资源，泛指可能影响自己的英语课程筹划、运作的各种客观条件。这些条件既可用来促进英语课程的运筹，又反过来制约英语课程的运筹。

可以将英语课程资源分为基础资源与拓展资源两种类型。

对英语课程来说，最常见的基础资源，除了课程标准、教材、教室、桌椅、黑板、粉笔等必不可少的常规资源外，还有挂图、听音设备、录音设备、投影设备、计算机辅助教学设备、教研制度与研究资料、试卷与课件等富含特色的资源。其中的挂图、录音、教学研究资料、试卷、课件等，最好有专门的"库"。

所谓拓展资源，指基础资源以外可以与基础资源配合使用的各种课程资源。对英语课程来说，最常见的拓展资源，有英语图书、英语报纸杂志、英语广播，含英语的影视节目、网络英语泛读资料、网络英语专题性学习资料、网络英语聊天室、社会英语交际活动等。

小学英语课程资源的评价，一般可从课程资源利用与课程资源建设两个方面展开。

1. 英语课程资源利用评价

要评价英语课程资源的利用，必须先了解英语课程资源利用的基本要求。

（1）英语课程应充分利用可用资源

儿童是在母语环境中成长的，对他们来说，外族语言不仅陌生、怪异，而且学习起来困难重重。为此，课堂内的师生英语课程活动，必须搞得生动直观、内容丰富、形式多样，并且含有足够的信息容量。要满足这一要求，必须充分利用可用的课程资源。

可以这样说：在一般情况下，英语课程资源利用的多少，与学生学习热情的高低、英语能力提升的速度成正比。因此英语教师应注意充分利用不同形式、不同性质的可用的课程资源，以丰富课程内容，增强课程的吸引力，拓展学习形式与学习渠道，提升英语课程的效率。在全球化、信息化程度日益提升的21世纪，如果仍凭一本书、一块黑板、一支粉笔、一张嘴来教英语，是不可取的。

（2）英语课程应注意挖掘隐性资源的特殊价值

在英语课程的设计中，教材、听音设备、计算机辅助教学设备等课程资源常常能受到足够重视，而英美习俗、英美故事传说、含英语的歌曲、含英语的影视节目、亲属的英语才华、社会英语交际活动、网络系统等具有不同程度的隐性特征的课程资源，往往不能受到足够重视。我们认为隐性课程资源往往具有特殊价值，在英语课程设计中，必须注意隐性资源的利用，以发挥其特殊价值。

（3）英语课程应注意利用媒体资源

当代社会，媒体种类繁多，内容丰富多彩，传播速度奇快。由于媒体时时刻刻都在发挥重大作用，地球变得越来越"小"，跨文化融合的机遇日益增多。英语课程必须注意利用以报纸、杂志、广播、电视、互联网等为传播媒介的常见、常用媒体资源，充实英语课程内容，拓展英语交流方式，增加英语学习渠道。此外，课堂教学的时间总是有限的，英语教师应当经常性地引导学生关注与英语有关的媒体信息，并借此将课内互动学习与课外自主学习结合起来，提升英语课程与教学的教育效果。

网络技术为学生的英语学习提供了新的学习模式。网上阅读、网上听音、网络聊天等是常见的网络学习方式。英语教师应引导学生了解网络资源，使学生学会根据自身的需要选择学习内容与学习方式。

（4）英语课程应综合利用、科学利用各种资源

任何类型的英语课程资源，都有其特点、优点与局限性，应当根据课程运筹需要与资源实际情况，将不同类型的英语课程资源的利用结合起来，使不同的资源相互映衬、相互补充。

此外，各种英语课程资源的利用，既不能随意，也不是越多越好，应从实现既定课程目标的需要出发，科学利用各种课程资源。

课程资源利用的成败可从上述四个方面综合衡量。

2. 英语课程资源建设评价

本书第四章说过，所谓"课程资源建设"，泛指学校管理者及有关教师为本校各门课程或特定课程的筹划与运作，创造、发掘、整理、优化、储存各种课程资源的行为或活动。英语教师或英语教研集体应当在有关方面的支持下，积极而不懈地创造、发掘、整理和优化内容丰富、种类齐全、特色明显的英语课程资源。

英语课程基础资源建设的基本要求，一是种类齐全，二是各类资源自成系统，三是能与教材配套使用。英语拓展资源建设的基本要求，一是内容丰富，二是特色明显，三是更新迅速。在评价英语课程基础资源建设或拓展资源建设时，可以以上述基本要求为参考标准。

第四章介绍过，课程资源建设必须遵循目标性原则、经济性原则、开放性原则、积累性原则、创造性原则、特色性原则。如果要评价英语课程资源建设总体的成败，可以以这六条原则为衡量标准。

（二）英语课程设计与实施评价

"英语课程设计与实施"的问题，实际上就是"怎样上英语课"的问题。因此对普通英语教师而言，"英语课程设计与实施评价"可以简称为"英语课程评价"或"英语课评价"。

根据课程标准的规定，英语课程的核心目标与核心任务，是通过语言技能、语言知识、情感态度、学习策略和文化意识五个方面的教育，培养学生的综合语言运用能力。由此可见，英语课程设计与实施评价，可从语言基础知识的传授、语言基本技能的训练、情感态度的培养、学习策略的提升、文化意识的养成五个方面展开。在具体评价中，应关注这五种教育的有机结合，关注综合语言运用能力的提升效率。这一评价思路，适用于单元课程、学期课程、常年课程的粗略评价。

英语单元课程，通常内含两个以上相对独立、相对完整的专题课程。专题课

程一般具有特殊主题与专门任务，具有重点课程目标，因此专题课程的评价应从其实际情况出发。参考基层学校的实践经验，本书为小学英语专题课程评价设计了下述参考量表（表7-1）。这一量表，同样适用于单元课程的评价。

表 7-1　小学英语单元课程、专题课程评价参考量表

项目	权重	评价要点		得分
		序号	要点描述	
课程目标评价	15分	1	以综合语言运用能力的培养为中心	
		2	目标切实可行，年龄特点突出；目标行为描述明确具体，可观察或测量	
		3	目标意识强烈，目标的实现贯穿全过程	
课程内容评价	15分	1	强调语言运用的实践性；具有较大的信息量；注意抓重点，破难点	
		2	能联系生活实际，对教材进行合理的开发，使课程内容更丰富，更适应学生的实际情况	
		3	能注意充分而科学地利用课程资源，拓展课程内容，引导学生将语言学习延伸到课外，促进跨文化融合	
课程实施过程评价	40分	1	学生主动参与课程活动，主动参与率超过90%，深度参与率超过60%	
		2	以语言活动为课程载体；有良好的问题情境；师生、生生高效互动；活动安排巧妙而合理	
		3	以听、说、读、写基本技能的训练为活动主体，四种训练有机结合	
		4	能较好地利用媒体与教具，提升课堂效率	
		5	教师教态亲切自然，语音准确，语调生动，肢体语言的运用充分而娴熟	
学习行为反馈评价	15分	1	能均衡地关注不同类型学生的学习行为；反馈评价及时、客观、公正，用语恰当	
		2	能对学生的学习行为进行多元评价，注意激发其参与热情，有重点地提升其英语语言运用能力	
		3	能引导学生的反思、自评和互评学习行为，促进学习策略的改进与学习行为的优化	
直观效果评价	10分	1	能利用不同手段，及时检测课程目标的实现程度；能较好地实现既定课程目标	
		2	学生学习情绪高涨，作业完成得较为顺利	
		3	教师信息反馈及时、有效	
亮点评价	5分	1	课程实施的某方面或某环节有创意，效果显著；或教师教学风格具有显著亮点	
总评意见			总分	

上述量表，与第六章介绍的"小学数学单元课程、专题课程评价参考量表"相类似，都是定量评价与定性评价相结合的量表。

在定量评价部分，共有课程目标评价、课程内容评价、课程实施过程评价、学习行为反馈评价、直观效果评价和亮点评价六个评价项目。其中，前三项为英语课程评价的基本内容，后三项是特定角度的评价。二者可以相互映衬，互为补充。在定量评价部分，没有专门列出"课程实施方法评价"，而将课程实施方法评价的基本内容整合进课程内容评价、课程实施过程评价、学习行为反馈评价、直观效果评价和亮点评价之中。

定性评价表现于"总评意见"的填写。评价者可以借此栏目，或说明自己的评分依据，或表达自己的主观看法，或陈述自己的英语课程改革建议。

可以借助此量表或参考此量表，评价单元或专题英语课程的设计与实施。

（三）学生学习过程与成果评价

了解和评价学生的英语学习过程与学习成果，对学校管理者、英语教师、学生、学生家长，都有重要意义。

学生英语学习过程与成果评价的基本内容，包括英语学习过程评价与英语学习成果评价两个方面。

1. 英语学习过程评价

所谓英语学习过程评价，指对学生英语课程学习动机、学习积极性与参与热情、学习方法、协作精神与合作能力等方面的评价。由于上述几个方面等均表现于学习行为中，英语学习过程评价也可称为英语学习行为评价。

学生英语学习过程的评价，应以提升学生的参与热情，促进学生学习行为的优化，提高教师课程设计与实施的针对性与科学性为基本目的。

英语教师可借助即时性的课堂点评、作业批语、试卷批语、日常交谈等，评价学生在英语学习过程中的行为表现。

2. 英语学习成果评价

评价学生的英语学习成果，是为了帮助学生了解自己的即时学习成果及其成因、阶段学习成绩及其成因，激发其学习积极性，促进其学习策略的优化，改进教师的课程设计，提高课程实施质量。

英语学习成果评价，包括即时性成果评价、阶段性成果评价两种类型。前者是对当时学习成果的评价，后者是对特定时间段内英语学习成果的评价。阶段性成果评价，又包括两种类型：一是阶段考试与成绩讲评；二是综合语言运用能力测评。阶段考试与成绩讲评既常见，又实用；综合语言运用能力测评虽客观、重要，却少见。

英语课程阶段考试与成绩的优劣，同样有三种衡量模式：一是常模参照模式，即横向比较模式；二是标准参照模式，即参照既有标准进行评价；三是个体发展模式，即对被评价者的纵向发展情况作评价。对学生综合语言运用能力的发展来说，第三种模式更有实际意义。

本节深入讨论了英语课程的课程资源评价、课程设计与实施评价、学生学习过程与成果评价。在英语课程评价实践中，这三种评价同样应当相辅相成、互为补充。

本章小结与研究性学习

一、本章小结

本章第一节阐述了小学品德课程的设计与评价；第二节参考"语文课程设计与评价""数学课程设计与评价"模式，阐述了小学英语课程的设计与评价。

另外，本章分别提供了小学品德课程设计、小学英语课程设计实例，并进行了简要分析评价。

二、研究性学习

（一）讨论

联系实际谈谈如何培养学生的英语学习兴趣。

（二）专题研究

一位英语教师为人教版小学英语教材五年级下册第五单元《Look at the Monkeys》第一部分的专题课程，设计了下述课程实施过程：

> 第一步：热身——五个谜语
> 教师边提问，边逐句出示谜面，让学生猜测谜底，借五个谜语复习rabbit等单词。
> 第二步：练习——看动画，学语言，明事理
> 1. 利用《小猴子下山》视频，层层递进地导出"walking"等词；按"播放视频—练习说话—出示词句—拼读生词—书空与板书"步骤，引导学生在故事情境中学习语言知识与技能。
> 2. 在"猴子丢玉米，摘西瓜"场景中引导学生自主表达，尝试使用动词的"现在进行时"表达方式。
> 3. 利用听音、编儿歌两种形式，内化并巩固新知识、新技能。
> 4. 提问：猴子最终为什么空手而归？你从故事中明白了什么道理？
> 第三步：巩固与拓展——扮演导游
> 借助著名景点图片，引导学生以导游身份先写后说，描述图片中的

人正在做什么，训练学生使用动词的"现在进行时"表达技能和综合性英语表达能力。

　　第四步：总结全课

　（略。）

同学们如何评价这位英语教师的课程实施过程设计？请与你的同桌交流意见。

第八章　小学科学课程、艺术课程的设计与评价

重点问题

- 阐述科学课程性质的关键词是什么？科学课程有哪些基本理念？
- 科学课程目标、课程实施方法、课程实施过程的设计，分别有什么特殊要求？
- 科学课程的评价需要注意哪些问题？
- 阐述艺术课程性质的关键词是什么？艺术课程有哪些基本理念？
- 艺术课程目标、课程实施方法、课程实施过程的设计，分别有哪些特殊要求？
- 艺术课程的评价需要注意哪些问题？

情境引导：科学与艺术的关系[①]

科学不仅仅揭示宇宙的奥秘，而且还研究人类的情感和心理产生的根源，不断揭示人（包括心灵）的无尽奥秘。艺术则表达人类的情感和对世界的直观感受与认识，艺术家除了注重外在的世界，还关注内在的领域，如情感、梦幻和精神等。

科学家和艺术家都是使想象力发挥到极致的典型人物，但是科学家再让想象驰骋，再标新立异，最终也要用事实和实验来说话；而艺术家可以受较少的拘束和限制，在客观条件允许的范围内追求最大可能的标新立异。这两种人并不是格格不入的。有的科学家身上洋溢着浓郁的艺术家气质，有的艺术家身上流露出淡淡的科学家风范。

爱因斯坦推崇西方的古典音乐，对巴赫、莫扎特和贝多芬的音乐尤其酷爱。爱因斯坦擅长小提琴演奏，有时他还会与另外一位量子物理学家普朗克合奏。尤其是在他紧张思索光量子假说或广义相对论的日子里，每当遇到困难，他就会拿起琴弓；那优美、和谐、充满想象力的旋律催生了他的科学创见和思想。在音乐声中，他写下了优美的质能方程式 $E=mc^2$，描绘出他骑着光束环游宇宙的风景。

意大利文艺复兴早期的画家乔托不仅在艺术上取得了巨大的成就，而且把欧几里得空间带回美术界，给绘画带来令人耳目一新的气息。但是有史以来能当得起大科学家和大艺术家双重称号的只有达·芬奇一人，他不仅给我们留下了《最后的晚餐》《蒙娜丽莎》这样的绘画，还发明了针孔相机，设计了直升机，提出潜水艇和坦克的构想。达·芬奇在技术革新和科学方面的成就大大超越了他的时代，以至于在科学史上都找不到恰当的位置来安置他。

艺术与科学都有独特的语言形式和表达方式，

[①] 节选自芮均：《艺术与科学关系的解读》，《饰》2007年第2期。文句与标点略有调整。

彼此间看似没有什么关系，其实在描述语言上经常使用类似的词汇，诸如"体积""空间""力""光""色""张力""关系"等。尽管有的艺术家在作品中所描绘的图形和寓意与科学家们的研究有着惊人的相似，还是很难从中找到两者之间的直接关系，只能说这些先知先觉者对外部世界的认识有着相同或相似的倾向。

读上述文章，同学们有没有想到兼具科学特征与艺术特征的"麦田怪圈"？

本章将分别阐述小学科学课程、艺术课程的设计与评价。请同学们在阅读上述情境引导的基础上，用自己的话说说科学与艺术、科学课程与艺术课程的关系。这类问题通常没有标准答案，同学们可以大胆阐述自己的看法。

第一节 小学科学课程的设计与评价

在世纪之交的基础教育课程改革中，小学取消了传统的自然课程，改设科学课程。这一课程开设于三至六年级，历时四年。下面阐述小学科学课程的设计与评价。

一、科学课程的设计

（一）科学课程设计的准备

小学科学课程所用的教材，通常也以专题为编写单位，故这里所说的"科学课程设计的准备"，也主要指专题课程设计的准备。

1. 解读课程标准

关于科学课程的性质，2001年出版的《全日制义务教育科学（3—6年级）课程标准（实验稿）》的阐述是："小学科学课程是以培养科学素质为宗旨的科学启蒙课程。"这句话的关键词是"科学素养""科学启蒙"。

什么是"科学素养"？我们认为人的科学素养，应当包括科学精神、科学知识、科学技能、科学能力四个方面的素养。科学精神即科学的态度与意识，即实事求是的态度和通过科学手段解决问题的意识；科学知识即人类在认识和改造客观世界的实践中所获得的认识和经验的总和；科学技能指从事科学活动所需要的技能，如从事科学观察的技能、做实验的技能等；科学能力指在科学活动中独立解决所面临的实际问题的能力。

什么是"科学启蒙"？我们认为科学启蒙指科学精神、科学知识、科学技能、科学能力四个方面的启蒙教育。这一教育具有以下特点：其一，以科学精神的培养为主要任务；其二，教给最基本的科学知识与技能；其三，科学知识与技能的难度与容量均有限；其四，科学知识的内容及其呈现手法贴近儿童生活与社会生活实际，形象直观。

在小学设置科学课程，主要是为了通过科学启蒙教育，培养儿童的科学素养。阐述小学科学课程性质的关键词：一是"科学素养"；二是"科学精神"；三是"启蒙"；四是"生活"。

关于小学科学的课程基本理念，课程标准给出了六条课程理念：其一，面向全体学生。其二，学生是学习的主体。这两条理念其实是所有基础教育课程都必须遵循的基本理念。其三，以探究为核心。这提醒我们不应灌输科学知识，而要引导学生探究、发现科学知识。其四，课程的内容要满足社会和学生双方面的需要。也就是说课程内容的设计要从社会需要和学生发展需要出发。其五，应具有开放性。课程内容、活动形式、评价方式等方面的设计，要有开放特征，要为师生的创新活动预留空间，为充分利用多种资源机动灵活地学习科学创造条件。其六，课程评价应能促进科学素养的形成与发展。也就是说让科学课程的评价，为培养科学素养这一课程宗旨服务。我们认为可以将上述要求概括为三大课程理念：

其一，科学课程内容的设计要从社会需要、学生发展需要出发；

其二，科学课程活动形式的设计要以探究为核心；

其三，活动内容与活动形式的设计、评价方式的选择，要注重开放性。

以上是对课程标准总的解读。在具体的专题科学课程设计中，还要根据特定目的查阅和解读课程标准中的相关要求与说明。

2. 分析教材内容

对于科学课程来说，在为专题课程设计分析教材时，应依次思考以下问题：

（1）关于本专题，核心的课程目标是什么？

（2）教材的中心内容是什么？

（3）教材内容的呈现方式有什么特征？

（4）怎样利用教材，才能最有效地实现课程目标？

要注意的是，科学课程应以引导学生探究为核心；可以利用教材帮助探究，而不能用既有教材来束缚学生的探究活动。

3. 研究学情

"学情"即"学生的实际情况"。就科学课程而言，对"学生的实际情况"的思考应包括以下内容：

（1）在学生科学素养的发展中，科学精神、科学知识、科学技能、科学能力四个方面的素养有何关系？这四个方面的科学素养之间的关系，可以概括为：在科学课程中，科学知识的探究与获得是第一位的，是课程活动的着眼点；科学精神的培养、科学技能的学习、科学能力的提升，应当蕴含于科学知识的探究与获得之中。

（2）怎样组织科学探究，才能最有效地培养学生的科学素养？我们认为首先要充分调动学生的探究积极性；其次科学探究活动的内容与形式要尽可能切合生活实际。

（3）学生最喜欢什么样的科学探究活动？我们认为以学生为主体的、含有激励措施的、具有新奇特征的、比较直观的科学探究活动，是学生最喜欢的科学探究活动。

（4）当前学生最需要什么的科学教育？我们认为当前学生最需要有助于破除民间迷信、有助于解决生活中的问题、能为未来学习打基础的科学教育。

（二）科学课程目标的设计

小学科学课程所用教材，通常分专题编写，故这里所说的"科学课程目标的设计"也指专题目标的设计。对于科学课程来说，课程目标的设计必须以科学素养为抓手。其主要要求有：

首先，在设计课程目标时必须处理好不同科学素养之间的关系。

前面说过，科学素养包括科学精神、科学知识、科学技能、科学能力四个方面。在科学课程中，其基本活动应当是引导学生探究和获得科学知识，通过知识探究，培养科学精神，训练科学技能，提升科学能力。在设计课程目标时，必须处理好科学知识素养与科学精神素养、科学技能素养、科学能力素养的关系。

其次，在设计课程目标时必须重视科学探究能力的培养。

小学科学课程是带有浓厚活动色彩的探究性启蒙课程。学生的科学精神是通过探究形成的，科学知识是通过探究获得的，科学技能是在探究中形成的，科学能力也是通过探究得到提升的。因此在设计课程目标时必须重视探究能力的培养。

在科学课程中，哪些能力属于探究能力？我们认为科学课程中的探究能力，应当包括问题发现能力、原因追溯能力、实验验证能力三大要素。在科学课程中，这三大要素的运用，往往与智力、人际沟通能力、信息技术能力、动手操作能力等基本能力的运用结合在一起。在设计专题目标时，必须具体说明重点培养哪个方面的科学探究能力，以便将科学探究能力的培养落到实处。

（三）科学课程实施方法的设计

科学课程常见的实施方法有：

1. 读书法

可在科学探究前或科学探究中引导学生阅读纸质材料或电子材料。

2. 讨论法

引导学生就某一科学现象的产生原因、某一科学结论的可靠性、某一科学研究方法的科学性或某一科学错误产生的原因等展开讨论。要注意的是，讨论有助于产生猜想性结论，这种结论往往有待进一步验证。

3. 观察法

引导学生观察特定的科学现象，以发现问题或规律。

4. 演示法

通过图片图表演示、电影电视演示、计算机软件演示、实验演示等展示科学事实，揭示问题产生的原因。

5. 实验法

引导学生自己做实验，以揭示科学规律，并培养学生的科学实验能力。

就科学课程而言，在选择和设计课程实施方法时，必须遵循以下要求：

其一，重指导更重探究。

在科学课程中，教师应将学生的自主探究作为课程活动的着眼点，教师要在此基础上将自己的指导与学生的自主探究紧密结合起来。

需要强调的是，在小学科学课程中，学生的自主探究是第一位的，教师的指导是第二位的，教师的指导应为学生探究服务。教师的指导，主要表现在课程活动的组织、信息及其获取途径的提示、探究方法选择的引导、实验器材的提供、探究过程反思的帮助等方面，绝不能将教师的"指导"理解为"奉送真理"。

其二，重猜想更重实证。

科学需要猜想，科学研究往往也是从猜想开始的，因此在科学课程活动中，教师应当鼓励学生对科学现象产生的原因、科学问题的解决方法等进行大胆的猜想。教师要注意引导学生借助科学猜想，创造科学假设，为下一步的验证性课程活动打基础。

比猜想更重要的是通过特定方式对原有猜想进行验证。从科学研究的过程看，实证研究是最重要、最核心、最关键的科研环节；从育人的角度看，实证环节是最有利于培养学生科学素养的课程环节。

对于科学活动来说，最基本、最常用、最有效的实证方法是科学实验。对于科学课程来说，科学实验包括教师的演示性实验与学生的自主性实验两种类型。为了更有效地培养学生的科学素养，应多让学生做自主实验。

其三，重结果更重过程。

科学课程的宗旨之一是传授科学知识，因此就科学课程的探究活动而言，探究结果具有重要意义。但在小学，比科学知识的获取更为重要的是科学精神的培养、科学能力的提升，而后者是在探究过程中实现的，因此小学科学课程中的探究过程比探究结果更重要。

（四）科学课程实施过程的设计

科学课程实施过程的设计，除了要遵循课程实施过程设计的一般要求外，还要特别注意以探究活动为核心，也就是说应当围绕学生的自主探究设计课程实施过程。比如可以围绕学生的自主探究，安排"问题发现""原因探究""实验验证""扩展应用"等课程环节，也可以围绕自主探究安排"情境演示""大胆猜想""验证猜想""重新猜想""再次验证""过程反思"等课程环节。具体安排哪些课程环节，应当视专题性质、教材特点、教师经验、学生需要等方面的具体情况而定。

最后介绍一个科学课程设计实例，请同学们参考本书第四章的相关要求，大胆评价其成败。

《声音是怎样产生的》课程设计[①]

一、基本信息

课程名称：科学。

选用教材：人教版《科学》四年级下册。

课程设计：宁夏回族自治区吴忠市利通二小李娜。

教学器具：队鼓、黄豆、橡皮筋、尺子、音叉、橡胶小槌、铜锣、水槽、乒乓球、口琴、竖笛、录音机、实验记录表。

二、课程目标

（一）引导学生观察、比较发声物体和不发声物体的状态，探究声音产生的原因。

（二）让学生通过观察、猜想、实验、交流等方式，亲历科学探究过程，并学习"观察现象、提出问题、推测结果、实验验证、得出结论"这一科学方法。

（三）引导学生学习倾听与交流，并体会探究的乐趣。

三、重点与难点

重点：通过观察、实验、比较、讨论等活动，知道"声音是由物体振动产生的"。

难点：实验结果的概括。

[①] 见人民教育出版社课程教材研究所网站小学科学"同步教学资源"，http://www.pep.com.cn/xxkx。格式与文句有调整。

四、课程实施过程

(一) 导入新课

1. 创设情境，提出问题

教师谈话：自然界中有许多美妙的声音，你听……（播放多媒体课件。）这里有小鸟欢快的鸣叫、闹钟的振铃、拍岸的浪涛、心跳的声音。像这样的声音，在我们的生活中还有很多很多。你知道声音是怎么产生的吗？今天这节课我们就来研究这个问题。（板书课题：声音是怎样产生的？）

学生思考：声音是怎样产生的？

2. 猜测声音产生的原因，作出假设

(1) 教师提问：大胆地猜一猜，声音是怎样产生的？

（在学生回答上述问题时，教师板书：摩擦、撞击、弹拨、敲打、乐器发声、人类发声……）

(2) 教师谈话：以上都是同学们的看法，是一种猜测。要知道，世界上许多伟大的发现都源于猜测。要想知道声音究竟是不是因为摩擦、撞击、弹拨、敲打、乐器发声、人类发声等原因产生的，需要通过观察与实验才能知道。

(二) 科学探究

1. 介绍实验材料

(1) 教师谈话：请同学们观察实验桌，看看老师为大家准备了哪些实验用品。你能想办法让它们发出声音吗？

(2) 由学生介绍实验材料队鼓、尺子、橡皮筋等，并尝试让它们发出声音。教师随机指导。

(3) 教师重点介绍并演示实验仪器音叉。教师强调：这是一种用钢制成的U形实验仪器，用橡胶小槌轻轻敲击它就会发出声音。在使用音叉的时候，手要握住音叉柄，用小槌敲击音叉的上端。

2. 师生一起做音叉实验

(1) 方法选择

教师谈话：要想知道这些物体为什么都能发出声音，就要观察、研究这些物体发出声音时的共同特点。你知道有哪些可用的研究方法呢？（板书：方法。）

（学生回答：闻、看、摸、听、说、尝、画……）

教师谈话：今天我们就用看、摸、画、说四种研究方法。

(2) 出示实验记录表（用课件呈现）

(3) 师生一起做音叉实验

第一个环节:"看"。

教师(板书"看")谈话:我们用橡胶小槌敲击音叉,让音叉发出声音,然后将音叉迅速轻轻靠近水面,或者靠近静止不动的乒乓球,看看有什么现象发生?

(教师根据学生的回答板书:水花四溅,有波纹,有水泡;乒乓球弹开……)

第二个环节:"摸"。

教师(板书"摸")谈话:我们让音叉发出声音后,用手摸摸或将音叉轻轻贴到脸上,看看有什么感觉?

(学生回答后教师板书:麻、痒……)

第三个环节:"画"。

教师(板书"画")谈话:画什么呢?就用你喜欢的符号把你看到的、摸到的画下来。

(学生在黑板上画。)

第四个环节:"说"。

教师(板书"说")谈话:说说音叉在不发出声音时的状态和发出声音时的状态。

(学生回答后教师板书:音叉在不发出声音时是平静的、静止的、不动的,音叉发出声音时的状态是颤动的、振动的。)

(4)实验小结

教师简要总结音叉实验,同时带领学生填写实验记录表。

3. 引导学生利用其他器材做自主实验

教师引导学生利用队鼓、尺子、橡皮筋做发声自主实验,要求学生注意观察这些物体发声时的状态和不发声时的状态。

(1)提出实验要求(用课件呈现)

指名学生朗读实验要求。

(2)学生分组实验

教师巡视,指导。

(3)小组汇报实验发现

各小组代表用实物投影仪向全班展示实验记录表,并重点介绍实验物体在发声时和不发声时的状态。

(4)实验总结

学生总结:所有的物体在不发出声音时处于静止状态,在发出声音时处于颤动(或摆动、晃动、摇动)状态。所以声音是由物体的颤动(或摆动、晃动、摇动)引起的。

（教师用课件呈现上述结论。）

教师谈话：通过实验研究，同学们发现物体发出声音时有的颤动，有的摆动，有的晃动，有的摇动。如果用一个更科学、更准确的词语来代替这些词语，那就是"振动"。

（三）巩固拓展

1. 怎样让正在发出声音的锣立刻停止发声

学生演示并说明理由。

2. 找寻人体发声部位

（1）集体说"我爱科学"，边说边用手摸一摸自己身体哪个部位在振动。

（2）教师谈话：在我们的喉咙处有个发声器官叫声带，当声带振动时，我们就可以发出声音了。所以同学们在平时的学习生活中不能过多地大喊大叫，要注意保护自己的声带。

3. 做"能摸到的声音"游戏

指定一名学生，让其先摸摸不发声的手机，并说说是什么状态。再用耳机捂住学生的耳朵，用布条蒙住眼睛，播放手机铃声，让学生触摸后谈触摸时的感觉。

（四）总结评价

1. 师生小结

教师引导学生总结：在刚刚上课时，同学们猜测声音产生的原因可能是摩擦、撞击、弹拨、敲打、乐器发声、人类发声。通过本课的学习，我们知道了声音原来是由物体振动产生的。

2. 评价

教师谈话：在这节课上，老师发现许多同学都能像科学家那样去仔细观察，认真思考，积极动手做实验。请同学们说说，你们小组中谁的表现最好？你觉得自己在这节课上的表现怎么样？老师的表现怎么样？

学生自由评价。

教师谈话：老师为大家准备了成长卡，一位同学一张卡。下课后你们可以在自己的卡上评价自己或同伴，然后将成长卡装进自己的成长记录袋。下节课我们将继续研究"声音是怎样传播的"。请各小组整理实验台，将所有的实验品（包括抹布）放回原位，准备下课。

上述课程设计，课程目标清晰、简明、合理，重点与难点的把握十分准确，课程实施方法与实施过程的设计符合科学课程的客观规律。美中不足之处是，学生的实验都是被动的，应当引导学生自主设计实验，主动寻找科学真理。

二、科学课程的评价

课程评价的基本内容有课程资源评价、课程设计与实施评价、学生学习过程与成果评价三个方面。科学课程的评价也应从这三个方面入手。

科学课程的宗旨是引导学生通过启蒙性科学探究，培养和提升科学素养。小学科学课程的评价，需要注意以下问题：

（一）科学课程必须以科学精神的培养为首要任务

所谓科学精神指科学的态度与意识，就是实事求是的态度和通过科学手段解决问题的意识。科学课程的核心宗旨是培养和提升儿童的科学素养，而科学素养的首要组成要素是科学精神。

小学科学教育属于启蒙教育。对于启蒙教育来说，态度与意识的教育是最基本、最重要的教育内容；因此在科学课程中，包括科学态度与科学意识在内的科学精神的教育显得特别重要。从人的求学过程角度看，学生至中学阶段才开始系统学习科学知识及相关技能，小学阶段科学知识、技能的学习只是"启蒙"而已，科学知识、技能的掌握远远没有科学精神的培养重要。如果小学阶段科学精神的教育较为成功，学生将终身受益。

由于以上两方面的原因，科学课程应以科学精神的培养为首要任务。

（二）科学课程必须以科学探究为主要活动方式

对于科学课程来说，"活动形式的设计要以探究为核心"是十分重要的课程基本理念。在科学素养的构成要素中，科学精神的培养、科学知识的传授、科学技能的获得、科学能力的提升，都应当是在科学探究活动中实现的。

如果忽视科学探究，将科学课程上成普通文化课，上成传授现成科学知识的课，不仅无法实现科学课程的目标，无法完成"科学启蒙"任务，学生也会感到兴趣索然。"以科学探究为主要活动方式"是科学课程的重要理念，儿童的发展需要也要求科学课程以科学探究为主要活动方式。

（三）科学课程必须切合社会生活实际

"从社会需要出发"是科学课程的另一个课程理念。科学在人类生产与日常生活中发挥作用，所谓"社会需要"，应当包括社会生产需要与日常生活需要。所谓"社会生活实际"，应当包括社会生产实际与日常生活实际两个方面。

科学来源于社会生活实际，反过来为社会生活实际服务。离开了社会生活实际，科学知识就会成为无源之水、无本之木，就会成为枯燥的教条，且毫无价值；科学教育也会黯然失色，死气沉沉。切合了社会生活实际，科学知识就会成为源头活水,价值斐然;科学教育也会充满魅力,生机盎然。

从课程实施方法的角度看,只有课程实施方法切合社会生活实际,科学课程才能吸引儿童,科学态度、科学意识才能逐渐形成,科学知识、技能才能被真正理解和接受,科学能力才能得到提升。

第二节 小学艺术课程的设计与评价

世纪之交基础教育课程改革的举措之一,是取消了传统的音乐、美术课程,新开艺术课程。但新基础教育课程方案在推出艺术课程的同时,又规定:在暂时不具备开设艺术课程的地区,可以保留原有的音乐课程和美术课程,暂不开设艺术课程。于是出现开设艺术课程与开设音乐、美术课程并存的局面。据我们了解,由于艺术课程涉及若干不同的艺术领域,师资来源成了短期内难以解决的大问题,因此十多年来多数小学并未开设艺术课程。但小学取消音乐、美术课程而改设艺术课程是历史趋势,师范院校应开设艺术教育专业,故本书只谈艺术课程的设计与评价,不分别谈音乐、美术课程的设计与评价。

从学习内容角度看,艺术课程以社会生活中的艺术活动为着眼点,综合了音乐、美术、戏剧、舞蹈、影视、书法、篆刻等学科或领域的学习内容。其中音乐与美术是其核心学科,戏剧和舞蹈是其重要领域,而影视、书法和篆刻是必须适当兼顾的组成部分。

一、艺术课程的设计

(一)艺术课程设计的准备

与其他课程一样,艺术课程设计的准备也包括解读课程标准、分析教材内容、研究学情三项具体工作。

1. 解读课程标准

关于艺术课程的性质,《义务教育艺术课程标准(2011年版)》(以下简称《艺术课程标准》)用五个词来概括:一是"人文性";二是"综合性";三是"创造性";四是"愉悦性";五是"经典性"。所谓"人文性",强调的是其与人和人类文化的关系;所谓"综合性",强调的是对若干艺术品种的综合;所谓"创造性",强调的是对创新活动的依赖;所谓"愉悦性",强调的是艺的快意创造与欢乐享用；所谓"经典性"，强调的是对经典作品的重视。可以认为对艺术课程设计来说，阐述艺术课程性质的关键词是"艺术性""综合性"与"创造性"。

《艺术课程标准》曾提出三条艺术课程基本理念：

其一，引导学生在各类艺术的联系中提升综合素质。艺术课程要借助特定的人文主题，让学生的图像感受、声音感受、情感感受与身体感受相互联系和融合，使学生的合作与探究、体验与表达、欣赏与创造自然地综合为一个整体，培养和提升综合性艺术素质，促进基本素质全面而和谐地发展。

其二，培养学生适应当今社会和终身发展所需要的能力。艺术课程要注意培养学生的感知与体验能力、创造与表现能力、反思与评价能力。这些能力是适应当今社会所需要的，也是终身发展所需要的。

其三，促进学生艺术能力和人文素养的综合发展。在艺术课程中，学生的艺术能力与原有的人文素养是紧密联系、互相促进的：人文素养是艺术能力发展的基础，而艺术能力的发展又能有效促进人文素养的提升。艺术课程必须促成二者的相互促进与综合发展。艺术课程具有综合性与创造性特征。应抓住这两大特征，促进学生艺术能力与人文素养健康而高效地发展。

以上是对《艺术课程标准》总的解读。在具体的艺术课程设计中，艺术教师常常根据实际需要查阅和解读课程标准。

2. 分析教材内容

艺术教材通常分专题编写。这里所说的"分析教材内容"，指在充分认识已经选定的艺术教材的编写思路、框架结构、基本特征的基础上，研读和分析教材所给的专题材料，并思考以下问题：

（1）全册艺术教材的编写思路是什么？

（2）本艺术专题与其他专题有什么关系？

（3）本专题的教材综合了哪些艺术内容与艺术形式？

（4）在学生艺术能力发展与综合素养提升方面，本专题的教材能帮助我们达到什么目的？

（5）怎样利用教材，才能达到上述目的？

分析教材时思考上述问题，是为了在充分利用教材的基础上科学设计课程活动。

3. 研究学情

"学情"指学生的实际情况。艺术课程的基本宗旨是提升学生的艺术素养，促进学生基本素质充分而和谐地发展。由此可见，艺术教师对"学生的实际情况"的研究与思考应包括以下内容：

（1）学生的艺术素养与基本素质分别包括哪些要素？二者有何关系？

我们认为学生的艺术素养由艺术知识、艺术技能、艺术能力、艺术情感态度与价值观四要素组成；学生的基本素质由最基本的身体素质、知识素质、技能素质、能力素质、情感态度与价值观素质五要素组成。基本素质是艺术素质形成和发展的基础与条件，艺术素质的形成与发展能反过来促进基本素质的发展，二者是相辅相成、相互促进的。

需要补充说明的是，可以将"艺术情感态度与价值观"理解为艺术欣赏与创造中的"品德与心理"。

（2）学生艺术素养发展的基本规律是什么？艺术课程应当如何顺应这一规律？

艺术活动是借助特定专题，集多种艺术形式于一身的综合性活动；包括艺术知识、艺术技能、艺术能力、艺术情感态度与价值观的艺术素养，是在综合性的欣赏与创造活动中发展与提升的。艺术课程应当围绕特定的艺术专题，组织艺术欣赏与创造活动，全面而和谐地提升学生的艺术素养，促进其基本素质的发展。

（3）当代青少年艺术素养的提升，最需要什么？

我们认为，在艺术品种方面，当代青少年最需要熟悉和了解京剧、书法、剪纸、篆刻等中华传统艺术形式；在艺术作品方面，当代青少年最需要熟悉和欣赏西方艺术宝库与祖国艺术宝库里的经典艺术作品。

（二）艺术课程目标的设计

艺术课程目标的设计，除了要符合课程目标设计的一般要求外，还要遵循以下特殊要求：

首先，在设计艺术课程目标时必须注意区分目标的主次。

一方面，学生艺术素养的发展，是在艺术素养四要素的矛盾运动中实现的；另一方面，这种发展又建立在点点滴滴的积累之上。在特定艺术专题的课程中，既必须有特定的与专题相关的重点目标，又必须注意带动艺术素养的全面提升。因此在设计艺术课程目标时必须紧抓重点目标，兼顾其他目标。

其次，在设计艺术课程目标时必须重视审美兴趣与审美能力的培养。

设置艺术课程的初衷之一是引导儿童认识生活、热爱生活、丰富生活和美化生活，而欣赏美、创造美的能力的培养则是艺术课程的重要任务，要达到这两个目的，必须重视审美兴趣与审美能力的培养。

最后，在设计艺术课程目标时必须适当兼顾地域特色。

我国不少地区具有丰富而有特色的艺术形式。例如湖南的花鼓戏、东北地区的秧歌舞。在学校教育活动体系中，小学艺术教育活动往往是最为活跃的。不少小学还借助艺术教育特色的创建，促进学校教育的整体改革。

对于艺术课程来说，当地和本校的艺术实践和艺术特色既是宝贵的课程资源，又是有必要重视的课程内容。如果当地流行花鼓戏，我们不妨将这一艺术品种引进艺术课程，并引导学生提高欣赏与表现的品位与能力。如果所在学校艺术兴趣小组活动做得好，有书画、民乐、合唱、舞蹈、剪纸、鼓号、腰鼓、摄影、篆刻等兴趣小组，不妨将艺术课程与这些兴趣小组的活动结合起来，促进第一课堂与第二课堂的互相促进与互相融合。

（三）艺术课程实施方法的设计

艺术课程常见的实施方法有：

1. 情境观察法

借助讲授、谈话或多媒体手段，引导学生带着特定任务观察大自然，观察社会，观察艺术现象与艺术活动。

2. 作品欣赏法

借助谈话、讨论、多媒体手段或自主阅读，引导学生欣赏特定的艺术作品，以充分认识作品的主旨、主题、艺术水准与艺术特色，提高对特定艺术品种的认识，提升审美能力。

3. 技能练习法

在认识和欣赏特定艺术品种、艺术作品的基础上，练习特定的艺术技能，训练艺术基本功。

4. 艺术表演法

引导学生直接参与演唱、演奏、朗诵、舞蹈、戏剧表演、小品表演、相声表演、快板表演、地方特有艺术品种表演等。

5. 创作尝试法

引导学生从事诗歌、绘画、书法、篆刻、剪纸等艺术品种的创作尝试。对于小学生来说，所创作作品的艺术水准并不重要，重要的是创作的热情。

就艺术课程而言，在选择和设计课程实施方法时，除了要遵循课程实施方法设计的一般要求外，还要遵循以下特殊要求：

其一，从提升学生艺术素养的需要出发选择课程实施方法。

在艺术课程中，学生的活动大致可分为认识与欣赏、练习与实践两大类。这两类活动形式既相对独立，又互相联系。教师应凭借这两类活动的引导，培养和提升学生的艺术素养。怎样引导学生认识与欣赏、练习与实践，取决于培养艺术素养的需要。

其二，妥善处理活动式教学与艺术"双基"传授的关系。

艺术教材是分专题编写的，而学生的艺术素养是在活动中培养和提升的，因此艺术课程的着眼点应当是专题活动。在小学艺术课程中，应当提倡生活化、综合化的活动式教学。只有这样，才能达到促进艺术素养和谐发展和人的基本素质全面发展的目的。

但这样做并非意味着可以放弃艺术基础知识的学习和艺术基本技能的训练。我们所要做的不是放弃"双基",而是将"双基"的传授纳入生活化、综合化、有时带有游戏倾向的活动式教学之中。因此在艺术课程实施方法的设计中,应在活动式教学中妥善、巧妙地安排好"双基"教学。在进行课程实施方法构思时,一定要考虑"学生在课程活动中学到哪些基础知识""学生的哪些艺术技能得到有效的训练"。

其三,多种课程实施方法配合使用。

不同的课程实施方法,适用于不同的课程目标与课程任务。由于艺术课程的目标与任务往往是综合性的,因此在艺术课程中要注意将作品欣赏法、技能练习法、艺术表演法、创作尝试法等不同方法结合起来。这样做还有助于激发和保持学生的兴趣,增强艺术课程的吸引力。

(四)艺术课程实施过程的设计

艺术课程实施过程的设计,除了要遵循课程实施过程设计的一般规律外,还要遵循以下特殊要求:

1. 从艺术素养形成和发展的基本规律出发

学生的艺术素养,主要是在自主性的艺术欣赏与创造实践中形成和发展的,艺术实践的量越大,内容越丰富多彩,交流越频繁,提升艺术素养的效果就越好。

艺术实践大致包括三大类:一是对艺术作品的形式与内容的认识与欣赏;二是艺术技能的练习;三是艺术创作与表演。在艺术课程实施过程的设计中,首先应注意将三者有机结合为一个整体,全面提升学生的艺术素养;其次应注意涉猎多姿多彩的艺术形式和丰富精彩的艺术作品,组织大量的多样化课程活动;最后,艺术课程的实施过程应以学生的自主活动为主体,教师的使命只是组织与引导。我们认为这三条要求反映了"艺术素养形成和发展的基本规律"。

2. 从当时当地艺术教育的客观条件出发

艺术课程实施过程的设计,还得从教材、教师、学生、学校设施、可用时间等方面的实际情况出发,体现灵活性与多样性。

此外,在艺术课程实施过程的设计中,可以从实际情况出发,借鉴既有的艺术课程教学模式。比如可以围绕艺术欣赏,依次安排"作品介绍""感知与欣赏""练习与表现""反思与评价"等课程环节。再如可以凭借特定的课程"情境",依次安排"创设情境""展开情境活动""评价和迁移"等课程环节。还可以以特定艺术主题为核心,依次安排"导入主题""感性体验""理性归纳""练习与表现""评价与发展"等课程环节。

在艺术课程实施过程的设计中,应从艺术教育的实际效果出发,灵活而不拘一格地将不同的方式方法、不同的教学模式活动要素组合进同一个课程实施过程之中，以增强艺术课程的吸引力，丰富艺术课程的内涵，促进儿童艺术素养与基本素质的发展。

最后介绍一个艺术课程设计实例，请同学们参考本书第四章的相关要求评价其成败，也可以相对自由地畅谈自己的阅读体会。

《金蛇狂舞》课程设计[①]

一、基本信息

课程名称：艺术。

教学对象：二年级学生。

教学器具：教师准备《金蛇狂舞》录音带、图片、资料，《白蛇传》录像带，彩色纸、彩色笔、剪子、胶水等；学生准备彩色笔、油画棒等。

二、课程目标

（一）通过欣赏民乐《金蛇狂舞》及有关摄影作品，体会民族乐曲丰富的表现力，学习祖国优秀的文化艺术。

（二）了解民间文化中"蛇盘兔"的寓意，并尝试相关艺术表现。

（三）画一幅漂亮的蛇装饰画，展示个性化设计；用肢体语言表演《伊索寓言》中"农夫和蛇"的故事，体验艺术创造的乐趣。

三、重点与难点

重点：创作漂亮的蛇装饰画。

难点：同上。

四、课程实施过程

（一）导入新课

教师谈话：在中国传统文化中，蛇与龙都是吉祥的象征。蛇常常与灵芝、花草等组成组合图案，蕴含如意、吉祥的美好愿望。

（二）欣赏民族器乐合奏《金蛇狂舞》

教师组织学生交流聆听体会，并引导他们认识此曲的主题与艺术特色。

（三）说说与蛇有关的成语

教师引导学生说出"虎头蛇尾""打草惊蛇"等成语。

（四）欣赏生活中与蛇有关的艺术作品

教师以实物或图片展示十二生肖邮票中的蛇邮票、与蛇有关的文物

[①] 选自深谷幽兰的博文《二年级下册艺术教案》，见 http://eblog.cersp.com/userlog24/167738/index.shtml。格式与文句有调整。

> 与现代工艺作品，供学生欣赏。教师在此基础上借助陶器蛇图案、商代青铜器上的蛇纹等，介绍蛇文化简史。
>
> （五）制作蛇装饰画
>
> 教师先出示蛇装饰画范品，并引导学生观察、分析此作品的制作方法；然后要求学生自己制作精细、漂亮的蛇装饰画。学生制作时，教师巡回指导。
>
> 学生展示自己设计的漂亮的装饰画。
>
> （六）活动总结
>
> 教师引导学生回顾全课活动，并评价自己的课堂表现。

上述课程设计，其主要特征是：既能抓住主题，综合多种艺术形式，又能注意区分课程内容的主次；既重视艺术欣赏能力的提升，又重视艺术创造能力的培养。

二、艺术课程的评价

课程评价的基本内容，包括课程资源评价、课程设计与实施评价、学生学习过程与成果评价三个方面。艺术课程的评价也应从这三个方面入手。但是艺术课程是一门特色明显的课程，这门课程的评价除了要遵循课程评价的基本规律外，还需要注意以下问题：

（一）艺术课程应紧扣培养艺术素养这一教育宗旨

阐述艺术课程性质的关键词是"艺术性""综合性"与"创造性"；艺术课程的宗旨是引导学生通过综合性、创造性的专题活动，全面提升艺术素质，并由此促进基本素质的发展。艺术课程的评价，必须紧扣这一教育宗旨。下面对这一课程宗旨作简要诠释。

艺术课程的综合性有三层含义：首先，艺术课程综合了音乐、美术、戏剧、舞蹈、影视、书法、篆刻和其他艺术品种或艺术表现形式；其次，艺术课程综合了听、说、读、写、唱、画、舞、做等多种主体活动；再次，艺术课程综合了感知与体验、表现与创造、比较与交流、评价与反思等多种学习形式。

艺术课程的创造性有两层含义：首先，艺术课程重视学生的创造性艺术实践，要求引导学生在各种富有创意的设计、制作、表演中和多形式、多场景的连接与转换中发挥自身的艺术想象力与创造潜能；其次，艺术课程需要借助教师的创造性劳动，创设开放性的活动情境，组织富有创意的课程活动。

艺术课程要紧扣综合性、创造性特征组织专题活动，在富有灵性的专题活动中传授艺术知识与艺术技能，帮助学生培养艺术能力，提升和艺术有关的情感态度与价值观，从而达到培养其艺术素养、促进其基本素质全面发展的教育目的。在对艺术课程进行评价时，必须对此进行重点评价。

（二）艺术课程的基本内容应切合社会生活实际

艺术来源于社会生活，服务于社会生活，因此艺术课程的基本内容不能脱离社会生活实际。

首先，艺术课程的主题应切合社会生活实际。对普通教师来说，日常的艺术课程总是以专题为基本单位的，这些课程专题通常也是活动主题。主题的选择与主题系统的构造都必须从社会生活实际出发。

其次，在为各艺术专题选择艺术作品时，应优先选择与现实生活关系密切、能帮助年青的一代提升生活品位的作品。

最后，学生在艺术课程中的自主活动，应切合当前的社会生活实际。

（三）艺术课程应重视艺术"双基"与艺术能力的协调发展

尽管艺术课程具有艺术性、综合性、创造性特征，尽管艺术能力的提升是艺术课程的重要使命，但由于基础教育是为年青一代的发展打基础的教育，在基础教育中基础知识与基本技能这"双基"永远是第一位的。艺术课程必须重视"双基"的传授，必须在传授"双基"的基础上兼顾艺术能力的发展，实现艺术"双基"与艺术能力的协调发展。

本章小结与研究性学习

一、本章小结

本章分两节分别阐述了小学科学课程、小学艺术课程的设计与评价。这两门课程虽然性质不同，却有一个共同点：都重视儿童的亲身体验。

另外，本章分别提供了小学科学课程设计、艺术课程设计实例，并进行了简要分析评价。

二、研究性学习

（一）讨论

为什么十多年来大多数小学仍开设传统的"音乐""美术"课程，不开设"艺术"课程？怎样才能克服阻力与困难，开设"艺术"课程？

（二）实例研究

请阅读下文，欣赏乔廷强老师的科学课程教后感。

《给文具分类》教过之后[①]

为了让学生了解并掌握最基本的分类方法，我先引导学生回顾超市商品的分类摆放状况，接着便引导学生尝试将自己带到实验室的文具分类。这一切都进展得十分顺利。不管是超市里面的商品，还是面前的文具，学生在分类时选用的标准都是"功能"。为了让同学们更深入理解分类这一科学研究常用方法，我又向他们提问："如何对我们班的同学进行分类？"

"男同学为一类，女同学为一类。"同学们异口同声地回答。

"这种分类的依据是……"

"是按照性别来分的。"

"我们还可以按照……"

"还可以按年龄分类。"

"好，按照年龄来分，年龄相同的同学为一组。八岁、九岁及十岁的同学分别为一组，其中人数最多的是九岁的那一组。我们还可以按照……"

"按身高分类。"

"按照身高分类，可以分得细一些，多分几个组；也可以分得粗一些，组的数量少点。"

接下来同学们在我的启发引导下，又提出可以以"座位""住址""着装"及"姓氏的音序"等为标准来进行分类。通过形式多样的分类，同学们真正体会到"标准不同，分类的结果就不相同"。更重要的是，这样的分类与学生的生活紧密相连，激起了他们的参与热情，增强了他们的学习兴趣，收到了非常好的教学效果。

请同学们谈谈这篇教后感对你的启发，并说说写教后感对教师的专业发展有什么意义。

[①] 节选自乔廷强：《〈给文具分类〉教过之后》，见人民教育出版社课程教材研究所网站小学科学"同步教学资源"，http://www.pep.com.cn/xxkx。文句有调整。

第九章　小学体育课程、综合实践活动课程的设计与评价

重点问题

- 阐述体育课程性质的关键词是什么?该课程有哪些基本理念?
- 体育课程目标、课程实施方法、课程实施过程的设计,分别有什么特殊要求?
- 体育课程的评价需要注意哪些问题?
- 阐述综合实践活动课程性质的关键词是什么?该课程有哪些基本理念?
- 综合实践活动课程目标、课程实施方法、课程实施过程的设计,分别有什么特殊要求?
- 综合实践活动课程的评价需要注意哪些问题?

情境引导：体育教师的主要使命

1952年6月10日，毛泽东同志为中华全国体育总会成立大会的召开题写了"发展体育运动，增强人民体质"12个大字。据此，有人认为体育教师的主要使命就是引导和带领学生锻炼身体，增强体质。

有些人不同意上述观点，他们认为：毛泽东主席那12个字说的是全民健身；学校是培养人的地方，体育教师除了要引导和带领学生通过锻炼增强体质外，还要进行品德与心理教育，二者同等重要。

有人注意比较中外体育课程价值观的异同，发现二者有较大差异。西方国家普遍认为：体育课程首先是一门具有悠久历史的人文课程，其首要价值是能强化公平竞争意识，培养人的团队合作精神，磨炼人的意志，使人学会以健康的心态面对成功与失败。而在中国，人们普遍认为体育课的主要价值在于增强学生的体质，多数体育教师将增强学生的体质视为自己的主要使命，甚至唯一使命。

请同学们思考并讨论：体育教师的主要使命应是什么？

我们认为，西方国家的体育课程价值观值得我们借鉴。

本章首先阐述小学体育课程的设计与评价，然后阐述小学综合实践活动课程的设计与评价。这两门课程的共同特点是：都以小学生的自主活动为主，都重视能力的发展。

第一节 小学体育课程的设计与评价

世纪之交基础教育课程改革的举措之一，是调整中小学体育课程的名称与内涵。在新的基础教育课程方案中，小学开设"体育"课程，中学则开设"体育与健康"课程。教育部2011年颁布的《义务教育体育与健康课程标准（2011年版）》将小学的"体育"改称为"体育与健康"。本书遵照教育部《基础教育课程改革纲要（试行）》和《义务教育课程设置实验方案》（教基〔2001〕28号），仍称小学体育课程为"体育"，但在具体引用相关标准时，仍以标准中的"体育与健康"名称为准。

一、体育课程的设计

（一）体育课程设计的准备

1. 解读课程标准

关于体育课程的性质，《义务教育体育与健康课程标准（2011年版）》（以下简称《体育与健康课程标准》）的界定是"以身体练习为主要手段，以学习体育与健康知识、技能和方法为主要内容，以增进学生健康，培养学生终身体育意识和能力为主要目标"。该课程标准进一步指出，体育课程具有"基础性""实践性""健身性""综合性"。"基础性"指教给最基本的东西；"实践性"指以身体练习为主要手段；"健身性"指促进健康成长；"综合性"指实现健身、健心、防病、育德等多方面的教育功能，促进学生的健康发展。

综上所述，我们认为诠释体育课程性质的关键词：一是"身体锻炼"；二是"综合发展"。

《体育与健康课程标准》紧扣这两个关键词提出了四条体育课程基本理念：

其一，坚持"健康第一"的指导思想，促进学生健康成长；

其二，激发学生的运动兴趣，培养学生体育锻炼的意识和习惯；

其三，以学生发展为中心，帮助学生学会体育与健康学习；

其四，关注地区差异和个体差异，保证每一位学生受益。

以上是对课程标准总的解读。在为具体的体育课程设计而查阅和解读课程标准时，还应从实际情况出发。

2. 研究学情

体育课程的基本宗旨是通过体育知识、技能、能力、情感态度与价值观的教学和持之以恒的身体锻炼，增进儿童的身心健康，促进儿童综合能力的提高，并由此促进基本素质全面而和谐地发展。根据这一宗旨，体育教师对"学生的实际情况"的研究与思考应包括以下内容：

（1）儿童的身心健康与基本素质分别包括哪些要素？二者有何关系？

儿童的身心健康包括生活卫生、心理卫生、身体健康三大要素。儿童的基本素质由身体素质、知识素质、技能素质、能力素质、情感态度与价值观素质（品德与心理素质）五要素组成。二者的关系是：人的身心健康要素是人的基本素质中的基础要素。由此可知，身心健康水平的提升在青少年的成长中有多么重要。

（2）当代青少年身心健康水平的提升，最需要什么？由于社会经济发展水准提升较快，同时独生子女占比较高，当代中国青少年身心健康水平的提升，特别需要艰苦奋斗精神的培养、体育锻炼习惯的养成和团队合作意识的培育。

（二）体育课程目标的设计

体育课程目标的设计，除了要符合课程目标设计的一般要求外，还要遵循以下特殊要求：

首先，在设计体育课程目标时必须将情感态度与价值观教育放在首位。

体育课程与一般文化课程相比，有共同之处，也有不同之处。共同之处在于：二者均以知识传授、技能训练、能力提升、情感态度与价值观培养为课程与教学的基本任务。不同之处在于：一般文化课程的首要宗旨是学习特定的知识与技能，在"双基"教学中兼顾能力的提升与情感态度及价值观的培养；而体育课程的首要宗旨是通过体育锻炼促进身心健康发展，在此情况下，与体育活动有关的情感态度及价值观就显得特别重要，因此必须以情感态度及价值观教育为抓手，带动体育锻炼习惯的养成和身心健康水平的提升。

其次，在设计体育课程目标时必须重视体育锻炼习惯的培养。

义务教育阶段的体育课程，以引导学生进行身体锻炼为主要手段，以增进学生身心健康为主要目的。要达到这一目的，必须依靠长久的、日积月累的体育锻炼，因此体育课程必须注重体育锻炼习惯的培养。

（三）体育课程实施方法的设计

体育课程常见的实施方法有：

1. 讲授法

由教师讲述或讲解体育与健康知识、体育技能要领、课程活动要求等。

2. 谈话法

师生通过对话，交流意见。

3. 示范演示法

教师通过动作示范或计算机演示，传播体育与健康基础知识、体育技能要领或其他课程内容。

4. 技能练习法

教师引导学生学习特定的体育技能，提升其熟练程度。

5. 身体锻炼法

教师组织学生从事身体锻炼。

6. 体育竞赛法

教师组织学生进行单项体育竞赛，以激发和保持学生的运动兴趣，提升身心基本素质。

就体育课程而言，在选择和设计课程实施方法时，除了要遵循课程实施方法设计的一般要求外，还要遵循以下特殊要求：

其一，以科学组织和有效引导学生从事身体锻炼为主。

对小学体育课程来说，核心的课程目标是组织、引导学生进行体育锻炼，增进其身心健康（尤其是身体健康）。要实现这一目标，只有多进行体育锻炼，因此组织和引导学生从事身体锻炼应成为体育课程的主体性课程实施方法。

其二，妥善处理体育"双基"学习与身心素质锻炼的辩证关系。

体育课程以学生的身体锻炼为主，并不意味着可以放弃或轻视体育"双基"的传授。在体育课程中，"双基"的学习与身心素质的提升是相辅相成的，二者互为条件，互相促进。只有掌握了有关体育知识，获得相应的体育技能，才能取得较好的锻炼效果，使身心素质提到较好发展；反过来，体育知识、技能的掌握又以一定的身心素质为基础，身心素质差的人是学不好体育知识、技能的。可以说体育"双基"的学习与身心素质的提升，任何一方单方面进行，效果都不会理想。

综上所述，体育课程一方面必须以身体锻炼为主，以提升学生的身心素质；另一方面又必须妥善处理体育"双基"学习与身体锻炼的辩证关系，在获取体育"双基"的基础上促进身体锻炼的效果，促进身心素质的提升。

（四）小学体育课程实施过程的设计

体育课程实施过程的设计，除了要遵循课程实施过程设计的一般规律外，还要遵循以下特殊要求：

1. 应淡化体育运动的竞技特性，树立"健康第一"的价值观

体育运动具有与生俱来的竞技特性。没有这种特性，体育运动就不会如此引人注目。但是必须指出：义务教育体育课程以增进青少年的身心健康为课程宗旨，不以培养运动健将或体育冠军为目的；运动成绩主要取决于运动技能和自身

体能，而运动技能优秀、体能优秀，并不代表身心健康。因此当代基础教育（特别是义务教育）的体育课程，必须淡化体育运动的竞技特征，树立"健康第一"的体育价值观。

人的健康与情感活动关系密切，消极的情感活动会破坏人的身心健康或恶化身心健康状态，积极的情感活动会促进人的身心健康。在为体育课程设计实施过程时，要注意利用情感的杠杆作用，将师生双边活动建立在融洽的师生关系之上，使学生带着愉快的心情和体育锻炼的乐趣从事体育"双基"的学习和身心素质的提升。

2. 应注意培养学生的意志品质，增进其社会适应能力

意志品质是心理品质的重要组成部分。人的意志品质，是在借助意志努力克服困难的活动中发展的。体育课程应多组织此类活动，引导学生不断地战胜自我，提升意志品质。

体育活动中的困难是永存的，体育运动永远具有挑战性；同时体育活动中也常有战胜困难所带来的喜悦心情和其他积极性的心理体验。正因为如此，体育活动对于帮助学生发展耐挫能力，调整生活情绪，提高社会适应能力，具有独特作用。经常参加体育活动的学生，具有较好的耐挫能力、情绪调整能力、交往能力与合作能力，对集体和社会关心程度较高。这些不仅能有效地帮助学生改进其他课程的学习，提高学习效果与成绩，还能有效地帮助学生优化生活态度。在体育课程中，应注意培养和发展学生的社会融合能力，努力促进其社会适应能力的提高。

3. 应注意安全，防止伤害事故的发生

一般说来，体育伤害事故的发生原因有如下十个方面：（1）思想上不重视；（2）技能动作错误；（3）准备活动不充分；（4）违犯运动规则；（5）课程内容组织不当；（6）保护与帮助不力或不合理；（7）场地与器材不规范；（8）学生人数过多；（9）学生注意力不集中；（10）学生身体状况不佳。

体育教师应注意了解常见伤害事故发生的原因，做好事故发生的预防工作。在设计体育课程实施过程时，不可省略事故预防环节；在技能教学时，不可忽视预防受伤的动作要领；对于偶发性的伤害事故，要有处理预案。

在体育课程实施过程的设计中，可以从实际情况出发，参考既有的体育课程教学模式。比如可以以"技能练习"为主题，依次设计"准备活动""讲解与示范""练习纠错与再练习""结束活动"等课程环节。再如可以以"情境锻炼"为主题，依次设计"活动准备""导入情境""展开活动""评价与总结"等课程环节。

最后介绍一个体育课程设计实例，请同学们参考本书第四章的相关要求评价其成败，也可以相对自由地评价其特色。

《五禽戏》课程设计[①]

一、基本信息

课程名称：体育（《五禽戏》第1课时）。

教学对象：三年级学生。

二、课程目标

（一）能模仿出猿的机警和熊的憨厚、沉稳。

（二）在活动中表现勇敢、顽强，不害怕对手。

三、重点与难点

重点：模仿猿、熊的神态与动作。

难点：动作、神态到位且逼真。

四、课程实施过程

（一）导入新课

体育委员整队，并报告队伍基本情况。全班要做到动作迅速，精神饱满。

师生问好后，教师宣布本课内容，并提出"态度认真""神态逼真""动作到位"等学习要求。

（二）热身活动

1. 绕场跑步

教师提出基本要求：路程为300米至400米；注意保持队形；合理分配体力，以便较好地跑完全程。

教师带领学生绕场跑步。

2. 做徒手操

教师调整学生队形；示范徒手操；边喊口令边示范，让学生跟着做；根据学生做的情况讲解难点；学生再次练做徒手操。

注意点：动作要到位，各关节要活动开，为下面的活动作准备。

（三）教学五禽戏

本课重点学习五禽戏中双臂猿、单臂熊的动作。

1. 示范与讲解

教师示范双臂猿、单臂熊动作；讲解动作要领；提示学生注意神态特征。

2. 学做双臂猿

教师领做双臂猿，同时喊口令、讲解。

学生自主练习，遇到困难可请教师或同伴帮助。教师巡回指导。

[①] 原教案载中国体育教师网，见http://www.ty121.cn。格式与文句有调整。

3. 学做单臂熊

教学方法同上。但要求学生注意模仿熊憨厚、沉稳的神态。

请一至二名学生展示单臂熊的动作、神态，教师讲评。

（四）做"拍人"游戏

游戏名称为"跳进去拍人"，教学步骤如下：

1. 讲解与示范

教师先讲解游戏方法与规则，然后利用场地的格线，请一组同学上前演示。

2. 分组练习

教师提出"心情快乐""身体灵活""单脚跳追""轮换追拍"等练习要求，然后分配练习场地，让学生自主练习。学生自主练习时，教师或适当参与，或适时指导。

注意：要求学生在单脚跳追中拍到人，体验游戏的乐趣，以达到锻炼的目的。

3. 比一比

每两组为一对比赛组，每组选一至二名同学，追拍对方队员，比一比哪一组拍到的人多。追的同学要勇敢追拍，躲的同学要灵活躲闪。

（五）总结与交流

整队，做放松练习。

教师引导学生交流活动体验，并表扬表现突出的学生。

布置课外作业，作业内容为"将今天所学的追拍游戏介绍给周围的小朋友"。

上述课程设计中规中矩，符合体育课程设计的基本规律。其主要特征，是较好地处理了体育锻炼与性情陶冶的关系。

二、体育课程的评价

与其他课程一样，体育课程的评价也应从课程资源评价、课程设计与实施评价、学生学习过程与成果评价三个方面入手。但是体育课程是一门特殊的以身体锻炼为主要内容的课程，这门课程的评价除了要遵循课程评价的基本规律外，还需要注意以下问题：

（一）体育课程必须以"健康第一"为首要价值理念

体育课程必须以促进学生的身心健康为首要任务，必须通过日积月累的课程活动，努力提高学生的身体素质与心理素质，使学生在掌握体育知识与技能、发展体育能力与情感态度及价值观的同时，努力提升自己的健康水平。

（二）体育课程必须在增强身体素质的同时兼顾综合性发展

"身体锻炼"是阐述体育课程性质的关键词，可以说体育课程的首要任务与主体活动都是引导学生从事身体锻炼。但是阐述体育课程性质时，还有另一个关键词，这就是"综合发展"。因此在体育课程中，必须重视健康知识的传授、意志素质的锻炼、合作意识的培养、创造精神的锻造、生活态度的熏陶，以促进学生的"综合发展"，发展其基本素质。

（三）体育课程必须注意为学生的终身体育奠定基础

人生的幸福与事业的成败，与身心素质密切相关，而身心的锻炼贵在坚持，由于这一原因，终身体育显得特别重要。

体育课程必须注意为学生的终身体育奠定基础，因此必须重视体育锻炼的价值，重视运动兴趣的培养，重视体育锻炼习惯的培养。

综上，应从以上三个方面评价体育课程的成败。

第二节 小学综合实践活动课程的设计与评价

世纪之交基础教育课程改革的举措之一，是首次增设了一门以学生自主活动为主的新课程——综合实践活动课程。教育部《基础教育课程改革纲要（试行）》规定，小学三年级至高中三年级都必须开设综合实践活动课程。也就是说，在基础教育课程体系中，这门课程纵跨小学、初中、高中三个学段，历时10年。由此可见，这是一门非常重要的课程。本节将阐述小学综合实践活动课程的设计与评价。

一、综合实践活动课程的设计

（一）综合实践活动课程设计的准备

1. 解读政策文件

由于综合实践活动是一门全新的课程，经验的积累有个过程，教育部一直没有正式颁布综合实践活动课程的标准。

由于综合实践活动课程是一门全新的课程，教育部颁布的《基础教育课程改革纲要（试行）》对这门课程作了专门说明："从小学至高中设置综合实践活动并作为必修课程，其内容主要包括：信息技术教育、研究性学习、社区服务与社会实践以及劳动与技术教育。强调学生通过实践，增强探究和创新意识，学习科学研究的方法，发展综合运用知识的能力。增进学校与社会的密切联系，培养学生的社会责任感。在课程的实施过程中，加强信息技术教育，培养学生利用信息技术的意识和能力。了解必要的通用技术和职业分工，形成初步技术能力。"

由上述政策文件可知，开设综合实践活动课程，旨在围绕特定领域的特定主题，组织综合性、实践性活动，帮助学生认识社会，发展其发现和解决实际问题的意识与能力。据此可知，阐述综合实践活动课程性质的关键词：一是"社会实践"；二是"综合活动"；三是"能力发展"。

顾建军教授主编的《小学综合实践活动设计》一书提出五条很好的综合实践活动课程基本理念[①]：

其一，着眼于直接经验，强调学生的亲历和体验。开设综合实践活动课程，主要是为了弥补传统课程书本啃得过多、听讲时间过多、直接经验积累过少、亲身实践机会过少这一缺憾，因此在综合实践活动课程中，要让学生带着具体任务多看多做，亲自获得丰富的直接经验。如果将过多时间用来啃书本或听讲，这门课程就失去了存在的必要性。

其二，立足生活世界，强调学习内容与现实的联系。也就是说，综合实践活动课程的活动专题、课程内容、学习方法等，都要切合社会生活实际。要提倡让学生走向社会，在社会生活实践中展开专题研究。

其三，注重问题研究，强调学生的问题解决和创新精神。综合实践活动课程必须注意实际问题的解决，通过实际问题的研究与解决，发展分析问题、解决问题的能力。这种能力包含着创新精神与创新能力。

其四，崇尚活动生成，强调学生的主动参与。所谓"生成"，是与"预设"相对而言的，前者指临时产生或自动发生，后者指预先计划或事先设计。对综合实践活动课程来说，在课程目标、活动内容、活动方法、评价方式等方面，应有

[①] 顾建军：《小学综合实践活动设计》（第2版）第43-49页，高等教育出版社2011年版。

起码的预设。但综合实践活动应回归生活，而生活本身具有很强的生成性，故综合实践活动课程特别需要开放的心态，课程活动应有较强的生成性。

此外，综合实践活动是以学生的自主活动为主的，故需要强调学生的主动参与。

其五，强调综合学习，注重学生实践能力的培养。前面说过，阐述综合实践活动课程性质的关键词，一是"社会实践"，二是"综合活动"，三是"实际能力"，因此该课程必须强调综合学习，必须注重学生实践能力的培养。

我们认为，上述五大课程理念，核心理念是前三条。

2. 分析教材内容

综合实践活动教材通常根据不同的人文主题，分专题编写。例如中央教育科学研究所综合实践活动课题组编写的教材《综合实践活动（资源包）》四年级上册，共组织了15个活动专题，这15个专题分为六个类型，每一类型为一相对独立的活动单元。例如第一单元为"中国传统工艺"，共包括《剪纸》《脸谱》《中国结》三个活动专题；第二单元为"树木和环境"，共包括《树对气温的影响》《破坏森林的后果》《办一期保护森林的小报》三个活动专题。

所谓"分析教材内容"，指在充分认识已经选定的综合实践活动教材的编写思路、框架结构、基本特征的基础上，研读和分析教材就你所面对的综合实践活动专题所给的材料，思考以下问题：

（1）全册教材的编写思路是什么？

（2）本活动专题与其他专题有什么关系？

（3）本专题的教材综合了哪些活动内容与活动形式？

（4）在发现问题、分析问题、解决问题能力的发展方面，本专题的教材能帮助我们达到什么目的？

（5）怎样利用教材，才能达到上述目的？

只有依次仔细思考上述问题，才能在充分利用教材的基础上创造性地设计高效的课程活动。

3. 研究学情

综合实践活动课程的主要宗旨是通过切合社会生活实际的自主性综合实践活动，培养学生发现问题、分析问题、解决问题的能力，因此对学情的研究与思考应包括以下内容：

（1）学生已有经验研究

我们知道，学生的知识经验是动态发展的，也是滚动发展的。要想依靠一次活动就获取足够的解决实际问题所需的全部知识经验，通常是不可能的；明智的做法是，将在当前课程活动中获得的知识经验纳入原有知识经验之中，使知识经验得到逐步积累。因此教师对学生已有知识经验程度的掌握就显得十分重要。

（2）学生兴趣爱好研究

综合实践活动是自主性的活动，而自主活动是离不开兴趣爱好的，因而对学生兴趣爱好的了解显得十分重要。

（3）学生身心发展水平研究

综合实践活动的活动容量与活动难度，应当与小学生的身心发展水准相适应，因此了解你所面对的儿童的身心发展水平就显得十分必要。

（4）当代青少年活动需求研究

中国当代社会发展具有两大特征，一是经济发展水准提升较快，二是独生子女占多数。我们认为当代中国的青少年，特别需要责任心的培养、团队合作精神的培育、艰苦奋斗精神的培养和独立解决实际问题能力的提升。在综合实践活动课程中，必须注意相关教育，为满足青少年的上述需求创造足够多的机会。

（二）综合实践活动课程目标的设计

综合实践活动课程目标的设计，除了要符合课程目标设计的一般要求外，还要遵循以下特殊要求：

首先，综合实践活动课程必须强调"经验获得"课程目标。

综合实践活动课程重视直接经验的获得与积累，且重视基于直接经验获得的反应与领悟。在这里，描述经验获得的行为动词有"参与""参观""观察""感知""感受""感觉""调查"等；描述自身反应的行为动词有"关注""确认""发现""判断""欣赏""交流""感动""焦虑"等；描述个体领悟的行为动词有"养成""形成""具有""增强""树立""发展"等。

强调直接经验的获得，并不意味着可以不加准备地让学生自由活动。相反综合实践活动课程体验性目标的实现，更依赖教师富有创意的课程设计和有目的、有计划的课程引导，更依赖教师对学生学习积极性与主动性的有效调动。

其次，综合实践活动课程必须强调"能力发展"课程目标。

人的能力可分为基本能力与特殊能力两大类。基本能力也可称为一般能力，当代人的基本能力由智力（由注意、感知、记忆、思维、想象等能力组成，思维能力是智力的核心要素），人际沟通能力，信息技术能力，动手操作能力四要素构成。人的基本能力，是特殊能力形成的基础。它的强弱，集中表现于分析与解决各种实际问题的能力。

基本能力与个体的特殊才华、特殊生活需要或职业需要相结合，就会形成各式各样的特殊能力。如果你既能说会道，又有较强的基本能力，那么你很容易形成较强的口头表达能力甚至演讲能力；如果你既深得组织管理之道，又有较强的基本能力，那么你很容易形成较强的组织管理能力。基本能力与特殊能力是相辅相成、相得益彰的。

综合实践活动课程以学生基本能力的发展为首要目标。在综合实践活动课程中，必须重视智力、人际沟通能力、信息技术能力、动手操作能力这"基本能力四大要素"的发展，必须引导学生在知识整合、团队合作、问题发现与解决中发展自己的基本能力。

再次，综合实践活动课程必须强调"社会实践"课程目标。

学生在综合实践活动课程所面对的课题，应当是社会发展需要研究和解决的课题，应当是对学生日后的社会生活意义重大的课题。同时在综合实践活动课程中，应当注意引导学生在认识和解决诸多实际问题的过程中形成和发展社会实践能力。

为了达到上述目的，综合实践活动课程必须打破传统的"以课堂为中心，以教师为中心，以书本为中心"的桎梏，提倡和推行"以生活中心，以学生为中心，以活动为中心"。

（三）综合实践活动课程实施方法的设计

综合实践活动课程常见的实施方法有：

1. 教师讲解法

教师口述事实或讲解道理。

2. 资料搜集法

教师引导学生自己搜集信息，积累资料，由此发现问题或寻找事物之间的因果关系。

3. 调查研究法

教师引导学生通过调查研究，发现问题与问题产生的原因，了解事物运动的经过与后果。

4. 交流共享法

师生之间或生生之间交流活动所得，以扩大眼界、共享经验、反思过程、提炼成果、提升实践水准。

5. 实践尝试法

教师组织学生带着特定主题与任务，亲自从事社会实践。

6. 实验验证法

学生在教师的引导下，通过专题实验，验证某种猜想。

就综合实践活动课程而言，在选择和设计课程实施方法时，除了要遵循课程实施方法设计的一般要求外，还要遵循以下特殊要求：

其一，选择课程实施方法时应以引导学生从事自主性实践为主。

前面说过，阐述综合实践活动课程性质的关键词，一是"社会实践"，二是"综合活动"，三是"实际能力"。要注意的是，对学生来说，这种"综合活动"应是自主性的活动，这种"社会实践"也应是自主性的实践。换句话说，综合实践活动课程应以学生自主的社会实践活动为主，以发展学生认识和解决社会实际问题的能力为主要目标。如果不强调学生自主，不强调社会实践，学生认识和解决实际问题能力的培养就无从谈起。

但是强调自主实践，不等于忽视教师的主导作用。在综合实践活动课程实施方法的选择和设计中，应注意妥善处理师生之间的互动关系，将教师的以组织引导为主的"主导作用"与学生的以调查研究、信息共享、实际操作等为主要内容的"主体作用"统一起来。

其二，构思课程实施方法时应兼顾四大块的共性与个性。

根据教育部《基础教育课程改革纲要（试行）》的规定，综合实践活动课程的活动主题应包括四大块：一是信息技术教育；二是研究性学习；三是社区服务与社会实践；四是劳动与技术教育。显然这四大块应当既有共性，又有个性，在设计课程实施方法时，必须兼顾它们的共性与个性。

我们认为，对于课程实施方法的设计来说，综合实践活动四大块的共性，应是以学生的自主性实践活动为主。四大块的个性主要表现在：在信息技术教育中，信息"双基"的学习占有重要地位；在研究性学习中，专题性的探究占有重要地位；在社区服务与社会实践中，专题性调研与义务性服务占有重要地位；在劳动与技术教育中，爱劳动教育与劳动技术的学习占有重要地位。

在具体板块、具体专题的课程实施方法设计中，必须在紧扣共性的同时兼顾其个性。

其三，设计课程实施方法时应注意不同方法的配合使用。

不同的课程实施方法，有不同的特点与功能，适用于不同的课程目标与课程任务。前面说过，综合实践活动课程最常见的实施方法有教师讲解法、资料搜集法、调查研究法、交流共享法、实践尝试法、实验验证法等，在综合实践活动课程的实施方法设计中，必须注意灵活组合不同的实施方法，以期实现实施方法的互补，增进学生的兴趣，提升课程的效率。

（四）综合实践活动课程实施过程的设计

综合实践活动课程实施过程的设计，除了要遵循课程实施过程设计的一般规律外，还要遵循以下特殊要求：

1. 以自主性专题探究为核心组织自主实践活动

综合实践活动课程的主要宗旨，是借助自主性综合实践活动，培养学生的社会实践能力，而自主性综合实践活动都必须有活动主题。综合实践活动教材，通常是分专题编写的；教材为各专题安排的综合实践活动，也都有特定的主题。由于这两个原因，教师必须以学生的自主性专题探究为核心，安排课程实施过程的基本环节，构思综合实践活动课程的实施过程。

2. 从能力发展的基本规律出发组织课程实施过程

综合实践活动课程以学生的能力发展为主要目标，因而该课程实施过程的组织，必须从能力发展的基本规律出发。

能力发展的基本规律有三条：其一，以自主活动为主。总是被他人牵着鼻子走，总是被动地学习或被动地活动，能力难以得到较好发展。其二，在学生的自主活动中，活动的次数越多，量越大，能力的发展就越充分。其三，在自主活动中，如果能及时正确地引导学生交流实践经验，共享所得信息，比较活动成果，反思探究行为，调整研究策略，十分有利于能力的发展。

在综合实践活动课程的实施过程设计中，要注意利用上述规律，提升能力培养的效率。

3. 充分利用现有课程资源组织课程实施过程

对于综合实践活动课程来说，最常用的课程资源有教材资源、校内软件资源、校内硬件资源、自然资源、社会文化资源、社会物质资源。在这六类资源中，教材资源、社会文化资源与社会物质资源用得最多。

对各类资源不但要充分利用，更要合理利用。比如对于教材资源的利用，不但要充分，而且要从当时当地的实际情况和学生的实际需要出发，必要时可以大胆打破教材框框，突破其限制。事实上，综合实践活动应该注重地区差别与地域特色，注重学生的实际需求。在利用教材资源时，不能被教材困住手脚，削足适履。对于社会文化资源与社会物质资源的利用，也应该从本地区的实际情况出发，从发展儿童能力的需要出发。

最后介绍一个综合实践活动专题课程设计实例，请同学们参考本书第四章的相关要求评价其成败，也可以自由地评价其特色。

《火灾的预防与自救》课程设计[①]

一、基本信息

课程名称：综合实践活动。

教学对象：五年级学生。

二、课程目标

（一）知识目标：了解火灾发生的原因和危害；知道如何用火、防火、灭火；认识常见的消防标志；学习自救知识。

---

① 选自cay2011的博文《综合实践活动教案》，见 http://blog.sina.com.cn/cdxxcay。格式与文句有调整。

（二）能力目标：锻炼采访能力与社会交往能力，培养信息技术能力，提升分析和解决实际问题的能力。

（三）情感态度与价值观目标：认识火灾的危害，增强安全意识；培养热爱生命、珍视生命的思想情感；培养团结互助、关爱他人的崇高精神。

三、重点与难点

重点：对火灾起因的了解及火灾发生时的应对。

难点：对本地区火灾起因、损失的调查及调查结果的处理。

四、课程实施过程

（一）确定主题

1．激发探究兴趣

教师播放视频、图片，以呈现身边的火灾案例，触发学生的情感，激发其探究兴趣。由此生成活动主题：火灾的预防与自救。

2．确定研究主题

（1）提出问题。学生围绕上述主题，分小组提出自己感兴趣的问题，各组做好记录。

（2）交流问题。大组交流各组提出的问题。教师把这些问题写在黑板上：本地区发生了多少起火灾？为什么会发生火灾？火灾有哪些危害？火灾发生时怎么办？怎样灭火？怎样逃生？发生火灾时如何与外界联系？如何从发生火灾的教室里逃生？……

（3）归纳问题，形成研究主题。教师指导学生对众多问题进行分类归纳，形成以下可供选择的研究主题：① 火灾发生的原因；② 火灾的危害；③ 怎样逃生。

（4）设计活动方案。

首先，以小组为单位，选择研究主题，设计活动方案。教师参与小组活动。

其次，各小组介绍活动方案，说明为什么选择这个主题，准备采取什么研究方法，遇到困难和问题时怎样解决。每一小组介绍完毕，其他小组同学对其研究方案提出优化建议，教师相机进行指导。

最后，各小组修改、完善研究方案，教师对各组未来的活动进行必要的指导。

（二）探究实践

1．通过调查搜集资料

以小组为单位，按预定方案进行调查。调查的主要形式为采访。

调查开始前，教师要指导学生进行必要的准备。准备工作的主要内容为：明确采访目的；确定采访内容；设计采访提纲；确定记录形式；准备采访设备；预约时间地点。如果有必要，可预先邀请辅导教师或家长随行。

采访结束后，要对调查结果进行统计归纳，并通过讨论对结论进行必要的分析。

最后教师及时组织学生交流调查过程，汇报调查结果和感悟，重点讨论造成火灾的原因，研究如何预防火灾。

2. 利用网络资源、图书资源等查找有关资料

教师协同信息技术教师，指导各组学生查找、筛选、编辑与上述三大研究主题有关的资料。

3. 整理资料

以小组为单位，对通过上述两大活动获取的资料进行分类整理，提炼出有价值的内容，制作知识卡片。

（三）成果交流

1. 交流准备

分小组准备成果展示。教师指导学生根据研究结果的特点选择适当的展示方式。展示时要有明确的人员分工。

2. 展开交流

第一小组重点介绍本地区近年火灾发生的次数、火灾发生的原因和造成的损失，并展示调查统计表、总数据和结论。教师要提示学生注意汇报搜集资料的途径和过程，并组织全班学生谈感受。

第二小组重点介绍所在学校、家庭、社区的防火状况，并展示实景图片与实物照片。教师可以展示自己搜集的相关照片，引导学生思考面对安全隐患应该怎么办，由此激发学生的社会责任感。

第三小组重点介绍消防安全标志和消防器材，并展示有关图片和资料。教师顺势引导学生认识消防安全标志，让学生示范和讲解灭火器的使用方法。

第四小组重点汇报如何预防火灾，并展示相关说明性资料，还要进行现场演示。教师相机提出有关问题，引导全班学生思考、解答。

第五小组重点介绍灭火与逃生的方法，并展示相关资料，进行示范演示。教师针对学生的汇报，强调逃生时要采用正确的方法，并组织学生做相应的练习。

（四）逃生演习

1. 明确任务

教师引导：同学们通过多种途径了解了不少关于防火和火灾自救的

知识，我们还需要在实践中掌握这些方法；尤其是在学校里，更应防患于未然，做好火灾逃生的准备工作。同学们想一想，我们事先要做好哪些准备，才能在突发火灾时，快速有序地逃生呢？

学生思考，发言。

教师：就让我们一起来设计学校火灾逃生方案，确定撤离火场的路线，进行实战演示和训练。

2. 设计方案

学生分组设计学校或班级疏散逃生路线图和撤离方案。

教师引导学生再一次回顾灭火和逃生知识，思考如果学校发生火灾应该怎么办。最后归纳：发现火灾马上报告老师；如果是小火，应及时灭火；遇到大火，要听从老师的指挥，迅速撤离。

3. 模拟演习

教师发出起火警报，并发出撤离指令。

撤离时，靠近门的同学先行，严禁三名以上同学并排前行，以防造成拥挤、踩踏等事故。行动中，用毛巾或上衣捂住口鼻弯腰沿墙前行，防止浓烟造成窒息。

师生疏散到操场，各组迅速统计人数。

（五）活动小结

教师引导学生对本次活动进行总结，注意纠正不正确的做法。最后要求学生写一篇活动感言。

上述课程设计，课程目标明确而到位，活动组合合情合理，课程实施方法的选择与课程实施过程的构思符合教育规律。其主要特征，是重视研究性学习的引导与综合实践能力的提升。

二、综合实践活动课程的评价

课程评价的基本内容有课程资源评价、课程设计与实施评价、学生学习过程与成果评价三个方面。综合实践活动课程的评价也应从这三个方面入手。但是综合实践活动课程是一门特色明显的活动课程、正式课程，这门课程的评价除了要遵循课程评价的基本规律外，还需要注意以下问题：

（一）关注学生的自主作用

综合实践活动课程既是一门特殊的正式课程，又是一门特殊的活动课程。说它特殊，是因为它是排入日课表的有正式教材的活动课程。既然是活动课程，就应当在最大程度上发挥学生的自主作用。在综合实践活动课程的教学活动中，学生应当成为绝对的活动主体。

综合实践活动课程的主要宗旨，是培养和发展学生认识和解决社会实际问题的能力，要达到这一目的，也必须特别关注学生的自主作用。

事实上，由于综合实践活动课程的课程内容、活动方式与课程评价相对宽松，并且较为开放，该课程具备充分关注学生自主作用的客观条件。

在综合实践活动课程中，学生的自主作用不仅表现于探究活动的主体参与，还表现于课程内容、活动方式、学习成果的评价。学生既是被评价者，也是评价者。这种双重角色，十分有利于活动积极性的调动，有利于自我认识与自我教育，有利于综合素质的提升。

（二）注重学生的活动过程

综合实践活动课程固然应当关注活动的结果，但更应当关注活动的过程。在该课程的评价中，要特别注意评价学生在活动过程中的表现。比如，要注意评价学生的责任心与积极性，评价其认识和解决问题的思路与方法，评价其团队合作精神。

对于综合实践活动课程的评价来说，应淡化探究结果的逻辑性、完整性与科学性对课程成败评价的影响，不以结果论成败，而以学生在活动过程中的表现论成败。只有这样，才能较好地实现课程宗旨，促进学生能力的提升，为学生日后的发展打下基础。

（三）重视评价的激励功能

对于综合实践活动课程来说，课程评价的主要目的是激发学生的积极性，发现和发展他们的潜质与潜能，鼓励他们从事社会实践探究，激励他们主动想象，积极探索，刻意创造。为此，在进行课程评价时（尤其是评价其学习成果时），要以正面肯定、挖掘闪光点为主，以充分发挥评价的激励功能。

以正面激励为主，并不意味着只说好，不说坏；只说优点与成功，不说缺点与教训；皆大欢喜，好话满天飞。在综合实践活动课程的评价中，在以正面激励为主的同时，应适时引导学生认识探究活动中存在的比较突出的问题，帮助学生学会调整自己的学习行为与活动策略，提高从事综合实践活动的水平。

综上，应从以上三个方面评价综合实践活动课程的成败。

本章小结与研究性学习

一、本章小结

本章分两节阐述了小学体育课程、小学综合实践活动课程的设计与评价。这两门课程虽是性质不同的课程，却有一个共同点：都重视活动，重视亲身体验，重视实践。

本章分别提供了小学体育课程设计、小学综合实践活动课程设计实例，并进行了简要分析评价。

二、研究性学习

请认真阅读下面的材料，并作专题研究。

联合国教科文组织基础教育课程策划的基本思路与关注重点

"课程设计"有时也称"课程策划"。《外国中小学教育》杂志2012年第7期刊文介绍了近20年来联合国教科文组织基础教育课程策划的基本思路与关注重点。[1]

一、基本思路

近20年来联合国教科文组织基础教育课程策划的基本思路为：

（一）以学生的学为中心

联合国教科文组织近20年来的课程策划，都是以学生的学习为中心的。也就是说，在进行课程设计时，正确的做法是以学生的学习为课程起点，围绕学生的学习安排课程活动。不能反过来以教师的教为课程起点，围绕教师的教安排课程活动。

（二）以学生关键素养的发展为中心

联合国教科文组织近20年来的课程策划，都以学生关键素养的发展为中心。

但是在不同专家心目中，"关键素养"的含义是有区别的。例如，21世纪国际教育委员会向联合国教科文组织提交的报告《教育——财富蕴藏其中》强调了四种关键素养：一是学会认知；二是学会做事；三是学会共同生活；四是学会生存。而联合国教科文组织2005年出版的《Life Skills: The Bridge to Human Capabilities》（《生活技能：通向能力的桥梁》）则认为，学生的关键素养包括知识、价值观、技能与能力、行动。

---

[1] 丁念金：《联合国教科文组织基础教育课程策划趋势》，《外国中小学教育》2012年第7期。

二、关注重点

近20年来联合国教科文组织基础教育课程策划的关注重点为：

（一）跨文化理解教育

所谓跨文化理解，指对其他国家或民族的政策与文化的理解。所谓跨文化理解教育，就是理解异域政策与文化的教育。它包括国际理解教育、多元文化教育、跨文化教育三个部分。

20世纪90年代以来，联合国教科文组织一直重视这种教育。例如联合国教科文组织1994年在日内瓦召开了第44届国际教育大会，基于此次会议研讨成果的研究报告，就是以"国际理解教育：一个富有根基的理念"为题的。2006年，联合国教科文组织曾专门发布《跨文化教育指南》。该文件总结了跨文化教育的主要问题，论述了跨文化教育的准则与措施，以推动各国的跨文化教育。

（二）人权教育

20世纪90年代以来，联合国教科文组织对人权的关注日益普遍、深入和现实化，并希望将人权知识纳入学校教育的课程内容。进入21世纪后，该组织更致力于发展"人权文化"，并宣称应将21世纪看作"人权的世纪"。

联合国教科文组织认为，人权教育的基本内容有：（1）尊重人的基本生存权的教育；（2）尊重人的独特性与差异性的教育；（3）人人平等的教育；（4）尊重他人应有权利的教育；（5）尊重人的学习权的教育；（6）保障个人自由的教育；（7）关注弱势群体人权的教育；（8）维持和提倡和平、民主、非暴力的教育；（9）保障个人生活必需的教育；（10）公平与正义教育。

（三）价值观教育

所谓价值观，指衡量是非的价值标准。联合国教科文组织近20年来倡导和策划的价值观教育，特别关注如下几点：一是基本的生活价值观的教育；二是伦理道德价值教育；三是文化价值（包括文化遗产价值）教育。

（四）环境教育

这里的环境教育，指保护环境的教育。环境问题一直是联合国各有关组织一直关注的重要问题。2007年，第四届世界环境教育大会在印度召开，会议的主题是"面向可持续未来的环境教育"。会上，与会者们比较全面深入地探讨了如何进一步开展环境教育的问题。总的说来，联合国教科文组织倡导的环境教育的重点为：（1）从保护人类生存基本环境的角度策划环境教育课程；（2）从可持续发展的角度策划该课程;(3)从生态与生态文化的角度策划该课程;(4)从"为了更好地生活"的角度策划该课程;(5)从保护和发展资源的角度策划该课程。

请同学们结合我国基础教育课程设计的实际和自己的学习、工作实践,谈谈联合国教科文组织的课程策划基本思路与关注重点对我国小学的课程设计与评价有什么启发。

第十章　　校本课程的设计与评价

重点概念

- 校本课程
- 校本课程开发
- 校本课程设计

重点问题

- 校本课程有哪些特征与重要意义?
- 选择校本课程时,应把握哪些基本原则?给校本课程取名称的基本要求有哪些?
- 校本课程的总目标,其基本项目有哪些?
- 校本课程内容设计的基本要求是什么?
- 对校本课程来说,专题课程设计要特别注意哪些问题?
- 校本课程评价的基本内容有哪些?

情境引导：《三江河》课程设计

一、基本信息

课程名称：校本课程"美丽的龙潭——我的家"。

选用教材：自编教材。

教学对象：六年级学生。

课程设计：南京市龙潭中心小学丁维维。

二、课程目标

（一）认识家乡的母亲河——三江河，了解其基本情况；认识水资源对于生命的重要性。

（二）通过对三江河过去与现状的对比，初步理解节约用水、保护水资源的必要性。

（三）增强对环境、资源的保护意识，培养节约用水意识与习惯。

三、重点与难点

重点：了解三江河的现在和过去，培养保护环境、节约水资源意识。

难点：了解三江河的形成与价值。

四、课程实施过程

（一）熟悉三江河基本情况

1. 出示三江河图片，让学生猜是什么河。

2. 请学生谈谈对三江河的了解。

（学生拿出课前通过查阅图书、搜索网络、走访等途径收集的图文资料，参照教材，介绍与三江河有关的各种情况，中间穿插教师解释与指名朗读课文。）

3. 请学生就三江河基本情况提问，其他同学或教师解答。

（二）带领学生参观现在的三江河

（三）培养资源与环境保护意识

1. 大组讨论：三江河的现在和过去有什么不同？你从中发现了什么问题？有什么想法？

2. 通过谈话，让学生知道必须学会保护环境，节约水资源。

3. 大组讨论：为了保护资源与环境，日常生活中我们可以做些什么？

（四）课程小结

学生轻读课文全文后，教师总结全课。

大约250万年前，古长江的入海口在今南京龙潭一带。时光飞逝，沧海桑田，今日龙潭再也吹不到清纯的海风，工业化的生产方式与高密度的人口结构给龙潭的环境带来严峻挑战。请同学们说说：龙潭中心小学开发了"美丽的龙潭——我的家"校本课程，是否有重要意义？如果答案是肯定的，请同学们说说有哪些方面的重要意义。如果有兴趣，同学们还可以进一步思考，校本课程的设计，与语文、数学、英语等课程相比有什么不同？上述课程设计，其课程目标的界定有什么重要缺陷？

本章将在简述校本课程概念、特征、意义的基础上，重点阐述校本课程的设计与评价。

第一节 校本课程概述

本节首先阐述什么是校本课程，然后阐述校本课程的特征与意义。

一、什么是校本课程

教育部颁发的《基础教育课程改革纲要（试行）》指出："为保障和促进课程适应不同地区、学校、学生的要求，实行国家、地方和学校三级课程管理。……学校在执行国家课程和地方课程的同时，应视当地社会、经济发展的具体情况，结合本校的传统和优势、学生的兴趣和需要，开发或选用适合本校的课程。"学校开设自己的校本课程，是贯彻国家三级课程管理政策、行使学校课程管理权的重要表现。

（一）校本课程的含义

"校本课程"是个外来语，这一概念最早于20世纪70年代出现于英、美等国，其英文原名是school-based curriculum。

"校本"一词的字面意义，是"以学校为本"或"以学校为基础"。那么，什么是校本课程？

我们认为，校本课程，是学校或校内个别教师、部分教师，为满足本地区物质文明建设与精神文明建设的需要、本校的发展需要或本校学生的发展需要所开设的富有特色的课程。一般说来，校本课程是在学校本土生成的，它既能切合学校的办学宗旨和校内外的资源特色，又能与国家课程、地方课程紧密结合，形成具有多样性特征和可选择性特征的课程体系。

校本课程的开发主体是教师。在中国当代中小学教育实践中，校本课程开发的主体，通常是得到学校管理部门支持的教师小组，而不是单个教师。在校本课程开发与运筹过程中，教师不但可以，而且应当与专家合作。此外校本课程的开发，还应当求得家长、社区代表的支持。总之，在校本课程的开发过程中，学校管理者、有关教师、课程专家、学生及其家长、社区代表等，应当形成教育合力。

（二）校本课程的类型

根据不同的划分标准，可以将校本课程分为不同的类型。

1. 按课程内容的性质分类

按课程内容的性质，可以将校本课程分为如下四种类型：（1）科学素养类。如环境与资源、生命科学、新能源。（2）人文素养类。如美学常识、宗教起源、地方文化。（3）身心健康类。如心理辅导、排球、足球、围棋。（4）技能特长类。如铜管乐、民乐、书法、插花艺术。

2. 按知识与技能的学科属性分类

按所学知识与技能的学科属性，可以将校本课程分为如下几种类型：（1）语文类。如宋词赏析、学对联、汉字的起源与发展。（2）数学类。如数学家的成长、趣味数学、生活中的数学。（3）英语类。如英语会话、趣味英语、英美影视欣赏。（4）科学类。如科学家的成长、趣味物理、科学与生活。（5）艺术类。如口琴演奏、手风琴演奏、古筝演奏。（6）体育类。如游泳、跳远、五子棋。

3. 按是否具有综合课程特征分类

按是否具有综合课程特征，可以将校本课程分为如下两类：（1）单科类。如唐诗欣赏、应用数学、钢琴演奏。（2）综合类。如问题的探究与解决、生活中的信息传播等。

4. 按课程宗旨分类

根据课程宗旨的不同，可以将校本课程分为如下两类：（1）社会需要类。如花木培植、贝类养殖、导游基础等。开设这类课程，是为了满足本地区两个文明建设的需要。（2）学生需要类。如摄影基础、少儿舞蹈、演讲与口才等。开设这类课程，是为了适应不同学生的不同发展需要。

二、校本课程的特征

相对于国家课程、地方课程，校本课程具有如下特征：

（一）校本性

校本课程的开发，从研究到决策，从实施到评价，都是在校内完成的。其开发主体，是校内的管理者与教育者；其教育对象，是本校的学生。开发校本课程所需的主要资源，如财政资源、硬件资源、软件资源、人力资源等，通常也是由学校提供的。因此校本性是校本课程最明显的特征。

（二）适应性

校本课程的研究、开发活动，是一种主动适应本地区发展需要、本校学生成长需要、本校办学需要的课程活动。

一方面，校本课程的目标，要么指向本地区两个文明建设的需要，要么指向学生个性化发展的需要，要么指向本校的办学需要，具有很强的主动服务、主动适应特征。另一方面，校本课程的建设，是以本地区、本校学生、本校的客观条件为条件的。由于这两个原因，在开发校本课程时，必须充分调查本地区、本校学生和本校的客观条件与实际需求。

（三）探索性

校本课程往往是新的创新性课程，而创新必然带有探索特征。由于各个地区、各个学校的具体情况不一样，不同学校的管理者与一线教师的课程价值观也不一样，不同地区、不同学校、不同教师的校本课程的开发过程，必然是个各显神通、各行其是的过程。这一过程，必然会带有浓厚的探索性特征。

由于校本课程具有明显的探索性特征，校本课程的开发，十分有助于培养学校管理者与相关教师的探索能力和课程创新能力。

三、校本课程的意义

（一）对地方而言，开发校本课程有利于本地区的两个文明建设

中国是一个地大物博的多民族国家，不同的地区有不同的民俗风情、文化特征与经济特色；不同地区的经济发展水平、文化发展水准与对外开放程度，也有很大的差异。对于教育活动来说，不同的地区有不同的教育需求与课程资源。如果能在调查研究的基础上，以适应当地的实际需要为目标，依托当地的课程资源，有的

放矢地开发校本课程，一定能有效地促进当地的物质文明建设与精神文明建设。

（二）对学校而言，开发校本课程可以促进办学特色的生成

开发校本课程，需要学校利用自身的资源，自主规划，自我负责，这十分有利于学校发挥自身优势，打造办学特色。

我国自20世纪80年代以来，出现了一批私立或民办学校。这些学校的课程，有一部分属于校本课程。这些学校的校本课程开发，不仅为公立中小学的校本课程开发树立了榜样，也加快了私立或民办学校对教育市场的占领。如今越来越多的家长宁愿多花钱，也要让自己的孩子上好的有特色的学校。

基层学校的校本课程开发，强调自主决策、自主开发，有助于打造办学特色，提高教育品质与品位，更好地适应教育事业的发展需求与教育市场的需求。

（三）对教师而言，开发校本课程可以促进自身的专业发展

校本课程的开发能否成功，在很大程度上取决于教师的专业发展水平；反过来，校本课程的开发活动，也是教师成长的良好平台。校本课程开发与教师的专业发展具有内在的统一性。

从教师成长需要的角度看，固然要看重校本课程开发的结果，但更要注重其过程。在校本课程开发的过程中，教师的课程观念、课改理念会发生相应的改变，知识结构、科研能力、从教能力也会得到提升。教师专业发展的一个重要条件，是享有专业自主权。在校本课程的开发过程中，教师具有较多的自主决策权，这无疑为教师的专业发展提供了广阔的空间。另外，校本课程开发过程是一个由各方面人士参加的合作和探究的过程，在这一过程中，教师能够在课程专家及其他相关人员的指导和帮助下，理性地审思自己在课程实践中遇到的问题，并寻找解决问题的方法。这样的探究和合作，十分有助于培养教师的专业精神，提升教师的专业能力。国内外的许多校本课程开发实践表明，校本课程开发的最大受益者往往是教师。

（四）对学生而言，开发校本课程有利于个性化发展

改变原有单一、被动的学习方式，建立和形成能够发挥学生主体性的多样化学习方式，促进学生的个性化学习，是当代课程改革的必然趋势。

总的说来，校本课程的开发是以学生的需要为导向的。教师在参与校本课程开发的过程中，除了要注意寻求学校管理者、课程研究专家、家长及社区有关人员的支持与合作外，更要注重对学生的兴趣、爱好、需求、特点等方面的调查研究，尽量使课程内容与活动方式符合学生的需要。应当建立这样的课程理念：校本课程的开发不是以学科为中心的，也不是以教师为中心的，它应当注重学生的生活经

验、学习经验，以学生的需要为导向，使每个学生得到充分的个性化发展。换句话说，学生的个性化发展与充分发展，应是校本课程运筹的着眼点和重要目标。

第二节 小学校本课程的设计

在研究小学校本课程的设计之前，必须先搞清楚校本课程的设计与校本课程的开发是什么关系；而要搞清这二者的关系，必须先了解什么是"校本课程开发"。

"校本课程开发"，在英文中的说法是 school-based curriculum development，有人将其译为"校本课程研制"。到底什么是"校本课程开发"？我们认为所谓校本课程开发，泛指围绕有特色、有创造性的特定校本课程的课程准备活动、课程实施活动与课程评价活动，其工作重点是课程准备，其重中之重是课程资源建设。所谓"校本课程开发"，是就尚未成熟甚至尚未成形的校本课程而言的。对于已经相对成熟的校本课程而言，使用"开发"一词意义不大。对于学校管理者而言，"校本课程开发"工作，只是其管理工作的一个方面。

"校本课程开发"与"校本课程设计"有什么关系？校本课程开发的具体工作有三项：（1）课程准备工作。这项工作涵盖校内外各种软、硬件资源的准备与社会、学校、教师、学生需求的调查两大项，前者解决的是"能做什么"的问题，后者解决的是"应该做什么"的问题。（2）课程设计工作。这项工作包括总的课程名称设计、课程目标设计、课程内容设计与各单元和各专题的课程设计。（3）课程实施与评价工作。这里的"课程实施"即上课，也就是实际教学；这里的"评价"泛指对该课程方方面面的所有评价，但"评价"的主要内容应当是课程设计与实施的科学性。由上述分析不难得出以下结论："校本课程设计"是"校本课程开发"的重要组成部分；就其地位而言，"校本课程设计"是"校本课程开发"的中心工作。

由于校本课程设计包括总的课程名称设计、课程目标设计、课程内容设计与各单元和各专题的课程设计，现在我们就来分别阐述这些设计。由于分单元教学的校本课程并不多见，下文将省去单元课程的设计。

一、课程名称的设计

课程名称，是在思考"开设什么校本课程"时产生的。由于二者密不可分，为了阐述的方便，本书将"开设什么校本课程"问题纳入"课程名称的设计"。需要指出的是，课程名称设计的过程，既是研究和决定开设什么校本课程的过程，也是研究和决定给这门课程取个什么名称的过程。

关于开什么校本课程，要通过仔细的调查研究、分析论证才能决定。我国的校本课程开发积累了丰富的经验，这些经验告诉我们，在研究、决定开什么校本课程时应把握以下基本原则：

（一）应从本地区的地域特色和社会需要出发

只有着眼于本地区的地域特色和社会需要，校本课程的开发才能进入"人无我有""富有特色"境界，才能产生良好的社会影响，才能更好地促进学生融入当地社会。

地域经济文化特色、地区社会需求与学校教育的融合，是一种极有价值的融合。本地区的特色资源，既是社会资源，也是教育资源；它既具有区域特征，又与学校教育有着千丝万缕的联系。为地区社会需求服务，是学校的办学宗旨之一；它能帮助学生适应当地的社会生活，使学校更受当地百姓欢迎。

我们来看两个实例。杭州市萧山区的欢潭村是大岩山云雾茶的故乡，是萧山有名的茶乡。欢潭小学就坐落于欢潭村白竹湾的山坳，与大岩山仅咫尺之遥，学生生活于此，长期受茶文化的耳濡目染。这所学校有劳动实践基地"四园一池一田"（茶园、果园、中草药园、竹园、养鱼池、试验田），其中茶园规模最大。学校因势利导，开发了"茶文化"校本课程，将茶文化引入课堂，使茶艺融入学生生活，引导学生认识、了解茶，学习制茶、泡茶，以有效地培养学生的能力。

而萧山九中地处杭州湾南部，该地区属海涂沙地。21世纪初，学校在引导学生进行研究性学习时，发现学生所选的课题，有关沙地人生活、生产活动的相当多，于是对这些课题进行整合，开发了"沙地文化"（后改称"融入沙地"）校本课程。萧山九中这一校本课程的开发，在社会上产生了广泛的影响，有关媒体还作了专题报道。该课程所取得的成果，先后获"浙江省基础教育科研成果"一等奖和"浙江省第二届基础教育教学成果"一等奖。

上述两例，是从本地区地域特色和社会需要出发设置校本课程的优秀案例。

（二）应开设学生感兴趣的校本课程

重要的课程，不等于是学生感兴趣的课程。一门校本课程，如果其内容不能引起多数学生的兴趣，不能使他们积极投入，这门课程的开发注定会失败。

哪些课程容易激发学生的兴趣与积极性呢？一般说来，生动形象、有声有色、直观内容较多的课程，与学生生活关系密切的课程，动手机会较多的课程，特色明显的课程，难度适中的课程，较能激发学生的兴趣与积极性；而理论性过强的课程，脱离学生生活的课程，总是纸上谈兵、很少需要动手的课程，缺乏特色的课程，过难或过易的课程，不容易激发学生的兴趣与积极性。

举例来说，本章的"情境引导"曾提到南京市龙潭中心小学开设"美丽的龙潭——我的家"校本课程，该课程就属于容易激发学生兴趣与积极性的校本课程。再如上文曾提到过的"趣味数学""生活中的数学""趣味英语""英美影视欣赏""科学家的成长""科学与生活"等，都属于容易激发学生兴趣与积极性的校本课程。

（三）应立足学校的现有资源条件

在进行校本课程开发时，要特别注意利用学校现有的资源优势。基于学校强势资源的校本课程开发，具有与生俱来的优势。基于学校优势的校本课程开发，其成功的可能性相当大。

例如杭州市拱墅区贾家弄小学是一所百年老校，书画教育是学校的办学亮点之一。学校将特色教育与学校深厚的历史文化积淀相融合，开发出"书画人生"校本课程，以提升学生的文化素质。该校本课程，以"学书画，学做人"为活动宗旨，设计了"我们眼中的世界""让童眸映五彩""书画与生活""心灵的成长""插上想象的翅膀"五大活动主题（即五个课程单元，每个单元再分若干专题）。整个课程的运作，均以活动为主线，让学生在飘香的书画活动中文雅地成长。

课程名称设计的另一项任务是给既定课程取个名称。我们认为给校本课程取名称，其基本要求是：（1）指向明确。也就是说不要让人感觉含义不清。（2）名称简洁。名称的字数不宜过多。（3）体现特色。这儿的"特色"指课程的特色，而不是指课程名称与众不同。

下面列举实例，试评其名称的优劣。

"中国春联""杭州茶文化""故宫春秋""西湖导游""南通印花"等就是不错的校本课程名称。

"茶文化"名称固然简洁，但其含义不太清楚，人们不清楚这门课程讲的是哪儿的茶文化，是多大范围内的茶文化。我们认为这门校本课程的名称，应指出具体区域，如"萧山茶文化"。

同理，"融入沙地"这一名称也不见得有多好，因为其内涵不那么明确（课程名称中带有"融入"二字，很不妥），还不如用"沙地文化"这一名称。而以"沙地文化"命名，不如以"某地沙地文化"命名，因为后者更具体、更体现乡土特色。

同样"美丽的龙潭——我的家"这一名称也不见得有多好，因为名称过于拖沓，名称中带破折号更不算高明，不如采用"龙潭今昔""龙潭春秋"之类的名称。

二、课程目标的设计

这里的"课程目标的设计",指特定校本课程总目标的设计。

理论上讲,校本课程的宗旨有四个方面:一是促进本地区的两个文明建设;二是促进学校办学特色的生成;三是促进教师的专业发展;四是促进学生的个性化发展。但在特定校本课程总目标的设计中,只能"抓两头,带中间",即抓"本地区的社会需要与学生的发展需要",带"学校办学特色的生成与教师专业发展"。事实上,只要抓好了"本地区的社会需要与学生的发展需要"这两头,"学校办学特色的生成与教师专业发展"这中间两项就会"功到自然成"。因此特定校本课程的总目标,应包括满足地区社会需要方面的目标、满足本校学生发展需要方面的目标这两个方面。所谓"课程目标的设计"应当是这两大目标的设计。从这两个方面设定特定校本课程的课程总目标,不但可以清楚而有效地揭示特定校本课程的价值所在,规范该课程的基本宗旨,理顺课程总任务,而且能界定课程内容的基本范围。

(一)面向地区社会需要的目标设计

在为校本课程设计目标时,可以将"地区社会需要"分解为地区精神文明建设需要、地区物质文明建设需要两个方面,从这两个方面论述。在设计具体校本课程的总目标时,这两种需要是需要细化的。比如对于"某地茶文化"这样的校本课程来说,其"地区精神文明建设需要",应当包括对当地茶风俗与茶礼节的了解与继承、对茶的社会交往功能和健身功能知识的掌握等;其"地区物质文明建设需要",应当包括对茶在国内外贸易中所处地位的了解、当地茶贸易方式的熟悉、茶树种植与茶叶制作基本技术的掌握、国家茶树农药使用法规的了解等。

总之,所谓"精神文明",往往是就道德、思想、精神或风俗习惯而言的;所谓"物质文明",往往是就经济价值而言的。

(二)面向学生发展需要的目标设计

毫无疑问,学生的发展目标应当从知识的学习、技能的获得、能力的提升、情感态度与价值观的培养四个方面论述。对于具体的校本课程而言,这一论述是需要具体化的。

比如对于"某地茶文化"这样的校本课程来说,其知识目标应当包括茶、茶风俗、茶礼节、茶种植、茶制作、茶包装、茶贸易有关知识的学习,其技能目标应当包括与茶有关的种植技能、制作技能、包装技能、销售技能、茶道技能的掌握,其能力目标应当包括社会交往能力、团队合作能力、口头表达能力、动手操作动力、体力劳动能力的提升,其情感态度与价值观目标应当包括重视劳作、尊重他人、认真工作、注重实践、文明交往、直面挫折、热爱生命等方面的培养。

对于具体校本课程总目标的设计来说，学生发展目标不仅要明确，而且应当有所侧重。什么都想抓的结果，是什么都抓不牢。

对学生的发展说，能力发展目标应为校本课程的首要目标。本章"情境引导"中的课程目标设计，没有能力目标项目，这是该设计的一大缺陷。

三、课程内容的设计

课程内容问题，对教师来说就是"教什么"的问题，对学生来说就是"学什么"的问题。显然课程内容设计的过程，就是思考和决定让学生学什么的过程。

在校本课程中，到底让学生学什么比较合适呢？要找到这个问题的答案，必须先搞清楚，对于校本课程的内容来说，到底什么最有价值？关于这个问题，答案只能是：最能切合地区两个文明建设的需要和学生发展需要的课程内容最有价值。

接下来的问题是：在校本课程中，教师只取最有价值的课程内容行不行？答案是否定的。否定的原因之一是，作为课程着眼点的知识、技能都是系统化的，任何一门学科都有自己内在的知识系统，任何一门课程都有自己的"双基"系统，在设计课程内容时必须兼顾知识、技能的系统性。否定的原因之二是，最有价值的课程内容，不见得是最合适的课程内容，选择课程内容时还得考虑知识的成熟性、技能的可习得性，还得考虑学生的兴趣与接受能力。

由上文的内容可知，对校本课程来说，课程内容设计的基本要求应当是：

（一）优先挑选最能切合当地两个文明建设需要的课程内容

任何一门想在当地产生较大影响的校本课程，其课程内容的设计都必须优先考虑当地社会的精神文明建设需要与物质文明建设需要。要做到这一点，首先必须走向社会，通过调查研究，了解与既定校本课程有关的富有特色的经济、文化资源，研究这种资源在人民生活中所扮演的角色，探求这种资源对于社会发展的潜在价值；其次必须从促进当地两个文明建设需要的角度，研究特色资源的利用；最后必须利用特定课程的内容组织方式，将特色资源的利用落实于校本课程的内容之中。

比如对于"南通风筝"这样的校本课程来说，在进行课程内容设计之前，设计者首先应当走向社会，对南通风筝的发展历史、社会影响、基本特色、健身功能、制作工艺、放飞时节、放飞技术、著名艺人、知名店铺、经济价值等，进行广泛细致的调查研究；其次应带着丰富文化生活、促进身心健康、发挥经济效益的价值观，思考如何利用与"南通风筝"有关的社会资源，设计"南通风筝"校本课程的内容。

如果是地方性校本课程，设计课程内容时就应优先挑选最能切合当地两个文明建设的课程内容。

某些校本课程具有地方特色，某些校本课程则没有这一特色。二者相比，前者更有意义，且更容易产生社会影响。

（二）注意挑选最能切合学生发展需要的课程内容

显然"注意挑选最能切合学生发展需要的课程内容"是无可厚非的，问题的关键是哪些课程内容才是"最能切合学生发展需要的课程内容"。

要回答上述问题，必须先搞清两个问题：一是就校本课程而言，"学生发展"的核心内涵应当是什么；二是当前的"学生发展"最缺少什么。

就校本课程而言，"学生发展"的核心内涵应当是什么？基础教育的宗旨是促进学生基本素质全面而和谐地发展。人的基本素质是在基础教育阶段打下根基的，它主要包括身体素质、知识素质、技能素质、能力素质、思想品德素质、心理素质六个方面。这六个方面，身体素质无须多言，而思想品德素质与心理素质换一种说法就是"情感态度与价值观"，因此我们可以将中小学生的主要素质概括为知识、技能、能力、情感态度与价值观四个方面。然而校本课程是特殊的强调特色的课程，设计校本课程的内容时，不必也不大可能追求青少年基本素质的全面发展与和谐发展，而应当追求基本素质的有重点的发展。一般说来，这个"重点"应当是能力的发展。也就是说，对于校本课程来说，"学生发展"的核心内涵应当是能力的发展。这儿的"能力"，包括感知与理解能力、思维与想象能力、口头表达与书面表达能力、沟通与交往能力、适应与应变能力、探索与发现能力等，概括起来就是分析与解决实际问题的能力。我们认为，在设计校本课程的内容时，应注意挑选最能培养学生上述能力的内容与内容载体。

再来看当前的"学生发展"最缺少什么。当前我国社会与家庭有两大特征：一是经济发展水准与人民富裕水准提升较快，二是独生子女占多数。这两大特征给教育工作者带来的挑战是：其一，青少年相对缺少艰苦奋斗精神；其二，青少年动手操作的能力相对较差；其三，青少年团队意识与合作精神明显不足。因此可以说，当前的青少年成长最缺少艰苦奋斗精神、动手操作能力、团队合作精神这三大营养要素。

上述两个方面可以概括为"一个核心、三大要素"："一个核心"指"学生发展"的核心内涵——能力的发展；"三大要素"指当前青少年最缺少的艰苦奋斗精神、动手操作能力与团队合作精神。这两个方面的课程内容，是最能切合学生发展需要的课程内容，在设计校本课程的课程内容时，必须注意挑选与"一个核心、三大要素"关系密切的课程内容。

（三）突出能彰显特色的课程内容

校本课程凭借特色利用当地既有资源，凭借特色满足当地两个文明建设的需要，凭借特色有的放矢地有重点地促进学生的发展，凭借特色让人耳目一新。可以说失去特色，校本课程就失去吸引力，就丧失凝聚力，从而就失去生命力。从课程政策角度看，校本课程是对国家课程、地方课程的有特色的补充，如果失去特色，校本课程就失去"补充"能力，就没有存在的必要。因此在设计校本课程的内容时，一定要彰显其课程特色。

比如"杭州茶文化"这样的校本课程，在设计课程内容时，一要彰显"杭州"特色，二要彰显"茶文化"中特有的东西。再如"南通风筝"这样的校本课程，一要彰显"南通"特色，二要彰显与"风筝"制作、放飞、销售等有关的东西。

我们这样说，并不意味着要求校本课程的设计者完全放弃不能彰显特色的课程内容。在设计校本课程的内容时，为了论述的全面，为了照顾课程内容的应有体系，设计者必须加进一些没有多少特色的东西。我们强调的是，在设计其课程内容时，应注意"突出"能彰显特色的课程内容。

（四）兼顾知识、技能的系统性

在基础教育中，各门课程、各个单元课程、各个专题课程的着眼点通常都是"双基"（即基础知识与基本技能），能力的发展、情感态度与价值观的培养，寓于"双基"的学习之中。校本课程也是这样。既然校本课程的着眼点也是知识与技能，那么课程的系统性自然取决于知识、技能的系统性。没有体系的学科是难以想象的，没有系统的课程同样是难以想象的，因此在设计校本课程的内容时，必须在强调前三项原则的同时，兼顾知识、技能的系统性。

举例来说，假如开设了"南通风筝"校本课程，就必须系统地介绍南通风筝的起源、特色、制作工艺、销售渠道、放飞技术与内在价值，让学生系统地了解相关知识，学习相关技能。教材中不妨穿插有关历史故事与文人作品，插入相关图片与有关图表，以激发学生的学习兴趣，并使学生获得更为直观、更为系统的知识，为学习相关技能打基础。

四、专题课程的设计

这儿的"专题"，指特定校本课程内所分的"专题"。校本课程通常是分专题教学的。比如，像"南通文化"这样的校本课程，可以将其分为"南通文化的发育基础""南通文化的基本特色""南通景点文化""南通文学艺术""南通方言文化""南通教育文明""南通宗教文明""南通民俗文化""南通体育文化""南通长寿文化""南通特产文化"等若干专题。教师的备课，通常应以专题为单位，每一专题写一份教案。

关于如何设计专题课程，本书第三章已有详细论述。这里所要问的是，对于校本课程来说，专题课程的设计与其他课程相比有什么不同呢？

要回答上述问题，必须从开设校本课程的目的说起，或者说从校本课程的特殊意义说起。前面说过，开设校本课程，旨在利用当地和本校特有资源促进当地的两个文明建设，满足本校学生的发展需要，并在此基础上创造本校的办学特色与亮点，带动有关教师的专业发展。为了达到上述目的，在校本课程的运筹过程中，在专题课程的设计中，必须特别注意：

（一）突出学生的主体地位

在初等教育课程体系中，校本课程不属于传统的正式课程，更不属于核心课程，其实际地位更类似于活动课程。与活动课程不同的是，校本课程有更完备的知识体系，但这并不意味着对这些知识的掌握应有较高的要求。相反，我们认为对学校管理者与普通教师而言，校本课程的运筹，心态应开放：知识与技能的学习，要求不应过高；学习方式的选择应较为自由；学习结果的评价应较为宽松。总之应让学生主动活动，宽松探求。要做到这一点，必须强调学生在校本课程实施过程中的主体地位；教师要从讲台上退下来，多让学生进行自主学习。这样做，还能在一定程度上消除正式课程（尤其是语文、数学等核心课程）对年青的一代身心发展所具有的一些负面影响。

从课程宗旨角度看，开设校本课程主要是为了促进当地的两个文明建设，满足学生的发展需要。显然两个文明建设需要的是能够主动探究、主动适应的人，而学生的发展也有赖于自主学习与自主探究，因此在设计校本课程专题时，必然特别注重学生的主体地位。

（二）注重知识、技能的实用价值

关于知识、技能价值的争论自古就有。在教育过程中，有人看重知识与技能本身；有人则认为知识、技能本身并不重要，重要的是学生通过知识、技能的学习，在能力、品德、心理方面获得某种程度的发展。当代教育家多数赞成这样的观点：学习知识与技能，既是为了掌握知识与技能，又是为了发展能力、品德与心理，这两个方面都是重要的。这结论虽然正确，但对校本课程而言，我们不能拘泥于这样的结论。

对校本课程专题的设计而言，固然应该重视知识、技能学习活动对于能力发展的作用，对于情感态度与价值观发展的意义；但由于校本课程通常并不属于基础课程或基本理论课程，它根植于地区或本校的特殊资源，指向本地区两个文明建设的特殊需要与学生的发展需要，目的之一是让学生掌握具有实用倾向的特定知识与技能，因此校本课程带有很强的实用特征，校本课程专题的设计，必须注重知识、技能的实用价值。

（三）重视调查研究与现场教学

由于校本课程旨在利用当地或本校的特定资源，从特定角度促进当地两个文明的建设与学生的发展，专题课程的设计必须重视面向社会实际的调查研究方式与现场教学方式的特殊价值。

在校本课程实施过程中，教师如能带领学生深入社会实际，就特定专题进行调查研究，在调查研究中接触各式各样的人，了解各种有关实际情况，了解特定现象产生的社会原因，了解人们对特定现象的想法与反映，不仅能让学生了解与特定专题有关的真实情况，而且能有效地提高学生的社会实践能力、社会交往能力与调查研究能力，因此以调查研究为课程活动方式是很有意义的。

比如，对于"南通风筝"这样的校本课程来说，教师可以带领学生深入当地比较著名的风筝制作艺人的作坊，对其风筝制作技术、制作技术的特色与产生原因、制作技术的承传、制作技术的流派、业绩与社会影响等进行细致的调查研究，这样不仅能让学生学到诸多实际知识，还能有效地发展其多方面的能力；如果教师在两至三个不同时节，分别带领学生深入当地比较著名的风筝销售店铺，对不同时节的风筝销售概况、不同风筝的销售情况、不同人群的挑选标准、不同时节的销售价格、不同风筝的销售价格、制作者与销售者的平均利润率等进行细致的调查研究，学生不仅能学到许多课堂上学不到的东西，得到许多课堂上得不到的锻炼，也许他们的经商才华也能由此启蒙。

在校本课程实施过程中，现场教学也有特殊的价值。这种课程实施方式，其教学过程更为直观，更贴近社会生活与社会生产实际，因而能有效提高知识、技能的传授效率，能有效提高学生运用有关知识与技能解决实际问题的能力，学生所学的知识与技能也不容易忘却。

比如，对于"杭州茶文化""成都茶文化"这样的校本课程来说，当教到"茶礼仪"专题时，教师可以将学生带到杭州或成都著名的茶肆，请茶肆老板或资深服务员当场介绍当地社会生活中的茶礼仪，请讲解者边讲边演示，这样的现场教学一定能取得出色的教育效果。

（四）重视社会实践能力的培养

在学生的学习生活中，校本课程是与普通文化课程截然不同的特色课程。一般说来，与其他课程相比，校本课程对社会生活有更独特的针对性，更贴近社会生活与生产实际。就课程价值而言，校本课程通常是为学生的社会实践服务的，可以说社会实践价值是绝大多数校本课程的价值之魂。

从学生发展需要的角度看，诸多国家课程、地方课程组成的课程体系，为学生身心的发展，为学生知识、技能、能力、情感态度与价值观的成长创造了良好条件。但是这些课程通常都是在教室里实施的，学生直接面对的是书本与理论知识，这种局面造成了一个重大缺憾：学生特别缺少社会生产实践的锤炼，严重缺乏特别重要的实践能力。人们常用"高分低能""高学历低能力"等语句来批评这一现象。

如果校本课程也有同样的问题，也忽视面向社会生活或社会生产的实践能力的培养，可以说该校本课程的实施者犯了"低级错误"。为什么这样说呢？首先，社会实践价值通常是校本课程价值之魂，离开了实践能力的培养，校本课程就没有多少价值可言。其次，允许学校开设校本课程的原因之一，是学校可以通过该种课程的开发与运筹，使教育更好地贴近社会实践，发展学生的社会实践能力，以弥补众多传统基础课程相对缺少社会生活实践与社会生产实践锤炼的弊端。如果校本课程也与众多传统基础课程一样相对忽视实践能力的培养，那么此类校本课程就失去了生命力，也没有存在的必要。

由上述分析不难理解，校本课程要特别重视学生的社会实践能力的培养。

第三节 小学校本课程的评价

校本课程的评价，除了要符合课程评价的基本规律外，也要从自身的性质与特点出发。

一、校本课程评价的价值取向

与其他课程相比，校本课程是比较独特的课程。其独特之处在于：在课程资源利用方面，它注意利用本地区或本校的特色资源；在课程宗旨方面，其首要宗旨应是从特有角度满足当地社会两个文明建设的需要；在促进学生发展方面，它以特有专题为切入点，以发展学生有特色的实践能力为重要使命甚至主要使命；就学校的发展而言，开发校本课程的目的在于创设办学特色；就教师的专业发展而言，校本课程是促进有关教师专业发展的特色平台。上述五个方面，无一不带

"特"字。因此校本课程的评价，应有特殊的价值取向。

然而在初等教育体系中，校本课程只是整个课程体系的补充性组成部分。从教育效果的角度看，校本课程应当与全国统一的国家课程相得益彰，相互促进，相互补充，共同促进年青的一代全面、和谐、有特点地发展。因此在衡量校本课程的价值时，应适当考虑其对其他课程的学习活动与学习效果的影响。

我们可以在上述分析的基础上，依据其重要性的强弱，依次排列出校本课程应有的价值取向：

其一，促进当地两个文明建设的价值取向；

其二，促进学生有特色发展的价值取向；

其三，创设学校办学特色形成的价值取向；

其四，促进教师专业发展的价值取向；

其五，促进学生其他课程学习的价值取向。

在具体的校本课程评价中，可以根据其实际情况，对上述五种价值取向的顺序进行调整，也可以在全面评价的基础上，抓住其中的一两个方面，进行重点评价。

二、校本课程评价的基本内容

校本课程评价，应当评什么？我们认为校本课程评价的基本内容，应当包括课程资源建设评价、课程设计评价、课程实施评价、学生学习成果评价四个方面。

（一）课程资源建设评价

对于校本课程来说，所谓"课程资源建设"，指学校管理者及有关教师为本校校本课程的筹划与运作，创造、发掘、整理、优化各种课程资源的行为或活动；所谓"课程资源建设评价"，指对学校管理者及有关教师创造、发掘、整理、优化各种课程资源的行动与效果的评价。

校本课程通常具有两大特征：一是创新色彩较浓；二是注意利用当地或本校的特色资源。可以说没有资源，校本课程就无法创新；没有特色资源的利用，校本课程就无法运筹。因而这两大特征都离不开课程资源。以长远的目光看，资源雄厚，校本课程的运筹与发展才有后劲；资源薄弱，校本课程的运筹会越来越枯燥乏味，难有亮点与起色。因此在校本课程的评价中，必须特别重视课程资源建设的评价。

那么课程资源评价应从哪些方面展开呢？我们认为校本课程资源评价的基本内容，应当包括以下三个方面：

1. 课程资源的创造、发掘、整理与优化

在校本课程资源建设评价中，首先应当在深入观察、仔细调研的基础上，对有关学校或有关教师创造、发掘、整理、优化课程资源的意识与成绩进行切实的评价。为了更好地发挥课程评价的激励作用，这种评价应以正面鼓励为主，指出问题为辅，两者缺一不可。

2. 课程资源的基本特色

校本课程凭借"特色"取胜，依靠"特色"引起注意，而校本课程的"特色"是建立在课程资源的"特色"之上的。因此在对校本课程的资源建设进行评价时，要在上述基本评价的基础上，概括、勾勒出其基本"特色"，并对这种"特色"所蕴含的价值作出中肯的评价。

3. 课程资源的总体质量

在对课程资源建设的评价中，评价者要在全面深入地评价课程资源的创造、发掘、整理、优化和总体特色的基础上，对有关学校或有关校本课程的课程资源总体质量进行概括性、总结性评价，以确定资源建设工作的成效，以便更好地发挥其经验与教训的参考价值，更好地开展资源建设工作。

（二）课程设计评价

前面说过，校本课程的设计包括课程名称的设计、课程目标的设计、课程内容的设计、专题课程的设计等。在校本课程的评价中，应当对上述各设计进行全面而有重点的评价。

（三）课程实施评价

所谓课程实施，即日常教学或实际教学；所谓课程实施评价，即对实际教学活动的评价。

前面在论述专题课程设计时曾强调，校本课程必须特别注重学生的主体地位，必须注重知识、技能的实用价值，必须重视调查研究与现场教学，必须重视实践能力的培养。可以说，重视上述四方面的评价，是校本课程实施评价应有的特点。

（四）学生学习成果评价

通常，我们从知识掌握、技能获得、能力发展、情感态度与价值观培养四个方面制定课程目标，选择课程内容，评价学生的学习成果。对校本课程来说，也应当从这四个方面衡量学生的学习成果。

在这里我们使用了"学习成果评价"这样的表述，而没有使用"学业成绩评价"之类的表述。前者强调实质性的成果，后者强调应试成绩。对于校本课程来说，学生学习成果的评价，固然要从知识、技能、能力、情感态度与价值观四个方面全面评价，但在评价时必须强调知识、技能的实践性与个人素质的发展性，对学生"掌握了什么""做出了什么""哪些方面的素质得到了有效提升"等作出恰如其分的评价。

在校本课程的评价中，必须注意将以上四个方面的评价结合起来。

三、校本课程评价的基本方法

本书第四章曾对课程评价的基本方法有过系统介绍，这里不再赘述。需要指出的是，通常课程评价中常用的"考试考查法"，在校本课程的评价中并不适用，必须以"成果考察法"取而代之。这里的"成果"指学生的校本课程学习成果。

在校本课程评价中，必须从校本课程的特点与特殊意义出发，将资料查阅法、座谈法、听课评课法、成果考察法的使用与其他调查研究方法的使用结合起来。

最后要强调一下，在评价校本课程时，要特别注意通过参观、访问、资料查阅、听课、座谈等活动，重点考察和评价其资源的建设与学生的学习成果。

本章小结与研究性学习

一、本章小结

本章先从校本课程的概念、特征、意义三个方面简要介绍了校本课程，然后从课程名称的设计、课程目标的设计、课程内容的设计、专题课程的设计四个方面阐述了校本课程的设计，最后从价值取向、基本内容、基本方法三个方面阐述了校本课程的评价。

二、研究性学习

（一）讨论

本地区、本校有哪些具有特色的课程资源？依托这些资源，可以开设哪些校本课程？在这些课程中，哪些课程最能切合当地的社会需要，哪些课程最能促进学生自主实践能力的发展？

（二）实例分析[①]

湖北省巴东县官渡口镇长江小学位于长江巫峡口北岸，巴东长江大桥桥头，

[①] 向仔龙等：《"库区内农村小学环保教育校本课程的开发和研究"开题报告》，见http://xbyj.e21.edu.cn。

美丽的国际旅游景点神农溪畔。它创办于1998年，是一所年轻的移民学校。学校现有13个教学班，学生975人。

该校处于三峡库区，依山傍水。随着经济的不断发展，科学技术的不断进步，库区的环保成为人们共同关注的问题：长江及神农溪两岸，垃圾的堆放与处理问题有待解决；矿石的大量开采导致山体裸露，泥土的流失加上废弃物的随意乱倒导致水资源变质；乱排污水的现象比较普遍，垃圾和污水污染河流后，给人们的生产、生活带来了巨大的危害。如何杜绝乱扔垃圾和乱排污水的现象，如何提高两岸居民的有关素质，如何更好地培养学生的环保意识，如何使三峡库区成为一道亮丽的风景线，让库区两岸有一个和谐美好的自然环境，成为该校师生和社会上共同关注的话题。

严峻的环境污染问题使学校认识到，库区的环境保护刻不容缓，环保教育必须从孩子抓起，从学校抓起，只有从学校教育开始，才能达到提高两岸居民素质的目的。该校在县教研室的支持下，申报了湖北省教育学会规划课题"库区内农村小学环保教育校本课程的开发和研究"并成功立项，在进行课题研究基础上开发"环保教育"校本课程，取得显著的办学成绩。

在这一校本课程的开发过程中，该校领导与有关老师特别注意将以下两大工作融入课程的运作过程：

（一）学校向家长进行环境保护宣传。学校发出倡议，要求家长和孩子共同参与"保护长江水域不受污染，保护绿色家园"活动，使环保教育辐射到周边乡村。

（二）让学生亲自参加以环境保护为主题的劳动实践。具体地说，学校一方面引导学生积极参加植树造林、打扫街道卫生等环保公益活动；另一方面教育学生保护环境，要求学生讲究公共卫生与个人卫生，不乱扔果皮、纸屑，不做污染环境的事。

请同学们分析上述校本课程的意义，并说说长江小学的经验对我们有何启发意义。

该课程命名为"环保教育"是否妥当？如果不妥当，请说出为什么不妥当，应当怎样修改。

主要参考文献

[1] 教育部. 基础教育课程改革纲要（试行）[EB/OL]. http://www.edu.cn/20010926/3002911.shtml.
[2] 教育部. 义务教育各学科课程标准（2011年版）[EB/OL]. http://edu.qq.com/a/20120202/000112.htm.
[3] 钟启泉. 新课程的概念与创新[M]. 北京：高等教育出版社，2003.
[4] 黄济，等. 小学教育学[M]. 2版. 北京：人民教育出版社，2011.
[5] 施良方. 课程理论：课程的基础、原理与问题[M]. 北京：教育科学出版社，1996.
[6] 季银泉. 课程与教学论[M]. 南京：南京大学出版社，2009.
[7] 沈德立. 小学儿童发展与教育心理学[M]. 上海：华东师范大学出版社，2003.
[8] 季银泉. 小学教学模式[M]. 苏州：苏州大学出版社，1996.
[9] [日]佐藤正夫. 教学原理[M]. 钟启泉，译. 北京：教育科学出版社，2001.
[10] 肖川. 与新课程共成长[M]. 上海：上海教育出版社，2004.
[11] 黄大龙. 新课程推进中的问题与反思[M]. 北京：中国传媒大学出版社，2006.
[12] 黄亢美. 小学语文课程理念与实施[M]. 桂林：广西师范大学出版社，2003.
[13] 雷玲. 听名师讲课（语文卷）[M]. 南宁：广西教育出版社，2004.
[14] 周日南. 小学数学课程理念与实施[M]. 桂林：广西师范大学出版社，2003.
[15] 林良富. 追寻儿童数学教学之真[M]. 北京：科学出版社，2002.
[16] 顾建军. 小学综合实践活动设计[M]. 2版. 北京：高等教育出版社，2013.
[17] 王斌华. 校本课程论[M]. 上海：上海教育出版社，2000.

郑重声明

高等教育出版社依法对本书享有专有出版权。任何未经许可的复制、销售行为均违反《中华人民共和国著作权法》，其行为人将承担相应的民事责任和行政责任；构成犯罪的，将被依法追究刑事责任。为了维护市场秩序，保护读者的合法权益，避免读者误用盗版书造成不良后果，我社将配合行政执法部门和司法机关对违法犯罪的单位和个人进行严厉打击。社会各界人士如发现上述侵权行为，希望及时举报，本社将奖励举报有功人员。

反盗版举报电话
（010）58581897
58582371　58581879

反盗版举报传真
（010）82086060

反盗版举报邮箱
dd@hep.com.cn

通信地址
北京市西城区德外大街 4 号
高等教育出版社法务部

邮政编码
100120